Lachen

thema

umfrage

kolumne

essay

lexikon

unterhaltung

porträt

ethik aktuell

bücher

impressum

Philosophieren heißt lachen!

Foto: Heinz Heiss

Philosophie und Lachen sind keine Gegensätze. Das Komische enthüllt nicht nur die vielfältigen Wirklichkeiten der Welt, sondern auch die Zerbrechlichkeit dessen, was uns als Realität erscheint. Vom Lachen zum ganz großen Ernst ist es nur ein kleiner Schritt, denn nichts kann so schlimm sein, dass man nicht noch einen Witz darüber machen könnte. Entsprechend ist das Nachdenken über Komik, Witz und Humor nicht *fun*, sondern eine ebenso ernste wie gewinnbringende Angelegenheit.

Schon in der griechischen Kultur der Antike erscheint das Lachen nicht nur als Ausdruck von ausgelassener Fröhlichkeit, Wohlbehagen oder Vergnügen: Es wurde als unerbittlich todbringende Waffe ebenso eingesetzt, wie es Konflikte zu befrieden und Gemeinschaft zu stiften vermochte. In den Überlieferungen ist die Rede von einem unauslöschlichen Gelächter der Götter, das deren Gemeinschaft versöhnte, wie auch vom Selbstmord eines Helden aus Angst vor dem spottenden Gelächter der Sieger.

In der Tat ist Lachen weitaus mehr als nur ein körperlicher Reflex, mit dem wir auf Komisches und Lächerliches zu reagieren pflegen, oder die bloße Abfuhr überschüssiger psychischer Energie, wie Sigmund Freud postuliert. Vielmehr ist es Helmuth Plessner zufolge in all seinen Ausprägungen als ekstatisches, nicht enden wollendes Gelächter, stilles Schmunzeln wie auch als kindisches Gekicher ein Mittel der Kommunikation. Lachen und Weinen erachtet er nicht als reflexhafte Reaktionen, sondern als Antworten auf spezifische gesellschaftliche Situationen. Entsprechend dürfe das Lachen nie für sich allein betrachtet werden, sondern man müsse es immer in genau der Situation beurteilen, auf die es sich jeweils beziehe. Plessner ist überzeugt, dass das Lachen eine ausschließlich dem Menschen zur Verfügung stehende Möglichkeit der Selbstdistanzierung ist. Im Lachen werde der Mensch ganz und gar fortgerissen und der Körper solchermaßen sich selbst überlassen. Weil das Lachen sich aber lachend selbst verzehre, verhelfe es dem Lachenden derart wieder zu sich selbst. So wie man sich getröstet wieder aufrichtet, wenn man sich ausgeweint hat, richtet man sich Hermann Schmitz zufolge im und durch das Lachen auch wieder auf, nachdem man sich buchstäblich krummlachend die Fassung verloren hatte. Nur im Zusammenspiel von Selbstpreisgabe und Selbstbehauptung, das heißt im beständigen Rückbezug auf seine leibliche Bedingtheit, könne das Denken sich emanzipieren.

Manch einer wiehert vor Lachen, ein anderer gackert oder blökt – nicht von ungefähr ist das Lachen manchem Denker eine suspekte körperliche Äußerung der tierischen Natur des Menschen. Platon galt Lachen als Zeichen der Schwäche, Komödien waren ihm ein Graus, und für die geistlichen Autoritäten des Mittelalters war es schlicht des Teufels. Nicht ohne Grund fürchteten sich die damaligen Kleriker vor einer „fröhlichen Aufklärung“, die ihre Autorität zu untergraben drohte, wie Umberto Eco in seinem Roman *Der Name der Rose* beschreibt. Doch ohne das Vermögen, sich und sein Tun zu relativieren, das heißt, ohne die Fähigkeit über sich selbst zu lachen, ist Fortschritt nicht zu haben. Die kulturell verankerte Fähigkeit zur Kritik mittels auch tabuverletzender Satire, Witz und Ironie, sprich die Respektlosigkeit gegenüber „natürlichen“ Autoritäten weltlicher wie geistlicher Reiche, ist geradezu die Voraussetzung für die intellektuelle wie die wirtschaftliche Weiterentwicklung einer Kultur.

Anthony Ashley Cooper Shaftesbury gilt angemessener Spott als beste friedliche Waffe zur Entlarvung jeglicher Form von Fanatismus. Auch wenn es durchaus verständlich ist, dass nicht jeder über jeden Witz lachen kann, schon gar nicht der, dessen Überzeugungen auf die Schippe genommen werden, ist Shaftesbury überzeugt, dass Wahrheit jegliches Licht ertragen kann: Das, was nur in einem gewissen Licht gezeigt werden darf, ist für ihn fragwürdig. Den von Shaftesbury propagierten Test auf Lächerlichkeit bestehen noch heute viele Regierende nicht. Doch nur da, wo der Streit über das Richtige auch mit den Mitteln des Humors ausgetragen wird, können in der Auseinandersetzung zweier Antagonisten Lösungen erwachsen, die beide Parteien zufrieden stellen.

Auch wenn es zuzeiten der Französischen Aufklärung wenig zu lachen gab, räumt sogar der als weltabgewandt und überaus trocken geltende Immanuel Kant dem Lachen das Recht ein, die Vernunft infrage zu stellen. Dass in allem, „was ein lebhaftes erschütterndes Lachen erregen soll, etwas Widersinniges sein“ muss, wie Kant sich ausdrückt, spreche keineswegs gegen das Lachen, bringe es als bloßes Spiel der Vorstellungen doch ein Gleichgewicht der Lebenskräfte im Körper hervor. Soll heißen: Was dem Geist widersinnig erscheint, was er mit den Werkzeugen der Logik nicht aufzulösen vermag, gefällt zumindest dem Körper und trägt zu einer Harmonisierung der scheinbaren Widersacher bei. Nur lachend lässt sich der Widerstreit zweier gleichermaßen vernünftiger, aber doch grundsätzlich verschiedener Formen der Weltaneignung und Weltsicht ertragen.

„Wir müssen uns Sisyphos als einen glücklichen Menschen vorstellen", schreibt Albert Camus über einen, der dem Mythos zufolge von den Göttern dazu verurteilt wurde, einen großen Felsbrocken auf einen Berg hinaufzurollen. Doch kurz bevor Sisyphos nach unsäglichen Mühen schweißgebadet wenige Meter vor dem Gipfel anlangt, rollt der Stein wieder ins Tal hinunter und die Mühsal beginnt von neuem, bis in alle Ewigkeit. Allein aufgrund der endlosen, schier übermenschlichen Anstrengung wird Sisyphos seine Arbeit sicher nicht lauthals lachend verrichten. Doch zumindest ein zufriedenes Lächeln dürfte seine Mühen begleiten. Schon vor Camus hatte der Begründer der modernen Existenzphilosophie, Sören Kierkegaard, auf die Notwendigkeit, über das Absurde des Lebens zu lachen, aufmerksam gemacht. Es sei die Diskrepanz zwischen dem Ideal eines sinnerfüllten Lebens und den alltäglich praktizierten sinnlosen Handlungsritualen, die einen zum Lachen treibe. Auch wenn die Absurdität des Lebens letztlich nicht aufhebbar sei, so könne man wie Sisyphos im Lachen darüber zumindest Herr über sein eigenes Schicksal werden. Das Lachen „ent-spanne" die alltäglichen wie die grundsätzlichen Widersprüche und entlaste diejenigen, die zwar um die Unvereinbarkeit der Gegensätze wissen, aber auch entgegen der Maßgaben des eigenen Verstands verzweifelt nach Sinn suchen. Kierkegaard zufolge ist das Lachen solchermaßen die Vorstufe zum Glauben: Lerne man auf der humoristischen Stufe doch, dem aus rationaler Sicht ganz und gar Widersinnigen eine eigene Qualität abzugewinnen, die den unüberbrückbaren Gegensätzen des Daseins einen Sinn verleihe.

Neben dem Genuss einer Kanne Wein täglich war auch Georg Wilhelm Friedrich Hegel dem Lachen nicht ganz abgeneigt. Die physiologische Erscheinung des Heiterseins erachtet er als ungetrübten Genuss einer zu sich selbst gelangenden Subjektivität. Auch Henri Bergson ist davon überzeugt, dass der Mensch im Lachen zur Anschauung seiner eigenen Individualität gelangt. Allerdings sei dafür ein hoher Preis zu entrichten: eine vorübergehende „Anästhesie des Herzens". Um zum Beispiel über einen Sketch lachen zu können, in dem sich ein Mensch überaus tollpatschig benimmt, müsse man sein Mitgefühl kurzzeitig „ausschalten". Auch wenn man sich derart lachend unweigerlich über das oder den Lächerlichen erhebt, sieht Bergson im Lachen eine soziale Geste, die Raum für neue Denk- und Verhaltensweisen schafft. Als „Formel für die Herstellung komischer Effekte" erachtet er die Konfrontation von Lebendigem mit etwas Mechanischem, wie sie zum Beispiel die von Charlie Chaplin kreierte Figur des Tramps in dessen Film *Moderne Zeiten* durchlebt. Der einer unaufhaltsamen Maschinerie Ausgelieferte werde zum Kontrastmittel, dank dessen die über ihn Lachenden ihre eigene Mechanisierung erkennen könnten. Nicht die soziale Züchtigung des lächerlichen Menschen hat Bergson also im Sinn, sondern ein Werkzeug zur Selbsterkenntnis. Die Komödie erscheint in diesem Blickwinkel als „ein Mittelding zwischen Kunst und Leben", mithilfe dessen man sich von den eigenen Mechanisierungen wie Denkgewohnheiten und festgefahrenen sozialen Regeln „reinigen" könne.

Auf der Palette des Lachens finden sich aber auch Ausdrucksformen, bei denen einem das Lachen buchstäblich im Halse stecken bleibt. Die wohl grausamste Art eines solchen Lachens demonstrierte der Massenmörder Anders Behring Breivik am 22. Juli 2011. Ausgelassen lachend erschoss er binnen einer Stunde 69 Teilnehmer eines Jugendlagers: Sie wurden von ihm im Gestus der Überlegenheit buchstäblich „totgelacht". Eine Sympathie und Fröhlichkeit ausdrückende Gesichtsbewegung verzerrte sich zur Fratze der Herrschaft über Leben und Tod. Der Killer lachte stehend, weil alle anderen vor ihm lagen. Im Rausch des vermeintlich überlegenen Siegers lachte er, um die innere Leere mit irgendetwas zu füllen, das ihn in seinem Wahnsystem erleichterte. Im folgenden Strafprozess wandelte sich sein rasendes Gelächter zu einem entspannten Lächeln. Krank fühlt er sich nicht! Der Heilung bedürfen in seiner Sicht die anderen. Und er ist bei weitem nicht der einzige selbsternannte Weltenretter, der der Implosion der eigenen Nichtigkeit durch eine prahlerische Fratze vermeintlicher Auserwähltheit und wissender Führerschaft vorzubeugen sucht. Die Folterknechte ganz normaler kleiner wie großer, legaler wie illegaler Mächte demonstrieren bis heute mit ihrem Tun, dass der Besitz vermeintlicher Wahrheit grundsätzlich zwei Seiten hat: „Sie vernichtet die Gefolterten und belebt die Folterer."

Gleichwohl ist das Vermögen, über sich und die Welt zu lachen, kein Widerspruch zur Vernunft, sondern geradezu die wichtigste Tugend des Menschen überhaupt. Nicht von ungefähr kommt der römische Philosoph Seneca zu dem Schluss, dass man alles auf die leichte Schulter nehmen und frohgemut ertragen sollte, denn: „Menschlicher ist es, über das Leben zu lachen als zu klagen." Wer nicht ideologisch motivierten Versprechen auf diesseitiges Glück in fernen Zukünften vertrauen mag oder denen auf jenseitige Erlösung seitens zahlloser Religionen, dem bleibt nur die gleichermaßen vernünftige wie heitere Auseinandersetzung mit den Absurditäten des Lebens. Wir sind nicht nur zum Lachen geboren, aber im Lachen über sich und die Welt liegt ein tiefer Ernst, erfüllt sich im Lachen doch das, was wir gemeinhin Philosophie nennen. Humor heißt, die Welt und den Menschen im Grunde zu bejahen, auch wenn man sie beständig infrage stellt. Für den reinen Verstand gibt es nichts zu lachen. Wenn die Vernunft etwas nicht letztgültig zu lösen vermag, kann sich im Lachen darüber zeigen, was den Menschen von Maschinen und Tieren unterscheidet. Nur durch die Bereitschaft, über sich selbst zu lachen, lassen sich scheinbare und echte Widersprüche im zwischenmenschlichen Austausch überbrücken, denn gelacht wird überall auf der Welt in der gleichen Sprache!

Dr. Siegfried Reusch, Chefredakteur

Rainer Stollmann

Immanuel Kants Lieblingswitze

Ein Streifzug durch die Philosophiegeschichte des Lachens

Das Verhältnis von Philosophie und Lachen ist ambivalent: Platon galt Lachen als Zeichen der Schwäche und Verweichlichung, wohingegen Demokrit als „der lachende Philosoph" in die Geschichte einging. Während das Lachen für die religiösen Autoritäten des Mittelalters des Teufels war, erachtete Baruch de Spinoza Fröhlichkeit als Zeichen für die Teilhabe an der göttlichen Natur. Die Aufklärer schätzten zwar die gesundheitsfördernde Kraft des Lachens, gelacht wurde aber auch in Zeiten der Aufklärung nicht aus Gründen der Gesundheit, sondern aufgrund von Widersinnigkeiten, die Immanuel Kant zufolge dem Verstand keine Freude machen können. Sind also Lachen und Vernunft ein Widerspruch?

der blaue reiter

Philosophie und Lachen erscheinen zunächst als Feinde. Aus der Frühzeit der abendländischen Philosophie stammt das Lachverbot Platons. Wenn der „Staat" stabil sein soll, dann dürfen seine Wächter nicht lachen und keine Gedichte lesen: „Wir aber fürchten für die Wächter, sie möchten uns ... zu hitzig und zu weichlich werden." Lachen ist für Platon eine körperliche Revolution, deshalb muss es unterbleiben, „denn wenn man sich heftigem Lachen überläßt, so zieht es gewöhnlich eine heftige Umwandlung nach sich"[1].

Bei der ungeheuren Autorität, die Platon bis heute hat („Alle abendländische Philosophie", sagte Alfred N. Whitehead, „ist nur eine Fußnote zu Platon."), war dieses Verdikt verhängnisvoll. Es hat nicht nur mit Staatsräson zu tun, die man, wenn man an Platons Erfahrungen mit Bürgerkrieg und Tyrannen denkt, billigen kann, sondern auch mit dem Ekel des Idealisten vor allem Körperlichen. Lachen aber ist aufdringlich körperlich: Zwei reden gescheit miteinander, plötzlich antwortet der eine mit konvulsivischen Krämpfen des Zwerchfells.

Abbildung:
Immanuel Kant
Keuchenius, 2003;
www.keuchenius.de

Entnommen aus:
Reschika, Richard:
Nietzsches Bestiarium.
Der Mensch – das wahnwitzige Tier.
der blaue reiter
Verlag für Philosophie

Lachen ist des Teufels

Es ist denkbar, dass Aristoteles unter der Last des platonischen Lachverbots das Lachen selbst nicht mehr thematisierte. Denn die immer wieder zitierte Stelle: „Daß nur der Mensch kitzlig ist, liegt an der Feinheit seiner Haut und an dem Umstand, daß nur er von allen Geschöpfen lachen kann", findet sich an entlegenem Ort.[2] Immerhin gilt ihm Lachen als genuin menschlich, wo es doch in der Nachfolge Platons auch leicht dem Tierischen hätte zugeschlagen werden können. Sprechen wir doch heute noch von „wiehern" und „gackern", um Lachformen zu charakterisieren.

Immer wieder wurde über das möglicherweise verlorene zweite Buch der *Poetik* des Aristoteles, das von der Komödie handeln soll, spekuliert. Das berühmteste Beispiel zu diesem Thema ist Umberto Ecos Roman *Der Name der Rose* (1980). Eco hat recht damit, dass die katholische Kirche mit ihrem gegen die karnevalistische Volkskultur[3] gerichteten Lachverbot in arge Bedrängnis gekommen wäre, wenn sich in der einzigen heidnischen Autorität, die sie anerkannte, eine Feier des Lachens gefunden hätte. Ein solches Buch hätte als heitere Aufklärung tatsächlich verbrannt werden müssen.

Um den offiziellen Status des Lachens im Mittelalter zu charakterisieren, genügen wenige Zitate von Kirchenvätern: „Solange wir im Tal der Tränen sind, dürfen wir nicht lachen, sondern müssen weinen. Deshalb sagt auch der Herr: Selig die Weinenden, denn sie werden lachen. Wir sind im Tal der Tränen, und dieses saeculum gehört den Tränen, nicht der Freude." (Hieronymus, ca. 347–419); „Die Menschen lachen und weinen, und dass sie lachen, ist zum Weinen!" (Augustinus, 354–430); „Wenn du auch solche Tränen weinst, dann bist du dem Herrn ähnlich geworden. Denn auch er hat geweint über Lazarus und Jerusalem ... Und weinen sehen kann man ihn oft, lachen niemals, nicht einmal stille lächeln. ... Darum redet Christus so oft von Reue zu uns, preist die Bußfertigen glücklich und ruft wehe über die, die lachen. Diese Welt ist eben kein Theater zum Lachen, nicht dazu sind wir beisammen, um schallendes Gelächter anzuschlagen, sondern um über unsere Sünden zu seufzen, und mit diesen Seufzern werden wir uns den Himmel erwerben." (Chrysostomos, 344–407)

Sind Lachen und Vernunft ein Widerspruch?

Jacques LeGoff fasst zusammen: „Insgesamt gesehen ist das Lachen zusammen mit der Eitelkeit der zweite große Feind des Mönchs ... Wenn das Lachen beginnt, muss es auf jeden Fall daran gehindert werden, sich Ausdruck zu verschaffen. So sehen wir, wie von all den üblen Ausdrucksformen, die von innen kommen, das Lachen das schlimmste ist: Die schlimmste Verschmutzung des Mundes."[4]

Die heitere Aufklärung

Die Philosophie der Neuzeit steht unter dem Motto „Lachen ist gesund“. Beispielhaft heißt es bei Immanuel Kant: „Es muss in allem, was ein lebhaftes erschütterndes Lachen erregen soll, etwas Widersinniges sein (woran also der Verstand an sich kein Wohlgefallen finden kann).“[5] Kant fährt fort: „Das Lachen ist ein Affekt aus der plötzlichen Verwandlung einer gespannten Erwartung in nichts.“ Sitzt man im Kabarett, dann erwartet man aber „gespannt“ die Pointe. Diese Erwartung der Lachlust meint Kant offensichtlich nicht, sondern die Erwartung des Verstands auf eine rationale Kommunikation. Sie wird in der Pointe enttäuscht. Bleibt die Frage, wer dann Vergnügen empfindet, wenn nicht der Verstand. Man ahnt schon: Was dem Verstand nicht gefällt, kann doch dem Körper gefallen. „Also muss die Ursache in dem Einflusse der Vorstellung auf den Körper und dessen Wechselwirkung auf das Gemüt bestehen; und zwar nicht, sofern die Vorstellung objektiv ein Gegenstand des Vergnügens ist (denn wie kann eine getäuschte Erwartung genügen?), sondern lediglich dadurch, dass sie, als bloßes Spiel der Vorstellungen, ein Gleichgewicht der Lebenskräfte im Körper hervorbringt.“

Kant bleibt dabei, dass ein Widerspruch kein Vergnügen machen kann, aber als „Spiel der Vorstellungen“, welches das „Gemüt“ akzeptiert, auf den Körper durchzuschlagen vermag und dort offenbar etwas Umfassenderes, nämlich „Lebenskräfte“ in einen vergnüglichen Zustand versetzen kann.

Das ist die Hauptlinie des aufgeklärten Denkens. Sie setzt dem kirchlichen Motto „Lachen ist des Teufels“ (weil Jesus nie gelacht hat) die Gesundheit des Lachens entgegen. Das Argument hat aber einen Pferdefuß: Leicht lässt sich Lachen ausschließlich auf die körperliche Seite schieben. Wenn sich der lachende Körper schon nicht beherrschen lässt, dann sollen seine Eskapaden wenigstens gesund sein, denn was gesund ist, ist vernünftig. Es lacht aber kein Mensch, weil es gesund ist, sondern weil's Spaß macht. Und dem Lustprinzip steht das Denken als Teil des Realitätsprinzips fern. Die Philosophie der Aufklärung mag den natürlichen Grund des Lachens getroffen haben, das subjektive Motiv nicht.

Bei Georg Wilhelm Friedrich Hegel sind Natur und Geist nicht getrennt, sondern der Geist ist die Kraft, die sich durch die Natur- und Kulturgeschichte realisiert. In seinem großen Systematisierungsversuch der *Enzyklopädie der philosophischen Wissenschaften* erscheint das Lachen im dritten Teil. Hegel „platziert“ seine Auseinandersetzung mit dem Lachen zwischen die Erläuterungen über den natürlichen und den schon empfindenden, also eigentlich geistigen Teil der Seele, was genau der Ambivalenz des körperlich-geistigen Doppelcharakters entspricht, den man beim Lachen beobachten kann. Er beruft sich ganz ähnlich wie vor ihm schon Kant auf den vernichtenden Geist des Lachens. Bei jeder Komik, schreibt Hegel, „kommt die Subjektivität des Zuschauers oder Zuhörers zum ungestörten und ungetrübten Genuss ihrer selbst, da sie die absolute Identität, die unendliche Macht über jeden beschränkten Inhalt ... ist, durch welche eben der komische Gegenstand vernichtet wird. Hierin ist der Grund der Heiterkeit enthalten, in die wir durch das Komische versetzt werden. Mit diesem Grunde steht aber die physiologische Erscheinung jenes Heiterseins, die uns hier besonders interessiert, im Einklange; denn im Lachen verleiblicht sich die zum ungetrübten Genuss ihrer selbst gelangende Subjektivität, dies reine Selbst, dies geistige Licht, als ein sich über das Antlitz verbreitender Glanz und erhält zugleich der geistige Akt, durch welchen die Seele das Lächerliche von sich stößt, in dem gewaltsam unterbrochenen Ausstoßen des Atems einen leiblichen Ausdruck.“[6]

Das kann man wohl eine enthusiastische Würdigung des Lachens nennen, die bemüht ist, seinen „Geist“, „dies geistige Licht“ als ungetrübte Subjektivität zu fassen, die dadurch sich herstellt, dass sie das Objektive in Form des Lächerlichen vernichtet. Lachen ist nach Hegel eine begrenzte Gestalt der Freiheit, die durch eine besonders scharfe Trennung des Subjektiven vom Objektiven entsteht. Diese der bloßen Natur innewohnende Schärfe der Trennung aber ist es gerade, die Hegel im weiteren kritisiert: „Übrigens ist das Lachen zwar etwas der natürlichen Seele Angehöriges ... durchläuft aber von dem gemeinen, sich ausschüttenden, schallenden Gelächter eines leeren oder rohen Menschen bis zum sanften Lächeln der edlen Seele, dem Lächeln in der Träne, eine Reihe vielfacher Abstufungen, in welchen es sich immer mehr von seiner Natürlichkeit befreit, bis es im Lächeln zu einer Gebärde, also zu etwas vom freien Willen Ausgehenden wird.“ Hegel löst jeden Widerspruch im Denken und raubt dem Lachen seinen traditionellen Stoff. Wer glaubt, dass sich die wirkliche Welt so bewegt wie das eigene dialektische Denken, kann im Lachen nur die Abwehr der Welt erkennen, nicht die Öffnung zu ihr hin.

Abschließend beruft sich Hegel auf Perikles, der angeblich nach Übernahme des Staatsamts nicht mehr gelacht haben soll (also ganz im Sinne Platons), und erklärt im nächsten Abschnitt die Stimme, die sprachlich artikulieren kann, zur höheren Form des Ausdrucks gegenüber dem bloßen Lachen (und Weinen). Das heißt, das Körperlich-Natürliche des Lachens verfällt, auch wenn zuvor sublim interpretiert und enthusiastisch gewürdigt, der Abwehr. Lachen und Weinen sind gewissermaßen nur niedrige Stufen auf dem Weg des Geistes, ganz ähnlich, wie es auch bei den Indianern heißt: Ein Indianer lacht und weint nicht, das ist eine Sache der Weiber und Kinder.

So kann man das Verhältnis von Philosophie und Lachen beschreiben als eine unterschiedliche Mischung

Empirismus
von altgriechisch *empeiria* für „Erfahrung“: Lehre, derzufolge alles Wissen und alle Vorstellungen über die Wirklichkeit ausschließlich durch die sinnliche Wahrnehmung vermittelt sind. Der Verstand beziehungsweise die Vernunft sind demzufolge der Sinneserfahrung nachgeschaltet.

aus Abwehr (Peitsche) und Einverleibung (Zuckerbrot): im offiziellen Mittelalter ganz Abwehr, in der Aufklärung Einverleibung, die in unterschiedlichem Maße verbunden ist mit Abwehr.

Denken in der Geschichte des Lachens

Das Lachen ist etwa 8 Millionen Jahre alt, schon der Vorfahr von Mensch und Schimpanse hat gelacht. Der Ursprungsreiz des Lachens (das ja immer eine körperliche *Re*aktion ist) ist Kitzeln. Das Kitzeln wurde von Säugetiermüttern erfunden aus Gründen der Entwöhnung, man kann auch sagen: um die Trennung der Mutter-Kind-Symbiose zu erleichtern. Denn weder die Natur noch die Kultur haben für das Abstillen oder für die Trennung des Kindes von der Mutter sichere Vorgaben. Der französische Adel stillte nie, im 19. Jahrhundert wurde in Niedersachen bis zum vierten Lebensjahr des Kindes gestillt. Tiger- und Wolfsmütter gehen mit ihren Kindern rabiat um (Schlagen, Wegstoßen), wenn diese noch an die Zitzen wollen, aber keine Milch mehr da ist. Menschenkinder fürchten sich vorm Kitzeln, aber sie lachen gern. Kitzeln ist gewissermaßen die Mitte von Streicheln und Schlagen, Zuwendung mit der Absicht, der andere soll sich abwenden: „Ich habe dich lieb, aber lass mich jetzt in Ruhe." Im Lachen wird die Furcht vor dem unverständlichen Kitzeln in Lust umgesetzt. Aus dieser originären Quelle kann sich Kitzeln an allen möglichen „Häuten" entwickeln, das heißt sensiblen Stellen von Zusammenhängen, in denen wir leben. Denn der Mensch ist eine Zwiebel, die mehr als sieben Häute hat: familiäre, nachbarliche, kulturelle, soziale, ökonomische, moralische, religiöse, philosophische, politische usw. Alle möglichen Zusammenhänge haben ihre schwachen Stellen, an denen gekitzelt werden kann. Es muss nur auf die richtig dosierte Art und Weise passieren, so dass erregte Furcht nicht überhand gewinnt, sondern sich im Lachen auflöst. Loriot kitzelt in allen seinen Sketchen an der deutschen Haut, die Höflichkeit so schwer von Konformismus unterscheiden kann. (Mephisto: „Im Deutschen lügt man, wenn man höflich ist.") Harald Schmidt kitzelte sehr häufig die Haut der Political Correctness, als diese noch in Blüte stand. Heinz Erhardt kitzelte in einer Zeit, da die Deutschen als harmlos erscheinen wollten, mit seinen Kalauern immer wieder die kindlich-kindische Sprachhaut.

In jedem Fall gilt, dass Lachen einen im Moment unlösbaren Widerspruch braucht, damit es erfolgt. Der Witz, sagt Sigmund Freud, taucht einen Gedanken ins Unbewusste, so dass der Verstand beim Wiederauftauchen für einen Moment von der Pointe geblendet ist. Witze kitzeln die Verstandeshaut („Witz" kommt von „wissen"), sind also etwas für aufgeklärte Menschen. Ein Bauer im 14. Jahrhundert (also ein unaufgeklärter Mensch) hätte einen Witz befremdlich gefunden, er hatte keine „Verstandeshaut", an der gekitzelt werden konnte, sondern nur eine „Erfahrungshaut", die nicht auf Witze reagiert, sondern auf groteske Komik. Diese Groteske nun, die sich zum Beispiel in den Werken von François Rabelais oder im Till Eulenspiegel findet, ist uns modernen Menschen wiederum fremd geworden, vor allem seit der Romantik, die der Groteske das Lachen entzog und sie zur Angstgroteske machte.[7]

René Descartes und Kant tun etwas, das von Anfang an in der Philosophie geschlummert hat, aber vorher nicht so deutlich ausgesprochen wurde: Sie machen das Denken zu einem Organ der Emanzipation. Aufklärung ist nicht lediglich logisches Denken, sondern „Ausgang aus Unmündigkeit". Dieses neue Pathos des Denkens ging einher mit einer Befreiung von religiösen Zwängen und dem Fortschritt der bürgerlichen Produktionsweise, in der in mehrfacher Hinsicht (ökonomisch, technisch, lebenspraktisch) selbstständiges Denken stärker am Werke ist als in der bäuerlichen Produktion. Für Bauerngesellschaften gilt im Grunde seit der neolithischen Revolution bis zur europäischen Neuzeit, dass sie eine andere Umgangsweise mit Widersprüchen haben als sie im Denken zu lösen. Das Organ der Emanzipation von nicht-aufgeklärten Menschen ist das Lachen. Man kann es auch so sagen: Denken ist städtisch, Lachen ist bäuerlich. Der mittelalterliche Karneval war eine Art ritueller Revolution innerhalb des Feudalismus, der zu dessen Stabilität gewiss beigetragen hat. Er führte alle Widersprüche (oben/unten, Mann/Frau, Leben/Tod) dem Lachen zu. Für bäuerliche Lebensweisen ist Denken ein Bruder Leichtfuß, denn ausdenken kann man sich vieles, die Frage ist, ob es auf Dauer täglicher Erfahrung standhält. Man muss also mit Humor, das heißt im Fließen täglicher Erfahrung denken, nicht gedankliche Positionen beziehen.

Worüber Kant herzlich lachte

Über Kants Humor ist geforscht worden[8], aber die drei Lieblingswitze, die Kant in der *Kritik der Urteilskraft* zur Illustration seiner Gedanken über das Lachen erzählt[5], sind bisher keiner genaueren Deutung unterzogen worden. Vielleicht deshalb, weil sie einem heute nur noch bedingt witzig erscheinen. „Wenn jemand erzählt: dass ein Indianer, der an der Tafel eines Engländers in Surate eine Bouteille mit Ale öffnen und alles dies Bier, in Schaum verwandelt, herausdringen sah, mit vielen Ausrufungen seine große Verwunderung anzeigte, und auf die Frage des Engländers: was ist denn hier sich so sehr zu verwundern? antwortete: Ich wundere mich auch nicht darüber, dass es herausgeht, sondern wie ihr's habt herein kriegen können: so lachen wir, und es macht uns eine herzliche Lust: nicht

der
blaue
reiter

Transzendentalphilosophie
nennt Immanuel Kant das System aller Erkenntnisse, die *a priori*, das heißt ohne Kenntnis der Erfahrung, aus reiner Vernunft gewinnbar sind.

Nihilismus
Verneinung der Existenz einer objektiven Grundlage für Moral, Sinn und Erkenntnis.

weil wir uns etwa klüger finden als diesen Unwissenden, oder sonst über etwas, was uns der Verstand hierin Wohlgefälliges bemerken ließe; sondern unsere Erwartung war gespannt, und verschwindet plötzlich in nichts."

Man muss gewärtig sein, dass Kant nicht wirklich Witze erzählt, sondern ihre Erzählung in einen philosophischen Diskurs einbringt, dem es nicht um's Lachen, sondern um's Erklären des Lachens zu tun ist. Insofern kommt es Kant auch gar nicht darauf an, dass die Pointe „zündet", sondern dass wir seine Gedanken über das Lachen verstehen. Dieser Witz geht etwas um die Ecke, man weiß nicht, woher das Interesse des Indianers am Abfüllen der Flasche kommt und wieso er sich als naiver Wilder nicht doch einfach über das überraschende Austreten von so viel Schaum wundert. Man bemerkt wohl die komische Tendenz, dass die auf die Produktion von Bier gerichtete Neugier auch fehlgehen muss, denn es wird ja kein Schaum, sondern schaumlose kalte Flüssigkeit abgefüllt, so dass der Indianer auch nicht klüger würde, wenn er den Produktionsvorgang beobachten könnte. Hier, beim Indianer (und nicht beim Zuhörer), ist das Umschlagen einer „gespannten Erwartung in nichts" lokalisiert. Für ihn stimmt sie. Kant geht unter der Hand davon aus, dass man sich mit dem Indianer identifiziert und gewissermaßen an seiner statt (und nicht über ihn) lacht. Kant setzt also ein Einfühlungsvermögen voraus, das uns (an Kannibalen-, Ostfriesen- und andere Minderheitenwitze Gewöhnte) auf Anhieb nicht unbedingt zur Verfügung steht. Aber auch wenn wir versuchen das nachzuvollziehen, so wird uns Kants Vergnügen nicht ganz erschlossen – und man muss doch davon ausgehen, dass Kant sich hier auf Witzbeispiele verlässt, über die er selbst schallend gelacht hat.

Dieses Vergnügen erschließt sich aber, wenn wir uns in Kants philosophische Situation hineinversetzen. Dieser Witz ist gegen die erste philosophische Front Kants, den Empirismus (siehe Erläuterung), gerichtet. Er demonstriert die zweite Hälfte des populär gewordenen Satzes: „Gedanken ohne Inhalt sind leer, Anschauungen ohne Begriffe sind blind."[9] Der „Indianer" hat gesehen, dass der Schaum aus der Flasche herauskommt, und glaubt, er habe es begriffen – daher nimmt er irrtümlicherweise an, er brauche sich darüber nicht mehr zu verwundern. Seine Frage gilt nun dem, was er nicht gesehen hat. Aber auch wenn man ihm anschließend den Füllvorgang zeigte, könnte er den Zusammenhang keineswegs begreifen, denn er würde beim Füllen nichts mehr von dem beim Öffnen hervorquellenden Schaum bemerken. Er geht nicht hinein, aber er kommt heraus. Beide Anschauungen, die des Füllens und die des Heraustretens können dem Empiristen nicht helfen, was er gesehen hat, zu begreifen. In der Erfindung des Bierbrauens, Kühlens von druckfesten Flaschen und so fort steckt viel Verstand, dessen man mit den bloßen Augen nicht habhaft werden kann: „Anschauungen ohne Begriffe sind blind." Mit einem Wort: Kant lacht mit diesem Witz recht spöttisch über die empirische Philosophie der Engländer (Thomas Hobbes, John Locke, David Hume), die alles, was „Verstand" ist, auf die Sinne zu reduzieren sich bemühen. Oder, milder formuliert: Genau genommen lacht ja eher der Indianer als der Zuhörer, das heißt, wenn der Empiriker nur einmal seine Methode selbst konsequent anwendete – und dazu genügte das Nachdenken über so etwas Banales wie eine Flasche Bier –, dann müsste er lachend erkennen, wie sich seine philosophische Erwartung „in nichts" auflöst, er könnte kein Empiriker mehr bleiben. Kant kommentiert: Wir lachen nicht, weil wir (die Transzendentalphilosophen) uns etwa klüger finden als diese Unwissenden (die empiristischen Philosophen). Sondern wir lachen, weil wir doch alle bei genauem Nachdenken erkennen müssen, dass die menschliche Vernunft sich nicht mit der Antwort begnügen kann, sie sei eine bloße Funktion oder zugespitze Form der Sinnlichkeit.

Kant erzählt ohne Absatz den nächsten Witz: „Oder wenn der Erbe eines reichen Verwandten diesem sein Leichenbegängnis recht feierlich veranstalten will, aber klagt, dass es ihm hiemit nicht recht gelingen wolle; denn (sagt er): je mehr ich meinen Trauerleuten Geld gebe, betrübt auszusehen, desto lustiger sehen sie

Rationalismus
von lateinisch *ratio* für „Vernunft". Im weiten Sinn ein Denken, das davon ausgeht, dass die Welt nach logischen, mittels menschlicher Vernunft prinzipiell erkennbaren Gesetzen beschaffen ist.

Abbildung: **La Piedra Filosofal.** Gerard Mas, 2008; Naturstein aus Ulldecona, 52x24x34 cm.
Gerard Mas wird vertreten durch die Galerie Robert Drees, Hannover: www.galerie-robert-drees.de

aus: so lachen wir laut, und der Grund liegt darin, dass eine Erwartung sich plötzlich in nichts verwandelt."

Der Witz ist besser, aber nicht gut, das heißt für uns ebenfalls verschlossen. Die Pointe liegt zwar klar auf der Hand: Gefühle kann man nicht kaufen. Aber wer ist so dumm und nimmt das an? Wenn Kant sich zunächst gegen die gegnerische Philosophie in England wendet, vielleicht richtet sich dieser Witz gegen den Rationalismus in Frankreich (siehe Erläuterung)? Der „Erbe" hat begriffen, worauf es in der Welt ankommt: Es dreht sich alles um's Geld. Um so verblüffter ist er, wenn er bemerkt, dass er Trauer nicht kaufen kann. Sein schlauer Verstand (und was wäre gegen den Satz „Geld regiert die Welt" je einzuwenden gewesen?) erfährt eine sinnliche Grenze: „Begriffe ohne Anschauung sind leer." Auch hier gilt der von Kant beschriebene Mechanismus der Verwandlung einer gespannten Erwartung in nichts nur bei Einfühlung in den „Rationalisten". Beide Witze richten sich gegen das, was man alltagspraktische Erscheinungen von Empirismus und Rationalismus nennen kann. Es ist vermutlich nicht zufällig, dass dabei Dinge eine Hauptrolle spielen, die Kant nicht mochte, nämlich Bier und Geld – das eine macht dumpf, das heißt geistig träge, das andere geizig, das heißt feindlich gegen jeden sinnlichen Genuss. In ihnen verkörpern sich Sinnlichkeit und Verstand (Anschauung und Begriff) auf besonders einseitige Weise.

Der dritte Witz, so können wir jetzt schon fast erwarten, wird eine Synthese der beiden vorangegangenen vortragen: „Wenn jemand uns mit der Erzählung einer Geschichte große Erwartung erregt, und wir beim Schlusse die Unwahrheit derselben sofort einsehen, so macht es uns Missfallen; wie zum Beispiel von Leuten, welche vor großem Gram in einer Nacht graue Haare bekommen haben sollen. Dagegen, wenn auf eine dergleichen Erzählung, zur Erwiderung, ein anderer Schalk sehr umständlich den Gram eines Kaufmanns erzählt, der aus Indien mit allem seinen Vermögen in Waren nach Europa zurückkehrend, in einem schweren Sturm alles über Bord zu werfen genötigt wurde, und sich dermaßen grämte, dass ihm darüber in derselben Nacht die Perücke grau ward: so lachen wir, und es macht uns Vergnügen, weil wir unsern eigenen Missgriff nach einem für uns übrigens gleichgültigen Gegenstande, oder vielmehr unsere verfolgte Idee, wie einen Ball, noch eine Zeitlang hin- und herschlagen, indem wir bloß gemeint sind, ihn zu greifen und fest zu halten."

Der dritte Witz vereinigt die Motive: Es ist wieder ein Engländer, das heißt ein Abkömmling der von Kant (wegen der Philosophie und des Humors) meistgeliebten und (wegen ihrer Kolonialpolitik und ihres absolutistisch-verlogenen und antirevolutionären Parlamentarismus) meistgehassten Nation im Mittelpunkt, das abstrakte Geld des zweiten Witzes ist gemildert zu Warenbesitz und der Tod zu Todesgefahr. Der Schauplatz ist nicht die versklavte Kolonie (wie im ersten Witz), aber auch nicht die Zivilisation (wie im zweiten), sondern in der Mitte, auf dem Ozean zwischen Fremde und Heimat. In diesem Gelände scheitert beides, Verstand und Sinnlichkeit. Wie viel englischer Verstand und seemännische Erfahrung in den modernsten Schiffen der Welt steckt, braucht nicht erörtert zu werden. Es mag noch so viel Ratio und Empirie investiert werden, alles kann am Sturm der objektiven Welt scheitern. Aber das Schiff geht nicht unter, der Sturm kann noch so schlimm sein, er wird sich legen, und selbst wenn er einzelne Schiffe vernichten kann, die Seefahrt (Sinne und Verstand) wird keine feindliche Natur aufhalten können. Wenn also Verstand und sinnliche Erfahrung (Anschauung) zusammen auch nicht mehr helfen, dann hilft nur der Humor, und zwar ein ziemlich absurder. In diesem Witz lacht also der Transzendentalphilosoph über sich selbst. Auch wenn ich nicht mehr weiter weiß, auch wenn sich meine gespannte Erwartung, dass Anschauung und Begriff gemeinsam Aufklärung herstellen können, in nichts verwandeln sollte, so werde ich doch, bedeutet die Pointe, keinesfalls zum (Aber-)Glauben zurückkehren, sondern dann lieber zum Lachen. Es ist die richtige Antwort auf drohenden Nihilismus (siehe Erläuterung).

Man sieht, Kants Witze haben es in sich. Kant mag in der Theorie auch dem etwas schematischen Argument „Lachen ist gesund" verfallen, in der Praxis seiner Witze, das heißt in der Erfahrung räumt er dem Lachen auch das Recht ein, die transzendentale Vernunft in Frage zu stellen. Nicht nur die „Vernunft" macht sich in der *Kritik der reinen Vernunft* selbst den Prozess, sondern auch das Lachen ist dazu in der Lage.

Dr. Rainer Stollmann ist Hochschuldozent i.R. für Kulturtheorie und Kulturgeschichte im Fach Kulturwissenschaft an der Universität Bremen.

Anmerkungen:

1. Platon: Sämtliche Werke. Herausgegeben von Erich Loewenthal. Wissenschaftliche Buchgesellschaft, Darmstadt 2004, 387C, 389A
2. Aristoteles: Über die Glieder der Geschöpfe. Die Lehrschriften. Herausgegeben von Paul Gohlke. Schöningh, Paderborn 1959, 73a
3. Der vorliegende Aufsatz stützt sich grundsätzlich auf: Bachtin, Michail: Rabelais und seine Welt. Herausgegeben von Renate Lachmann. Suhrkamp, Frankfurt am Main 1986
4. LeGoff, Jacques: Lachen im Mittelalter. Klett-Cotta, Stuttgart 2004
5. Kant, Immanuel: Kritik der Urteilskraft. Werkausgabe Band 10. Herausgegeben von Wilhelm Weischedel. Suhrkamp, Frankfurt am Main 1996, Seite 273 f., 273 f.
6. Hegel, Georg Wilhelm Friedrich: Enzyklopädie der philosophischen Wissenschaften III. Suhrkamp, Frankfurt am Main 1986, Seite 114
7. Vergleiche dazu Neumann, Norbert: Vom Schwank zum Witz. Zum Wandel der Pointe seit dem 16. Jahrhundert. Campus, Frankfurt am Main 1986, sowie Michail Bachtin (siehe Anm. 3)
8. Vergleiche Geier, Manfred: Worüber kluge Menschen lachen. Rowohlt, Reinbek 2006, Literatur auf Seite 271, Anm. 83
9. Kant, Immanuel: Kritik der reinen Vernunft. Werkausgabe Band 3. Herausgegeben von Wilhelm Weischedel. Suhrkamp, Frankfurt am Main 1956, Seite 97 und 98

Ich danke dem Kollegen Georg Mohr, Universität Bremen, für gedankliche Hinweise sowie inhaltliche und formale Fehlerkorrekturen.

Jochen Hörisch

Lachen verboten!

Worüber man trotzdem lachen muss

Wer über himmlische oder weltliche Alleinherrscher lacht, spielt mit seinem Leben. Denn Gott und Diktatoren verstehen keinen Spaß. Doch gerade die kulturell verankerte Fähigkeit zur Selbstkritik mittels Witz, Satire und Ironie, das heißt die Respektlosigkeit gegenüber der „natürlichen" Autorität vermeintlicher Majestäten ist der Garant für die intellektuelle wie die wirtschaftliche Produktivität einer Kultur.

Witzig beziehungsweise unfreiwillig komisch ist, was und wer das Nicht-Kommunizierbare dennoch willig beziehungsweise eben unfreiwillig kommuniziert. Witzig ist, wer im Zweifelsfall lieber Verlachenswertes in Kauf nimmt als den preiswerten Tiefsinn des Schweigens. Komik ist (so eine Einsicht der meisten einschlägigen Theorien) der Effekt von Wahrnehmungsdifferenzen aller Art. Komisch ist, wenn einer sagt: „Alle denken nur an sich, nur ich, ich denke an mich." Komisch ist, wenn jemand der einzige ist, der seine Witze komisch findet. Komisch ist, wenn ein Gott behauptet, allmächtig zu sein, aber nicht zu sterben vermag. Komik ist ein Effekt von Paradoxien und systematischen Dissonanzen.

Es gibt aber Fälle, in denen sich jede Form von Komik verbietet. Es sind die erhabenen Fälle des absoluten Ernstfalls. Erhaben ist das Nicht-Repräsentierbare. Was nicht repräsentierbar, vor- oder darstellbar ist, kann auch nicht im Hinblick auf komische Differenzen zwischen Dargestelltem und Darstellung, zwischen Sein und Schein wahrgenommen werden. Es ist differenzlos, einig, überwältigend. Der Gott, von dem man sich kein Bild machen kann (oder darf), hat nichts zu lachen und darf auch keinen Anlass zum Lachen geben. Der Schrecken und das Grauen, das im Herzen der Finsternis waltet, scheint gleichfalls jedes Lachen zu verbieten. Doch das Tabu, das den einen lachenden und lachenswerten Gott vorzustellen sich verbietet, hat in Neuzeit, Moderne und Postmoderne kräftige Erosionen erlitten. Umberto Ecos Roman *Der Name der Rose*, der um das Motiv der theologischen Verwerfung des Lachens herum konstelliert ist, avancierte zu dem postmodernen Kultbuch schlechthin. Das Tabu, das Lachen angesichts von Grauen untersagt, ist hingegen halbwegs intakt geblieben.

Der Teufel freut sich, dass die Frommen so humorlos sind.

In den nicht nur, aber eben auch religiös motivierten Terrorereignissen vom 11. September 2001 verschränken sich in eigentümlicher Weise beide Tabus – das erodierende Tabu, den einzigen Gott als lachende und zum Lachen reizende Größe zu erfahren, und das halbwegs intakte Tabu, demzufolge Lachen eine untersagte Reaktion auf das Grauen ist. Entsetzlich beziehungsweise grotesk asymmetrisch aber sind nicht nur die Anschläge selbst, sondern auch viele Versuche, über sie zu kommunizieren, handelt es sich doch um eine reine Binnenkommunikation im Kreis der Opfer. Aus dem Kreis dieser Terroristen gibt es kein Bekennerschreiben, keine Programmschrift, keinen öffentlichen Abschiedsbrief, keinen theologischen Traktat, der auch nur ansatzweise versuchen würde, die Anschläge zu begründen. Nicht zuletzt dieser Umstand unterscheidet die Terroristen des 11. September 2001 von der Tradition des Terrorismus. Denn dieser war bemerkenswert mitteilungsfreudig. Ob Partisanenkämpfer gegen Napoleon im Geiste der kleistschen *Hermannsschlacht* oder russische Anarchisten, ob die logorrhötischen, das heißt die unter Sprechdurchfall leidenden RAF-Mitglieder oder baskische Separatisten, ob palästinensische Attentäter oder Mitglieder der japanischen Aum-Sekte, ob IRA-Kämpfer oder der Una-Bomber: Sie alle spürten das unwiderstehliche Bedürfnis, ihr blutiges Tun kommunikativ in großer Breite plausibel zu machen.

„Traditionelle" Terroristen waren und sind extrem kommunikationslüstern. Sie verstehen ihre Terrorakte als funktionale Beiträge zu einer Ökonomie der Aufmerksamkeit, die den öffentlichen Interessenfokus auf ein programmatisches Anliegen lenkt. Nicht so die Terroristen um Osama bin Laden. Sie adressieren an den Feind keine klaren Botschaften. Die Gründe für diese Kommunikationsverweigerung liegen auf der Hand. Mit dem Feind zu kommunizieren, hieße ja: ihn grundsätzlich anzuerkennen und ihm Verständnismöglichkeiten zu unterstellen. Eben dies aber darf nicht sein. Denn das würde bedeuten, sich auf „westliche" Diskussionskultur einzulassen und um Zustimmung, also grundsätzlich um demokratische Mehrheiten zu werben.

Nun kann man bekanntlich nicht nicht kommunizieren. Kommunikationsverweigerung ist auch eine Botschaft. Das wissen auch die Terroristen. An die Stelle von Erklärungen lassen sie deshalb Terrorakte treten, deren Symbolgehalt (je nach Geschmack) zwischen grandioser oder plumpester Eindringlichkeit changiert.

Die Gründe für den Abbruch der so deutlichen (wohlgemerkt auch militärischen, durchaus auf Globalisierung bedachten!) Dynamik der islamischen Kultur, Wissenschaft und Technik sind schwer zu eruieren.

Man sagt aber kaum etwas Falsches, wenn man in aller gebotenen Nüchternheit feststellt, dass die islamische Welt seit mehr als fünf Jahrhunderten auffallend unproduktiv ist – was kein größeres Problem wäre, wenn sie nicht ein Selbstbild pflegte, das auf ihrer dynamisch-missionarischen Überlegenheit über andere Religionen und Kulturen insistierte. Es gibt sehr viele jüdische und sehr wenige muslimische Nobelpreisträger. Es gibt sehr viel islamischen Ernst und sehr viel jüdischen Witz.

Die originellste Begründung für die Versteinerung der islamischen Kultur hat wohl der in Pakistan geborene und in London lebende Schriftsteller, Journalist und Filmemacher Tariq Ali geliefert. In dem Sammelband *Wendepunkt 11. September* schreibt er: „Warum gab es im Islam, anders als in anderen Weltreligionen wie dem Christentum oder dem Judentum, keine Reformation? Warum hatten wir keine Erneuerung in dieser Epoche?"

Gemeinsam ist allen militanten Bewegungen gegen Neuzeit und Moderne, dass sie genau das nicht zulassen, was Neuzeit und Moderne so unwiderstehlich macht: die Selbstkritik und den internen Dissens, die das Revers von Humor und Kritik sind.

Selbstkritik ist offenbar im Islam anders als in der abendländisch-christlichen Tradition kein hoher Wert. Der Typus des unkonventionellen Häretikers, des Außenseiters, des Rebellen, der die herrschenden Autoritäten verlacht, hat in der griechischen wie in der jüdisch-christlichen Tradition ein riskantes Prestige und beeindruckende Aussichten darauf, als Gründungsfigur eines neuen siegreichen Paradigmas zu gelten. Sokrates und Christus, Giordano Bruno und Spinoza, Luther und Darwin, Freud und Einstein, Wagner und Brecht, auch Andy Warhol und Joseph Beuys verkörpern in durchaus unterschiedlichen Preis- und Rangklassen doch ein und denselben Grundtypus: den (mitunter post mortem) siegreichen Außenseiter und Kritiker der eigenen Herkunft.

Die verlässliche dialektische Kraft der Selbstkritik – nämlich das zu stärken, was sie kritisiert und dadurch modifiziert – hat sich in westlichen Demokratien (wenn auch mühsam) herumgesprochen. Und es wird viel darauf ankommen, ob sie dieser Einsicht treu bleiben. Nichts ist in polittheologischer Hinsicht heikler, als Häretiker zu vernichten. Wer Opposition und also das Andere seiner selbst ausschließt, schließt sich selbst aus. Institutionalisierte islamische Selbstkritik gibt es so wenig wie eine tabuverletzende islamische Kultur des Witzes.

Ohne Bereitschaft zur Selbstkritik ist Aufklärung aber nicht zu haben. Nur eine Aufklärung, die bereit ist, sich auch über sich selbst und ihre Unkosten aufzuklären, kann überhaupt Bestand haben. Der westliche Weg in Neuzeit und Moderne kennt deshalb immer auch eine Überholspur, die mitunter vom Standstreifen nicht zu unterscheiden ist: die Spur der systematischen Kritik von Neuzeit und Moderne. Die Ahnung, dass beide Wege denselben Richtungssinn haben, dass also Aufklärung und Aufklärungskritik, Moderne und Modernitätskritik ein und dasselbe Projekt sind, hat sich allerdings erst spät verdichtet. Wenn zwei sich streiten, dann tun sie dasselbe: Sie streiten sich. Und machen dabei häufig eine nicht minder paradoxe, komische Erfahrung: Der Streit ist produktiver als die Übereinstimmung. Noch heute ist diese Einsicht selbst intellektuellen Köpfen schwer zu vermitteln. Das Wort „Konsens" hat nicht nur im akademischen Frankfurt einen zu guten Klang. Dabei ist kaum sinnvoll zu bezweifeln, dass Dissens und nicht etwa Konsens die regulative Idee von Kommunikation ist. Man redet nur deshalb weiter, weil man sich nicht versteht. Konsens lässt Kommunikation kollabieren. Der Gegenbegriff zu dissens-betontem Diskurs ist schlicht und einfach der Konkurs.

Abbildung:
Kirche heute
Titelbild von *Titanic. Das Endgültige Satiremagazin.* April 2010

Mit freundlicher Genehmigung der Titanic Redaktion.

Die schlichte Einsicht in die funktionale Überlegenheit des Dissenses über den Konsens und der Komik über den Ernst hat es auch in der Geschichte des neueren europäischen Denkens schwer.

Die Ideen- und leider auch die Institutionengeschichte des neuzeitlichen Europas lässt sich als Geschichte der systematisch scheiternden Versuche schreiben, erodierende Einheit wiederherzustellen beziehungsweise Einheitsphantasmata real werden zu lassen. Die Pathologien dieses Projekts sind ersichtlich: Je mehr Einheitswille (im Extremfall: je mehr Gebrüll „ein Volk, ein Reich, ein Führer" oder je stärker die Betonung des Buchstabens E in der Parteibezeichnung SED), desto zerstörerischer und desto mehr zerstört wird das Gebilde, das so verbindlich auf Einheit eingeschworen wurde.

Aber: Die Überwindung von kultischer Ernsthaftigkeit, Preisgabe von Einheitsphantasmata, Dissensorientierung und *We agree to disagree*- Arrangements sind selbstredend keine risiko- und verlustlosen Operationen. Risikoreicher ist jedoch der Verzicht auf Risiko, zerstörerischer das Festhalten an Einheit und absolutem Ernst.

Die kulturkritisch zumeist vorrangig beklagte Folge der Preisgabe von Einheit ist die, Egoismus zuzulassen und also die witzige Einsicht von Mandeville und Adam Smith zu akzeptieren, dass private Laster und öffentliche Vorteile einander nicht ausschließen müssen, sondern befördern können.

Wenn Witze zubeißen

Ohne aggressive Momente ist das Lachen kaum zu haben. Das unterscheidet das gellende Lachen vom heiteren Lächeln. Wer lacht, fletscht die Zähne. Wer lacht, signalisiert körpersprachlich: Ich könnte jetzt auch zubeißen. Ein Witz kann voll beißender Ironie sein. Wer sich unter Berufung auf Normen der political correctness etwa sexistische Witze verbittet, verkennt, dass nicht nur Witze über Blondinen, sondern auch solche über Politiker, Geistliche, Kaufleute, Professoren, Touristen, Einheimische, Ostfriesen etc. systematisch aggressiv sind. Dass Witze dennoch beliebt sind, lässt sich leicht erklären. Wer lacht, wer gar eine mächtige und würdevolle Institution wie die Kirche oder die Polizei und ihre Repräsentanten verlacht, respektiert zugleich die Beißhemmung: Er zeigt die Zähne, ohne zuzubeißen. Der Lachende, der Verlachende, derjenige, der eine Institution oder eine Person der Lächerlichkeit preisgibt, bringt das Kunststück fertig, zugleich aggressiv und friedlich zu sein. Wer einen Witz erzählt und seine Hörer zum Lachen bringt, braucht nicht die Fäuste sprechen zu lassen. Was nicht aus-, sondern einschließt, dass auch ein Witz verletzend und kränkend sein kann. Häufig gibt es jemanden, der einen Witz gar nicht komisch findet, nämlich den auf seine Kosten oder auf Kosten der Institutionen und Werte, für die er einsteht. Deshalb werden Witze häufig nur dann kommuniziert, wenn der, den sie betreffen, nicht anwesend ist.

Heinrich Heines Sonett über das Lachen aus dem *Buch der Lieder* macht unmissverständlich deutlich, wie viel Aggressivität im Lachen steckt beziehungsweise sich im Lachen verstecken kann:

...
Ich lache ob den hochgelahrten Affen,
Die sich aufblähn zu stolzen Geistesrichtern;
Ich lache ob den feigen Bösewichtern,
Die mich bedrohn mit giftgetränkten Waffen.

Denn wenn des Glückes hübsche Siebensachen
Uns von des Schicksals Händen sind zerbrochen,
Und so zu unsern Füßen hingeschmissen;

Und wenn das Herz im Leibe ist zerrissen,
Zerrissen, und zerschnitten, und zerstochen –
Dann bleibt uns doch das schöne gelle Lachen.

Abbildung:
Ohne Titel
Jens Julius

Mohammed-karikatur aus der dänischen Tageszeitung *Jyllandsposten* vom 30.9.2005

Übersetzung:
Stop, Stop.
Wir haben keine Jungfrauen mehr.

Wem feige Bösewichter „mit giftgetränkten Waffen" ein zerrissenes, zerschnittenes und zerstochenes Herz beschert haben, dem bleibt doch noch „das schöne gelle Lachen" – um sich zu wehren.

Wo verlaufen die Grenzen, die der gute Geschmack, der Respekt und die Logik der Anerkennung des Anderen errichten, um kränkende, unkorrekte, stillose Witze und Spottgedichte abzuwehren oder zu domestizieren? Ist es atemberaubend witzig oder unerträglich, wenn Goebbels in Dani Levis Film *Mein Führer – Die wirklich wahrste Wahrheit über Hitler* aus dem Jahr 2007, den geschundenen, ausgemergelten, aus dem KZ in die Reichskanzlei überstellten deutschjüdischen Theaterprofessor, der Hitler einst Schauspielunterricht gab und der den Führer nun zur Jahreswende 1944/45 noch einmal für einen großen Auftritt fit machen soll, mit den Worten begrüßt: „Herr Professor, dat mit der Endlösung, dat dürfen Sie nicht persönlich nehmen"?

In letzter Zeit laufen Diskussionen über zulässigen und unzulässigen Witz heiß. Erregt werden Debatten über beißenden Witz zumal dann, wenn juristische, politische, diskursethische, vor allem religiöse Rücksichten verletzt werden. Ernsthaft wird man über die ästhetische und stilistische Qualität des Covers der Satirezeitschrift *Titanic* (Juli 2012) nicht diskutieren wollen, das nach der Vatileaks-Affäre das Bild eines inkontinenten Papstes Benedikt XVI. mit der Unterschrift versah „Halleluja im Vatikan – Die undichte Stelle ist gefunden". Sonderlich geistreich und stilsicher ist dieser Bilderwitz, wenn man ihn denn überhaupt mit dieser Bezeichnung nobilitieren will, sicherlich nicht – unterstes Level. Die katholische Kirche erwirkte eine einstweilige Verfügung, nahm dann aber die Klage einen Tag vor dem angesetzten Prozesstermin zurück. Dabei dürften neben aufmerksamkeitsökonomischen auch kirchenrechtliche Aspekte eine Rolle gespielt haben – was wäre, wenn ein kleines deutsches Gericht Diskurshoheitsansprüche des Heiligen Stuhls zurückweist? Das wäre aus kirchenrechtlicher und vatikanischer Sicht gar nicht komisch. Dass mächtige Politiker und selbst gekrönte Häupter der westlichen Welt es sich gefallen lassen müssen, be- und mitunter auch verlacht zu werden, hat sich herumgesprochen. Sie sind dann *not amused*, können und müssen aber damit (weiter-)leben.

Ob man auch die Instanz, welche höher ist denn alle menschlichen Souveräne und alle menschliche Vernunft, ob man auch Gott verlachen darf, stand stets und steht heute erneut zur Diskussion. Konservative Intellektuelle wie Martin Mosebach oder Robert Spaemann fordern ein schärferes Blasphemieverbot. Witze, gar aggressive Witze über Gott und fanatische Gottesgläubige sind ihrer Meinung nach des Teufels. Der monotheistische Gott des Judentums, der Christenheit und des Islam ist anders als die griechischen Götter, die sich nach Friedrich Nietzsches frechem Wort zu Tode lachten, als ein junger Gott des Weges kam, der von sich sagte, er sei der Sohn des Einzigen Gottes, ein sehr ernster, eifriger, unironischer und humorloser Gott. Der Teufel hingegen lacht gerne und viel; er hat einen ausgeprägten Sinn für Paradoxien wie die, dass militante Gläubige so gerne sein satanisches Geschäft betreiben. Am Comeback der Religion hat der Teufel seine helle Freude; die Frommen lachen selten, geben aber dem Teufel viel Anlass zu gellendem Gelächter.

Textgattungen wie erotische Dichtung, sex-and-crime-storys, Dramen usw. finden sich in der Bibel zuhauf. Eine Sammlung guter Witze über Gott und die Welt, über Gläubige wie Ungläubige, über Priester wie Laien sucht man in der „Buch der Bücher" genannten Sammlung von Texten vieler Autoren jedoch vergeblich. Denn Witze sind der Bibel so fremd wie dem weitaus homogeneren Koran. Nur einige wenige Bibel-Passagen handeln vom Lachen. Die bekannteste erzählt vom Gelächter des Paares Abraham und Sara, als Gott ihnen, den Kinderlosen, im hohen Alter noch einen Nachkommen verheißt. „Und Gott sprach abermals zu Abraham: Du sollst dein Weib Sarai nicht mehr Sarai heißen, sondern Sara soll ihr Name sein. / Denn ich will sie segnen, und auch von ihr will ich dir einen Sohn geben; denn ich will sie segnen, und Völker sollen aus ihr werden und Könige über viele Völker. / Da fiel Abraham auf sein Angesicht und lachte, und sprach in seinem Herzen: Soll mir, hundert Jahre alt, ein Kind geboren werden, und Sara, neunzig Jahre alt, gebären?" (Genesis 17,15–17, Luther-Bibel von 1912) Wie Gott darauf reagiert, dass der von ihm auserwählte betagte Abraham ihn verlacht, lässt das erste Buch Mose nicht unerwähnt. Gott ist offenbar nicht nach Witzen über guten Alterssex zumute; er reagiert seinerseits ernst auf Abrahams und Saras lachend-ungläubige Reaktion. „Und sie waren beide, Abraham und Sara, alt und wohl betagt, also daß es Sara nicht mehr ging nach der Weiber Weise. / Darum lachte sie bei sich selbst und sprach: Nun ich alt bin, soll ich noch Wollust pflegen, und mein Herr ist auch alt? / Da sprach der HERR zu Abraham: Warum lacht Sara und spricht: Meinst du, dass es wahr sei, daß ich noch gebären werde, so ich doch alt bin? / Sollte dem HERRN etwas unmöglich sein? Um diese Zeit will ich wieder zu dir kommen über ein Jahr, so soll Sara einen Sohn haben." (Genesis 18,11–14)

Die Frage, ob Gott dem Herrn etwas unmöglich sein könne, lässt sich mit einem klaren ‚Ja' beantworten: Witze zu reißen fällt ihm nicht nur schwer, es ist ihm unmöglich und offenbar buchstäblich versagt. Wenn der Gott der Bibel doch einmal lacht, so ist die aggressive Qualität des göttlichen Lachens unverkennbar. So in Psalm 2: „Warum toben die Heiden, und die Völker reden so vergeblich? / Die Könige der Erde lehnen sich auf, und die Herren ratschlagen miteinander wider den HERRN und seinen Gesalbten: / ‚Lasset uns zerreißen ihre Bande und von uns werfen ihre Seile!' / Aber der im Himmel wohnt, lacht ihrer, und der HERR spottet ihrer."

Abbildung:
Ohne Titel
Kurt Westergaard

Mohammed-karikatur aus der dänischen Tageszeitung *Jyllandsposten* vom 30.9.2005

Die arabische Inschrift auf dem Turban ist das islamische Glaubensbekenntnis.

Wer sich mit Gott, dem Herrn und Herrscher über alle Dinge anlegt, hat nichts zu lachen. Denn Gott ist laut Selbstauskunft nicht sonderlich humorvoll, vielmehr ist er „ein eifriger Gott, der da heimsucht der Väter Missetat an den Kindern bis in das dritte und vierte Glied, die mich hassen" (2. Mose 20,5; fast wortgleich 5. Mose 5,9). Gott lässt nicht mit sich spaßen. Wer sich mit ihm anlegt, muss aber damit rechnen, seinerseits göttlich verlacht zu werden. „Der Gottlose droht dem Gerechten und beißt seine Zähne zusammen über ihn. / Aber der HERR lacht sein; denn er sieht, daß sein Tag kommt." (Psalm 37,12 f.) Die Gottlosen werden nichts zu lachen haben, wenn der Tag des Herrn anbricht – die Frommen aber auch nicht, denn die himmlische Hosianna-Existenz dürfen wir uns nicht als aufgekratzt lustige Runde von Witze-Erzählern vorstellen. Wäre es akzeptabel und mit religiösen Gefühlen kompatibel, dass im Himmel dieser Witz erzählt wird? Der Papst und Bill Clinton sterben am selben Tag. Clinton kommt in den Himmel und der Papst in die Hölle – wogegen der Heilige Vater lebhaft protestiert. „Pardon, eine dumme Verwechslung", so die Antwort von Petrus, „wir tauschen morgen aus." Und so fährt der Papst am Morgen danach mit dem Aufzug aus der Hölle in den Himmel, wo an der Aufzugstür schon Bill Clinton auf seine Höllenfahrt wartet. „Sei mir bitte nicht böse", sagt der Heilige Vater zum Schwerenöter, „dass ich auf diesem Austausch bestanden habe. Aber zeit meines Lebens habe ich mich darauf gefreut, die Heilige Jungfrau Maria zu sehen." „Jungfrau?", antwortet Clinton, „da kommst du eine Nacht zu spät." Ein Witz über Deplatzierungen, den viele Fromme deplatziert finden werden. Da haben es Geschichten über Trauer und Weinen einfacher, Eingang in fromme Ohren zu finden. Denn Weinen ist in biblischer Perspektive besser als Lachen. Daran lässt das Wort aus dem Prediger-Buch keinen Zweifel zu. Es wird keinen Widerspruch duldend festgestellt: „Es ist besser in das Klagehaus gehen, denn in ein Trinkhaus; in jenem ist das Ende aller Menschen, und der Lebendige nimmt's zu Herzen. Es ist Trauern besser als Lachen; denn durch Trauern wird das Herz gebessert." (Prediger 7,3 f.)

Diesen Ton nimmt auch das *Neue Testament* auf. So heißt es in der Feldpredigt Christi, dem Parallelstück des Lukas-Evangeliums zur Bergpredigt des Matthäus-Evangeliums: „Weh euch, die ihr hier lachet! denn ihr werdet weinen und heulen." (Lukas 6,25) Die große Freude und die frohe Botschaft, die Christus allen bringt, ist eine ernste Angelegenheit; sie bietet keinen Anlass zum Lachen.

Kurzum: Die frohe Botschaft unterhält ein bemerkenswert angespanntes Verhältnis zum Lachen und ein bemerkenswert enges zur Trauer und zum Weinen. Genau darüber macht sich der gute Gotteskenner Mephisto in Goethes *Faust* lustig.

MEPHISTOPHELES.
Da du, o Herr, dich einmal wieder nahst
Und fragst, wie alles sich bei uns befinde,
Und du mich sonst gewöhnlich gerne sahst,
So siehst du mich auch unter dem Gesinde.
Verzeih, ich kann nicht hohe Worte machen,
Und wenn mich auch der ganze Kreis verhöhnt;
Mein Pathos brächte dich gewiß zum Lachen,
Hättst du dir nicht das Lachen abgewöhnt.

Zur Attraktivität des Teufels gehört, dass er sich anders als Gott nicht das Lachen abgewöhnt hat. Der Teufel lacht Gott und Faust ins Gesicht und sich ins Fäustchen, wenn er das Comeback der heißen Religiosität mitsamt der ihr innewohnenden Lust am Satanischen beobachtet.

Auch Umberto Ecos Bestseller-Roman *Der Name der Rose* kreist um die Frage nach dem Verhältnis von Religion und Gelächter: Fromme mittelalterliche Mönche tun alles, um die Entdeckung zu verhindern, dass kein geringerer als Aristoteles im unterdrückten zweiten Teil seiner *Poetik* das Lachen – gerade auch das Götterlachen und das Lachen über Gott – gerechtfertigt hat. Griechischer Polytheismus heißt: über und mit Göttern über Götter und Menschen lachen dürfen, sollen und müssen. Monotheismus heißt: Lachen ist verboten, wenn es um letzte Dinge geht. Lachen ist des Teufels. Mit dieser Entscheidung aber hat der Monotheismus den Teufel attraktiv gemacht. Er lacht und freut sich darüber, dass die Frommen so entsetzlich humorlos sind. Denn er weiß, dass sie nicht nur auf Erden nichts zu lachen haben.

Einige endliche Köpfe tun es solchen Hybris-Theologen nach, die ernsthaft prätendieren, in der Furcht des Herrn zu leben. Es sind Philosophen, die ernsthaft nach Letztbegründungen und Letztbeobachtungspositionen suchen. Von ihnen heißt es in einem Gedicht Wilhelm Buschs:

Der Philosoph

Ein Philosoph von ernster Art,
Der sprach und strich sich seinen Bart:

Ich lache nie. Ich lieb es nicht,
Mein ehrenwertes Angesicht
Durch Zähnefletschen zu entstellen
Und närrisch wie ein Hund zu bellen;
Ich lieb es nicht durch ein Gemecker
Zu zeigen, daß ich Witzentdecker;
Ich brauche nicht durch Wertvergleichen
Mit andern mich herauszustreichen,
Um zu ermessen, was ich bin,
Denn dieses weiß ich ohnehin.

Das Lachen will ich überlassen
Den minder hochbegabten Klassen.
...
Den Teufel laß ich aus dem Spiele.
Auch sonst noch lachen ihrer viele,
Besonders jene ewig Heitern,
Die unbewußt den Mund erweitern,
Die, sozusagen, auserkoren
Zum Lachen bis an beide Ohren.

Sie freuen sich mit Weib und Kind
Schon bloß, weil sie vorhanden sind.
Ich dahingegen, der ich sitze
Auf der Betrachtung höchster Spitze,
Weit über allem Was und Wie,
Ich bin für mich und lache nie.

Jochen Hörisch ist Professor für Neuere Deutsche Literatur und qualitative Medienanalyse an der Universität Mannheim. Im Verlag der blaue reiter erschienen von ihm *Der Takt der Neuzeit* sowie der Bildband *Vorletzte Fragen* (mit Bildern von Ruth Tesmar).

Zur Vertiefung empfohlen:

– Hörisch, Jochen: Zähne zeigen: Wie aggressiv, wie blasphemisch kann und darf Lachen sein? In: Schmidt, Johann N.; Sprang, Felix C. H.; Weidle, Roland (Hrsg.): Wer lacht, zeigt Zähne. Spielarten des Komischen. WVT Wissenschaftlicher Verlag, Trier 2014, Seite 19–26
– Hörisch, Jochen; Kammann, Uwe: Organisierte Phantasie. Medienwelten im 21. Jahrhundert – 30 Positionen. Ein Panorama. Wilhelm Fink Verlag, 2014
– Hörisch, Jochen: Man muss dran glauben. Die Theologie der Märkte. Wilhelm Fink Verlag, 2013
– Hörisch, Jochen: Tauschen, sprechen, begehren: Eine Kritik der unreinen Vernunft. Hanser Verlag, 2011
– Hörisch, Jochen: Worüber darf man (nicht) lachen? Groteske Kommunikation nach dem 11. September 2001. In: Bohrer, Karl Heinz; Scheel, Kurt: Lachen. Sonderheft Merkur. Deutsche Zeitschrift für Europäisches Denken. Heft 9/10, Verlag Klett Cotta, 2002

Otto-Peter Obermeier

Über die Freiheit Witze zu machen und den Ernst der Enthusiasten

Zum miesen „Image" des Witzes, des Spotts und der Satire in der Philosophie

Witz, Spott, Ironie und Lachen haben kein allzu hohes Prestige im Themenkatalog des philosophischen Establishments. Philosophen beschäftigen sich mit ernsten Angelegenheiten, etwa solch illustren Phänomenen wie: „Das Nichts selbst nichtet." Für jene, die bei solchem Tiefsinn an Unsinn denken, bleibt noch die nicht minder schwerwiegende Frage nach dem „Sinn von Sein". In die Trivialitäten des Alltags herabzusteigen ist und war – natürlich mit den üblichen Ausnahmen – ihre Sache nicht. Im Vergleich zu den vielen Millionen von Seiten, die Philosophen im Abendland produziert haben, ist die Literatur über Witz, Spott, Ironie sowie deren enge und meist entlarvende Verbindung zu allen Formen der übertriebenen und zelebrierten Ernsthaftigkeit und des Fanatismus äußerst gering.

Wenn wir einen Blick zurückwerfen, wird rasch deutlich, woher das miese Image von Witz, Spott, Ironie und des damit verbundenen Lachens stammt. Platon, der dank Heerscharen von Theologen zum „heidnischen Übervater" der alteuropäischen Philosophie aufgestiegen ist, hatte wenig Sinn fürs Lachen, für Witze und eine ihrer möglichen künstlerischen Ausdrucksformen: die Komödie. Die sogenannten Wächter, jene Schicht in seinem „idealen" Staat, die das Verhalten der Bürger zu kontrollieren und zu regulieren hatte, sollten selbstredend das Lachen vermeiden. Ernst war angesagt bei der Kontrolle und Spitzelarbeit dieser politischen Elite. Wer sich dem überschwänglichen Lachen hingibt, verliert seine Selbstbeherrschung und -kontrolle, so Platon.[1] Überdies sei Lachen böswillig, drücke Verachtung aus. Daher meint Herr Platon, dass das Lachen eine gewisse Art des Übels darstellt, ein spezifische Art des Lasters.[1]

Wenn wir über andere lachen, dann dünken wir uns klüger, schöner, reicher. Wir lachen über deren Unterlegenheit und betören uns an der eigenen Überhöhung. Dieses „Überlegenheitslachen" wird vom mangelnden Glauben an das „Erkenne dich selbst" getragen, eine Hauptquelle unserer Selbstüberschätzung. Es kann kaum bestritten werden, dass es nicht selten diese Art des Spotts und des Lachens gibt. Für Platon lag es dementsprechend auf der Hand, dass im idealen Staat die Komödie nur unter stärkster Zensur erlaubt werden darf.[1] Denn wo kämen wir hin, wenn das Volk über die Machenschaften der Regierenden in schallendes Gelächter ausbräche? Von Platon zu Aristoteles[2] bis hin zu Hobbes[3] hat sich die Auffassung vererbt, dass Lachen nicht nur, aber vor allem auch Ausdruck der eigenen Überheblichkeit und Verachtung, der Schmähung und des Kleinmachens anderer Menschen oder gar der Obrigkeit ist. Das war die bleibende und zentrale Einsicht vor allem der zwei alteuropäischen Prunkhirsche, die seit Jahrtausenden laut röhrend durch den Philosophenwald ziehen.

Aber Lachen, Witz und Humor erschöpfen sich nicht im „Überlegenheitslachen", das ja häufig ein „Lachen aus Verachtung" ist. Lachen ist nicht nur und alleine das „Lachen auf Kosten der anderen", um das eigene Ego zu polieren. Denn das Kleinkind, das sich am Anblick seiner Mutter erfreut und diese anlächelt, das Lachen über den Unsinn des Clowns, das Lachen über ein gewollt schräg gespieltes Musikstück, über eine Comicfigur usw. sind wohl nicht das Resultat des angeblichen oder tatsächlichen Reduktionismus aufs eigene Ego, eine Vereinfachung, durch die alles und jedes, also auch das Lachen, letztendlich unter dem Aspekt der eigenen Vorteile und Überlegenheit betrachtet wird.

Lachen und die offizielle Theologie

Lachen als falsche Überheblichkeit beinhaltet auch, dass der, welcher zuletzt lacht, doch am besten lacht. Viele kennen den Spruch: „Wehe euch, die ihr hier lachet! Denn ihr werdet weinen und heulen." (Lukas 6, 25) Entsprechend wurden Lachen und Vergnügen von einer Unzahl von Theologen als sündhaft aufgefasst. Düsteres, hämisches, feindliches Lachen als *top down* Effekt der höchsten Autorität über die irdischen Autoritäten ist auch kennzeichnend für die einzige Stelle in der Bibel des lachenden Gottvaters: „Die Könige der Erde lehnen sich auf und die Herren ratschlagen miteinander wider den Herren und seinen Gesalbten. Lasset uns ihre Fesseln zerreißen und ihre Stricke von uns werfen. Aber der im Himmel wohnt lacht ihrer und der Herr spottet ihrer. Er wird einst mit ihnen reden in seinem Zorn, und mit seinem Grimm wird er sie erschrecken." (Psalm 2, 2–5) Bemerkenswert ist hier der revolutionäre Impuls der obersten Autorität gegenüber irdischen Machthabern, der in der etablierten *Ecclesia* (lateinisch für „Kirche") auf Nimmerwiedersehen verschwunden ist, ebenso wie die düstere, drohende Interpretation des Lachens: Lachen als Drohung und letztes Gericht.

*Wehe dem, der **nicht** lacht.*

Und der eigentlich als liberal, gemäßigt und tolerant geltende protestantische Theologe Richard Baxter (1615–1691), der sich auch in seiner Arbeit *A saint or a brute* (Ein Heiliger oder ein Mensch der Sinnenlust) über die Fröhlichkeit, die mit Lachen verbunden ist („mirth"), und über das Lachen selbst ausließ, verkündigte: „Wenn ich solche Menschen reden und lachen hörte (nämlich jene, die im Wirtshaus oder in einer nutzlosen und müßigen Gesellschaft überschwänglich lachen), als wären sie die fröhlichsten Menschen der Welt, habe ich manchmal ihrer Unterhaltung gelauscht, um zu hören, was sie so fröhlich macht. Und es war nichts außer frechem und unsinnigem Geschwätz gleich dem eines Menschen im Schlafe ... Was nimmt man in dieser Unsinn schwätzenden Gesellschaft wahr, außer daß die menschliche Natur verdorben ist, wie Sünder neben sich stehen, der Satan sie in die Irre leitet und wie Gott vergessen ist, obgleich er unter ihnen weilt. Sie lachen, vom Teufel in Ketten gelegt und am Abgrund des Todes und zur Hölle. Wie kann ein Mensch fröhlich sein, wenn er solch ein Gelächter hört? Es ist ein trübsinniges Spektakel, Menschen im Irrenhaus lachen zu sehen. Aber es ist noch trüber, sie fröhlich in den Fesseln der Sünde zu erblicken und unter den Drohungen und Verfluchungen Gottes."[4] Konsequenterweise verbot man, ob so viel Humors, die Schauspielhäuser und in den Schulen und Seminaren das Lachen.

Kein Wunder also, wenn im christlichen Abendland der Witz und das Lachen bei den meisten Theologen und Philosophen, welche ja über Jahrhunderte nichts anderes als die „Mägde der Theologen" waren, solch einen miserablen Ruf genossen.

Die triviale Welt des Witzes

Bei so viel schaurigem Ernst, der sich noch dazu selbst bitter ernst nimmt, ist es an der Zeit, in den Dunst der trivialen Wirtshaus-Fröhlichkeit einzusteigen, sich wieder in die Niederungen des Alltags zu begeben und den so beliebten, vulgären, gemeinen, sprich allgemeinen Witz zu betrachten. Denn, so wie es die gemeine, veredelte Landsau gibt und diese wertgeschätzt wird, so existiert auch der gemeine, wenig veredelte Witz, nicht nur hier, sondern überall, denn bekanntlich sind auch die Säue nicht auf ein Land beschränkt. Der ordinäre, einfache Witz hat viele Gattungen, beliebt, gehasst und gefürchtet waren schon immer Politikerwitze oder jene, die den Glauben, die Theologen und deren Schriften betreffen. Bei der einen Gattung wird man seit Jahrhunderten von eifrigen Juristen und Gerichten verfolgt, gejagt und verknastet. Bei der zweiten Gattung, denken wir ans Mittelalter, wurde man pietätvoll geteert, gevierteilt, gefedert und verbrannt oder derzeit und brandaktuell im fortschrittlichen *digital age* von Fanatikern umgenietet, in die Luft gesprengt oder einem die Gurgel durchgeschnitten. Hier wird klar ersichtlich: Vom Mittelalter bis zum *digital age* trennt uns nur ein Katzensprung.

Der Menschen Fortschritt ist auch trotz und wegen der digitalen Revolution unaufhaltsam. Angesichts derartiger progressiver Perspektiven empfiehlt es sich, kleinmütig, willkürlich und der Einfachheit halber auf die Gattung der Blondinenwitze auszuweichen, die Verachtung der erlauchten Philosophensippe im Nacken, den heuchlerischen Atem der politisch Korrekten im Gesicht.

Also: „Eine Blondine ist auf Wohnungssuche. Als sie des Abends heimgeht, bemerkt sie an einem Laternenpfahl einen Zettel und liest: Hier Wohnung zu vermieten. Die Blondine klopft mit dem gekrümmten Finger auf den Laternenpfahl und klopft und klopft und klopft. Ein aufmerksamer Polizist, für nächtliche Sicherheit dieser unserer Ordnung abgestellt, bemerkt selbstredend das etwas auffällige Verhalten der Blondine. Er eilt zu ihr und fragt sie, was sie denn da mache. Sie deutet schweigend auf den Zettel. Der Hüter unserer Ordnung liest, nickt und blickt triumphierend nach oben, dann spricht er: Aber immerhin, Licht brennt noch." Wie bei jedem Witz: man kann lachen, vor allem wenn man in der gottverdammten Kneipe schon einige Biere intus hat, man kann ihn blöd finden, man kann ihn nicht kapieren und man kann sich genderpolitisch korrekt oder obrigkeitsfördernd furchtbar empören. Versuchen wir es mit einer trivialen Analyse dieses trivialen Witzes. Wie viele Witze, so basiert auch dieser auf der Diskrepanz zwischen Schein und Sein. Die Blondine interpretiert in ihrer Einfalt das „Hier" etwas zu konkret oder glaubt, in ihrer simplen Welt, der Laternenpfahl sei so etwas wie ein Hauseingang. Der Ordnungshüter, offensichtlich fasziniert und verwirrt vom Anblick der Blondine, verstärkt die blonde Einfalt, nachdem auch er – im vorauseilenden Lustempfinden – ebenfalls Sein, also den Laternenpfahl, mit dem Schein, das brennende Licht des hinzufantasierten Wohnhauses, verwechselt. Überdies ist er auch auf den „Schein" der Blondine hereingefallen, die zumindest in der Blondinenwitzkultur immer mehr Sexappeal vortäuscht als sie in der Wirklichkeit hat. Darüber hinaus pflegt der Witz viele innig geliebte Vorurteile. Blondinen sind dumm, Polizisten einfältig, die Kombination, sprich ihre quadrierte Einfalt, ist höllisch.

Aber warum lachen wir, oder zumindest jene, die sich an so verwerflichen Stätten wie Kneipen zusammenrotten oder im digitalen Wirtshaus auf das Display glotzen? Woher die akustisch wahrnehmbare, motorisch-muskuläre Bewegung, genannt Lachen? Denn es ist nicht anzunehmen, dass wir wegen der reflektierten Kluft zwischen Schein und Sein lachen. Auch mit dem Kitzeln an geliebten Vorurteilen ist die Spontanität des Lachens gewiss nicht hinreichend erklärt. Psychische Energie habe sich durch die unbewussten und emotional getränkten Assoziationen, die der Witz in uns erregt, aufgestaut. Die von unseren Vorurteilen genährte, unbewusste, emotionale Dampfkesselwelt muss Überdruck ablassen, meinen manche Experten. Dieses Ventil, genannt Lachen, werde nun motorisch und akustisch entladen. Das Ergebnis: Lachen.

Aber unser Witz enthält einiges mehr, nämlich einen gewissen Spott über die angebliche Dummheit der Blondinen und die vermutete Einfalt des Polizisten. Das erfreut natürlich diese Gruppen wenig und kann selbst in dieser harmlosen Form zu heftigen Gegenreaktionen führen, vor allem wenn die Zielgruppe nicht aus harmlosen Blondinen oder hilfsbereiten Polizisten besteht. Als 1933 die deutschen Universitäten auf deutsche Mathematik und den Denkdienst „eingenazit" wurden, einen Denkdienst, der, wie ein angeblich großer deutscher Philosoph es formulierte, den Wehrdienst und Arbeitsdienst zu ergänzen hatte, und so mancher Professor vom opportunistischen Rausch betört über Nacht zum übereifrigen Nationalsozialisten mutierte, soll sich folgendes ereignet haben: „Ein strammer Konvertit aus dem Lager der Juristen trifft einen Kollegen und brüllt, den Arm dienstbeflissen nach oben reißend: Heil Hitler! Worauf dieser ihn mitleidig ansieht und antwortet: Heil Du ihn auch."

Das fand der braun zurechtgebügelte Jurist wenig lustig und kostete dem schlagfertigen Kollegen offenbar die Existenz. Ein Witz, spontan erfunden und lebensgefährlich für den, der ihn ausspricht. Warum? Auch hier haben wir wiederum die Inkongruenz, das Nichtübereinstimmen, die Diskrepanz zwischen Schein und Sein. Der zur Glaubensgemeinde der Nazis gehörige Jurist verstand unter Heil so etwas wie Retter, Ruhm- und Heilsbringer, der nüchterne, kritische und nicht dem damaligen politisch korrekten *mainstream* huldigende Kollege dachte so wie viele: der Typ, sprich Hitler, ist doch krank und der Heilung bedürftig. Zur damaligen Zeit, öffentlich vorgebracht und gelacht, kam dies einem Todesurteil nahe.

Was ist aber für die vom Witz Betroffenen so beunruhigend an einem „Possenreißer", der in ihrer Wahrnehmung ganz offensichtlich vom leibhaftigen Satan befallen ist, dass sie mit seiner Liquidation nicht nur drohen, sondern diese auch mit bestem Gewissen ausführen lassen? Ist es die Demaskierung der Ansprüche, die selbst der Blondinenwitz latent aufweist? Entspricht das Realitätsbild der Blondine doch nicht der „realen" Realität, so wie der politische Heilsbringer eben kein Heils- eher schon ein Unheilsbringer und politischer Scharlatan ist. Ist es also diese Demaskierung, diese Entlarvung des Falschen, welche die einen zum Lachen, die anderen zur unbändigen Wut und zum Hass aufstachelt?

Wer entlarvt was und wen? Wird die Blondine als „Supersimpeline" entlarvt und der Polizist als Einfaltspinsel? Wird der blitzkonvertierte Jurist seines schamlosen Opportunismus' entblößt? Ist der Blondinen-Witzerzähler ein aufgeblasener Macho, ein latenter Ordnungsfeind, der „Heil du ihn auch"-Professor ein billiger, nicht anpassungsfähiger Weltverbesserer, der die damaligen Zeichen der kommenden politischen (Un-)Kultur nicht mitbekommen und seine Anpassungspflicht versäumt hat? Denn *political correctness* war schon immer die Pflicht, mit den Gäulen zu heulen und deutlich vernehmbare Zustimmung zu wiehern. Oder entlarvt der Witz allseits beliebte Vorurteile unserer Kultur, die, werden sie kritisch beleuchtet und ans Licht gezerrt, immer eine gewaltige Bedrohung für jene sind, die sie pflegen, davon leben und mit ihrer Hilfe Karriere machen? Ist selbst der allgemeine, ein wenig veredelte Witz, nicht doch mehr als ein Auslöser unserer Lachmuskeln? Ist er auch ein Weg dahin, Aspekte und Seiten eines Problems aufzuzeigen, die zwar geschickt verdeckt werden, die jedoch den gewaltigen emotionalen Sumpf und Schein der vom Witz Betroffenen entlarven? Rührt daher der Hass dieser Personen auf den Witzeerzähler, den Spötter, den Satiriker, den Karikaturisten? Sind vielleicht der Witz und gekonnte Ironie eine wesentliche Quelle der Kritik, die tief in den Sumpf unserer emotionalen Irrlichter führen? „Aber", wird jeder anständige Philosoph empört krähen, „dafür ist seit alters her doch die Vernunft zuständig!" Ist sie das, kann sie das? Kann sie überhaupt in den empfindlichen menschlichen Gefühlsbrei leuchten oder nur im Nachhinein darüber reflektieren, immer vorausgesetzt, sie kapiert überhaupt diese emotionale, energiegeladene Mixtur?

Der Witz, das Lachen, die Wahrheit und die Kritik am Fanatismus

Anthony Ashley Cooper Shaftesbury (1671–1713) hat sich in zwei lesenswerten, aber auch viel kritisierten Essays mit Witz, Ironie, dem Lachen und den entlarvenden kritischen Fähigkeiten auseinandergesetzt, die diesen zu eigen sind. Zugleich versuchte er den Umgang mit Fanatikern, ob religiöser oder politischer Art, mit gekonntem Spott, enthüllender Ironie und Toleranz zu regeln. Den einen Essay überschrieb er mit *Sensus communis: An essay on the freedom of wit and humour.* Wir können dies frei übersetzen mit: „Der Sinn für das allgemein Bedeutsame: Ein Essay über die Freiheit von Witz und Laune.“ Den anderen nannte er *A letter concerning Enthusiasm*, etwa „Ein Brief über noble Begeisterung, Inspiration und fiesen Fanatismus.“ Den Enthusiasmusbrief hat Shaftesbury unter das Motto gestellt: „Was hindert uns daran, die Wahrheit mit einem Lächeln auszusprechen“[5] und er ergänzt dieses mit einem weiteren Zitat aus Horaz's Satiren, das sich genauso frei und auf den Kontext bezogen übersetzen lässt mit: „Der Scherz oder der Witz behandelt oft Dinge von Wichtigkeit kräftiger, besser und mit mehr Wirkung als Ernsthaftigkeit.“[6]

Ist der Blondinen-Witzerzähler ein aufgeblasener Macho?

Diese beiden Zitate verweisen deutlich auf Shaftesburys argumentative Absicht und auf die Stoßrichtung seiner Gedanken. Erinnern wir uns an die Kluft zwischen Schein und Sein, zwischen dem Aufeinanderprallen verschiedener Gefühls- und Wahrnehmungswelten. Immer schon war Wahrheit mit dieser Diskrepanz, mit dieser Inkongruenz, diesem Nichtübereinstimmen, verbunden worden. Wahrheit liegt dann vor, wenn wir das, was wir uns ausdenken, was wir meinen, was wir glauben wahrzunehmen mit dem Gegenstand, auf den sich unser Denken, Meinen und Glauben bezieht, übereinstimmt. Diese *adaequatio rerum et intellectus*, das heißt die Übereinstimmung und Entsprechung der Sache mit unserem Intellekt, wurde jedoch in der Neuzeit primär auf Aussagen, sprich Sätze bezogen. Wahrheit degenerierte derart zur Aussagenwahrheit. Nur Sätze können wahr oder falsch sein. Die klassische Wahrheit wurde ihrer moralischen und ästhetischen Dimensionen beraubt.

Aber das war nicht die ursprüngliche Bedeutung von Wahrheit, selbst wenn sie manchen so selbstverständlich ist, dass sie mit tiefem Unverständnis und Spott auf den umfassenderen Wahrheitsbegriff reagieren. Denn die von Witz und Ironie, also von einer gewissen Leichtigkeit und Lust am Lachen oder Spott aufgedeckte Diskrepanz umfasst mehr als die spröde, abgemagerte und wissenschaftstheoretisch ausgehungerte Aussagenwahrheit. Sie stößt in die Welt der Nichtübereinstimmung, der „Nicht-Harmonie“ von Gefühlen vor, ebenso wie in die bunte Welt des Schönen oder Hässlichen. Auch Gefühle, Empfindungen, unser Lachen können verlogen, verbogen, verdorben, sprich falsch sein. Auch Musik, Bilder, Gedichte, eine Landschaft, menschliches Verhalten sind schön oder hässlich, also wahr oder falsch. Der Witz, der Scherz, unser Empfinden, das Sich-freuen, das Lachen, die Ironie, der Spott, die Satire, die Karikatur, sie alle sind nach Shaftesbury eng mit dem Wahrheitsbegriff verbunden. Sie entlarven, decken auf, holen das Lächerliche im Ernsten aus dem Dämmerlicht, entblößen das Despektierliche des Respekteinfordernden und sie sind der Schrecken jeglicher verlogenen Feierlichkeit. Sie alle werfen auf die Welt des Wahrnehmens, des Empfindens, des Fühlens ein überraschendes, entlarvendes, enthüllendes Licht: „Das, was nur in einem gewissen Licht gezeigt werden kann, ist fragwürdig. Wahrheit kann *jedes Licht* (Hervorhebung vom Verfasser) ertragen. Und eines jener grundlegenden Lichter des Erkennens oder ein von Natur aus gegebenes Instrument, mit deren Hilfe man die Dinge betrachten sollte, um sie gänzlich zu erkennen, ist der Spott selbst oder jene Prüfmethode, mit deren Hilfe wir wahrnehmen, was an einem Thema zurecht dem Spott ausgesetzt werden sollte.“[7]

Es ist gerade dieses *„jedes Licht“*, das die vom Witz und der Ironie Getroffenen so betroffen, aggressiv und hasserfüllt macht, dass viele es nicht ertragen können. Es ist Shaftesburys „Probe der Lächerlichkeit“, sein *test of ridicule*[7], es ist der Spott und die Ironie als möglicher und bedeutender Prüfstein der Wahrheit, welchen die Vollprofis der Ernsthaftigkeit und zelebrierten Feierlichkeit, die wir auch Fanatiker und Eiferer nennen, so scheuen. Ihre Antwort: überbordende Aggressivität, wüste Drohungen und Mord. Es ist der gesunde Nichtrespekt gegenüber jenen, die zwar permanent Respekt einfordern, aber jede kritische oder witzige Überprüfung verhindern; es ist die entlarvende Wucht des Witzes und der Ironie, die jene fürchten und hassen wie die Pest. Aber wer sind jene?

Shaftesbury nennt sie Fanatiker oder auch Enthusiasten. Es liegt auf der Hand, dass „widerlicher Enthusiasmus“ (*rank enthusiasm*[7]) oder Fanatismus zwar nicht nur, aber vor allem seit Jahrtausenden in religiösen Gruppierungen und Sekten wuchert und gepflegt wird. Er ist wenig begeistert vom Märtyrerkult der angeblich wahren Gläubigen und betont, „dass der Geist der Liebe und Menschlichkeit über dem der Märtyrer steht“[7]. Er bringt das Beispiel der Kamisarden[7], einer durchaus auch militärisch mächtigen französischen, reformierten religiösen Gruppierung (Hugenotten) und Bewohner der Cevennen. Diese „Kirche der Wüste“ (man traf sich nach der Aufhebung des „Toleranzedikts von Nantes“ (1685) nachts an einsamen Orten) zeichnete sich in ihrem Heimatland Frankreich vor allem durch die Belebung des „Geists der Märtyrerschaft“ aus. Ein Teil davon war wegen massiver Verfolgung in das damals wesentlich tolerantere England geflohen. Was diese religiösen Fanatiker mit nach England brachten, war selbstredend auch ihr enthusiastischer Zauber, ihr religiöser Wahn, ihr befremdendes Verhalten und Gebaren, welches sie auch in England propagierten. Wenn der überirdische Geist der erleuchteten Wahrheit in diese Auserwählten fährt, dann zucken alle Glieder. Ihr Körper ist nur das Instrument, durch den dieser Geist hindurchfährt, gleich einem Blitz, und sie geben nur das wieder, was der göttliche Geist ihnen einflößt.

Nachdem es diese selbsterleuchteten Propheten offensichtlich zu bunt und fanatisch in ihrem Exil getrieben hatten, stand das zur Diskussion, was bei der Obrigkeit immer das erste Mittel der Wahl ist: Verbote,

Zwangsmaßnahmen, Wegsperren. Shaftesbury, Optimist und von einem tiefen Glauben an das Gute im Menschen und der gesamten Natur getragen, plädierte jedoch für Toleranz, weil er an die entlarvende Kraft des Spottes glaubte. Die, wie er ironisch bemerkte, in den Augen der wahren Gläubigen, sprich der Kamisarden, „heidnischen, barbarischen und toleranten Engländer"[7] versauen diesen Enthusiasten jede Gelegenheit zum Märtyrertum. Sie erdreisten sich, diese Fanatiker auf dem Jahrmarkt zu Bartlemy mit einem Hanswurst- oder Puppenspiel zu verspotten. Die an Schnüren hängenden Marionetten mit ihren seltsamen Zuckungen und merkwürdigen Stimmen der Puppenspieler veräppeln ausgezeichnet die vom heiligen Geist durchzuckten französischen Propheten und religiösen Fanatiker. Diese Probe der Lächerlichkeit wäre, so meint Shaftesbury, besser und wirkungsvoller als alle von der Obrigkeit verordneten Zwangsmaßnahmen.

Shaftesbury war Optimist und dachte wohl nur an die passive Märtyrerschaft, nämlich daran, dass die Obrigkeit die Aufsässigen und Andersdenkenden verfolgt und liquidiert. Er zog die aktive Märtyrerschaft, dass sich der Märtyrer selbst als Waffe gegen die Andersdenkenden einsetzt, um die Nichterleuchteten zu liquidieren – heute nennen wir das Terrorismus –, nicht in Betracht. Er war zutiefst davon überzeugt, dass angemessener Spott die beste „friedliche" Waffe zur Entlarvung des miesen Enthusiasmus, sprich Fanatismus wäre. Für ihn war das schon deshalb plausibel, weil sie für beide, die bedrohte Gesellschaft und die schlechten Enthusiasten schonender, friedlicher und menschenwürdiger wäre als brutale Zwangsmaßnahmen. Diese fördern vielmehr die Karriere des schlechten Enthusiasmus. Es waren gerade solche Restriktionen, samt der Kreuzigung Christi, die letztendlich auch dem jetzt etablierten Christentum zu seinem weltgeschichtlichen Aufstieg verhalfen, so Shaftesbury.

Wenig schmeichelhaft für die etablierte Kirche und wohl daran denkend, dass ein gewichtiges Problem jedes Licht, auch das des Spottes um der umfassenden Wahrheit willen, aushalten und ertragen muss, formuliert er den Verdacht: „dass selbst die heiligen Berichte nichts anderes sein könnten als die reine Erfindung oder die kunstvolle Zusammentragung von einer interessierten Partei im Auftrage der reichsten Vereinigung und des profitabelsten Monopols, welches auf dieser Welt errichtet werden konnte"[7]. Er dachte hier wohl vorwiegend an die römisch-katholische Kirche und den exzessiven Prunk der Päpste. Ihm zufolge gibt es eine enge Korrelation zwischen der Anzahl der Priester und dem Wuchern von Aberglauben und wundersamen religiösen Märchen.[8] Das beste Gegengift gegen diese Art von schlechtem Enthusiasmus, gegen jene *dealer of mystery*[7], sprich die Händler von dunklen Märchen, besteht darin, dass „wir uns den guten Humor erhalten"[7]. Zu ergänzen ist hier, dass Shaftesbury sehr wohl ein tiefreligiöser Mensch war, der allerdings den dogmatischen Männern der offiziellen Kirche zutiefst misstraute. „Es ist kein Zweifel, im Innersten haßt Shaftesbury die Klerisei"[9], sprich den Klerus und dieser ihn.

Es gibt aber bei Shaftesbury nicht nur diesen furchtbaren Enthusiasmus, sondern auch einen *noble enthusiasm*[7], einen edlen. Ein Leben mit Inspiration, mit „göttlicher Eingabe" (das ist die ursprüngliche Bedeutung des Wortes Enthusiasmus), erweitert unsere Welt, ist Quelle der Kunst und führt uns hin zum Schönen und zum ethisch Guten. Enthusiasmus als göttliche Inspiration ist für Shaftesbury der Weg zu einer glücklichen, harmonischen Welt und einem umfassenden Weltverständnis. Wobei Shaftesbury bei „göttlicher Inspiration" nicht an den von den Theologen nach ihren Interessen zurechtgezimmerten Gott dachte, sondern an den wohlwollenden Architekten des Kosmos, des Schönen und Guten. In Shaftesburys Verständnis zeigt sich in dieser Art von „göttlicher" Inspiration, dieser Art von „innerer Erhebung" nicht nur die Schönheit der Natur und des Kosmos, sondern auch die des geglückten menschlichen Verhaltens, die „schöne Seele" und die Einsicht in die Welt der Harmonie der menschlichen Affekte und die des kosmisch Allumfassenden. Shaftesburys Denken endet in einer modifizierten, platonisch angehauchten, natürlichen Theologie.

Der natürliche Sinn für Menschlichkeit, Witz, Spott und Humor, das Lachen selbst, ist daher ein Weg zur umfassenden Sympathie, zum universellen Mitleiden und Mitfreuen mit allen Kreaturen und der Natur. Der Sinn für Humor ist, neben dem moralischen Sinn, eine der fundamentalen naturgegebenen Empfindungen. Beide führen uns in die nicht rein egoistischen Gefühlswelten, wo „Tugenden und Künste wechselseitige Freunde sind"[7]. Dieses Reich zeichnet sich aus durch „ein Gespür für das Wohlergehen aller ... einer Liebe zur Gesellschaft, natürlichen Gefühlen, Menschlichkeit ..."[7], so Shaftesburys unbändiger Optimismus. Die Freiheit des Witzes und des Humors, der Fröhlichkeit und des Lachens war für Shaftesbury nur einer der Wege in dieses Reich, wenngleich auch ein bedeutsamer. Daher gilt bei ihm: „Wehe, dem der ***nicht*** lacht."

Prof. Dr. phil. Dr. med. vet. Dipl. pol. soc. Otto-Peter Obermeier lehrt Philosophie an der Universität Ulm.

Anmerkungen:

1. Vergleiche Platon: Der Staat. 388 e; Philebos. 48–50; Die Gesetze. 816 e, 935 e
2. Vergleiche Aristoteles: Nikomachische Ethik. 1128 a
3. Vergleiche Hobbes: Leviathan. Teil 1, Kapitel 6
4. Baxter, Richard in: The practical works of the Rev. Richard Baxter. Band X. London 1830, Seite 326. Alle Zitate aus dem Englischen und Lateinischen wurden vom Verfasser übersetzt.
5. Horaz: Satiren, I. I. 24, 25: „Ridentem dicere verum / Quid vetat?"
6. Horaz: Satiren, I. X. 14, 15: „Ridiculum acri / Fortius et melius magnas plerumque secat res."
7. Anthony A. C. Earl of Shaftesbury: Characteristics of men, manners, opinions, times. Herausgegeben von John M. Robertson. Bände I–II. Indianapolis, New York 1964, Seite 44, 10, 19 f., 19, 20 f., 21, 301 (Band II), 98, 39, 39, 217, 70
8. Vergleiche Shaftesbury (siehe Anmerkung 7), Seite 9 und 301
9. Weiser, Christian Friedrich: Shaftesbury und das deutsche Geistesleben. Leipzig/Berlin 1916, Seite 135

Annemarie Pieper

Misstöne

Über das absurde Gelächter der Existenzialisten

Das lateinische Wort *absurdus* bedeutet „misstönend“. Ein Misston tut weh in den Ohren, weil er eigentlich gar kein Ton ist, sondern ein Anti-Ton, ein schmerzhaftes Geräusch, das uns zusammenzucken lässt und sicher nicht zum Lachen animiert. Die Denker des Existenzialismus haben die Empfindung eines Misstons im Leben als eine negative menschliche Grundstimmung beschrieben und im Begriff des Absurden zu fassen versucht. Zugleich wollten sie Möglichkeiten aufzeigen, wie man mit diesem ‚akustischen‘ Störfaktor umgehen kann. Eine dieser Möglichkeiten ist das Lachen, obwohl wir letztlich gar nichts zu lachen haben und unser Gelächter den Misston allenfalls übertönt, aber nicht beseitigt. Immerhin macht Lachen ihn erträglich.

Der Einstieg in die Erfahrung des Absurden geschieht über Erlebnisse des Scheiterns. Wenn sich im Verlauf der Zeit herausstellt, dass vieles misslingt, was man zu erreichen sucht, erhebt sich die Sinnfrage. Schließlich entsteht der Verdacht, am Ende die Gewissheit, dass das Streben nach Sinn vergeblich ist, weil das Ziel entweder außerhalb der menschlichen Reichweite liegt oder sich als Un-Sinn erweist. Die Diskrepanz zwischen Sinnverlangen und Sinnversagen ist wider-sinnig, absurd. Albert Camus hat diesen Widersinn am Beispiel des Sisyphos geschildert, der nichts anderes will, als dass der Stein, den zu wälzen ihm die Götter als Strafe auferlegt haben, endlich oben auf dem Gipfel des Berges liegen bleibt. Aber er rollt immer wieder hinab und Sisyphos begreift, dass ihm ein sinnvolles Leben verwehrt ist – ein Schicksal, das nach Camus alle menschlichen Lebewesen teilen.

Abbildung:
TABULA RASA
Thomas Klegin, 2009; 11 Stühle, 1 Tisch, Lackfarbe, Kunststofffolie, 280 x 280 x 400 cm

Foto: Jürgen Spiler, Dortmund

Das Problem des Absurden ist nicht abtrennbar von den Göttern. Sie stehen dem menschlichen Sinnverlangen im Weg, aber kann man das Hindernis wegschaffen, indem man die Götter lächerlich macht? Ist es möglich, das Absurde auszulachen und so zum Verschwinden zu bringen? Der Begründer der neuzeitlichen Existenzphilosophie, Søren Kierkegaard, war einer der ersten, der auf die Bedeutung des absurden Gelächters aufmerksam gemacht hat. In *Entweder-Oder* lässt er einen Hedonisten sprechen (siehe Erläuterung), einen sinnlichen und geistigen Genüssen zugetanen Ästhetiker, der gleichwohl ständig am Sinn seines Lebens verzweifelt. Er berichtet, dass es ihm als jungem Menschen so ergangen sei wie all denen, die einer griechischen Sage zufolge in der trophonischen Höhle so Schreckliches erlebten, dass sie das Lachen verloren. Trophonios hatte laut Pausanias einst zusammen mit seinem Bruder Agamedes diese Höhle als Schatzkammer für den König von Böotien eingerichtet. Wegen des Verdachts der Veruntreuung seiner Reichtümer stellte dieser den Brüdern eine Falle. Trophonios enthauptete seinen von einer Schlange gebissenen Bruder und nahm dessen Kopf mit, um eine Identifizierung zu erschweren und so unerkannt zu entkommen. Später wurde die Höhle zu einer Stätte des Orakels.

Kierkegaard hält fest, dass einer der antiken Höhlenbesucher das Lachen wiederfand, nämlich „beim Anblick eines unförmigen Klotzes, der als Abbild der Göttin Leto hingestellt“ worden war. Auch der Ästhetiker vermochte wieder zu lachen: „Als ich das Auge auftat und die Wirklichkeit betrachtete, kam ich ins Lachen, und habe seit der Zeit nicht aufgehört mit Lachen.“ (E/O I, Seite 36) Es ist die Unverhältnismäßigkeit zwischen dem Bild der Göttin in der Vorstellung – Leto war immerhin eine Titanentochter, Geliebte des Zeus und Mutter seiner Kinder Apollo und Artemis – und dem Holzklotz als ihrem Ebenbild, die ebenso zum Lachen reizt wie der Vergleich zwischen vorgestellter und faktisch erlebter Wirklichkeit, zwischen dem Ideal eines sinnerfüllten Lebens und den alltäglich praktizierten sinnlosen Handlungsritualen. Der absurde Widerspruch ist zwar unaufhebbar, kann aber lachend ausgehalten werden. Das Lachen ent-spannt den Widerspruch und nimmt vorübergehend den Druck von den verzweifelt nach Sinn Suchenden.

Deshalb entscheidet sich der Ästhetiker, als ihm in einem Traum von den Göttern die Erfüllung eines einzigen Wunsches gewährt wird, weder für Jugend oder Schönheit noch für Macht oder ein langes Leben, sondern „ich wähle, dass ich alle Zeit das Lachen auf meiner Seite haben möge“. (E/O I, Seite 46) Das daraufhin erfolgende anhaltende Gelächter der Götter nimmt er als Bestätigung für die Erfüllung seines Wunsches. Allerdings bezeugt ihr Lachen auch ihre Überlegenheit, denn sie, die ja der Not enthoben sind, als Sinnstifter ein absurdes Dasein aufwerten zu müssen, messen dem Lachen keinerlei Bedeutung zu. Sie können beliebig, ohne Anlass und sogar ununterbrochen lachen, während menschliche Wesen ihrem Schicksal nicht entkommen, dessen Sinnlosigkeit sie nur momentweise weglachen können.

Ein Holzklotz, der eine Göttin darstellt, ist lächerlich. Noch viel lächerlicher mutet der christliche Gott an, der in Menschengestalt gelebt hat und gestorben ist. Der Gottmensch ist für Kierkegaard ein absolutes Paradox, das Absurde schlechthin, weil er in sich Gegensätze vereint, die zusammenzudenken das menschliche Vernunftvermögen zersprengen: Zeit und Ewigkeit stoßen sich ebenso ab wie Materie und Geist. Man muss im Wissen um die Unvereinbarkeit der Gegensätze gegen den eigenen Verstand glauben, dass Jesus Christus Gott war. Historisch oder wissenschaftlich belegen lässt sich das nicht, eben weil die absurde Kombination von Mensch und Gott in einem bestimmten Individuum sich jedem rationalen Zugriff entzieht. Und auch das Lachen hilft hier nicht weiter.

Aber jemand, der sich ernsthaft darum bemüht, Christ zu werden, durchläuft auf dem Weg dorthin eine Phase, in der Komik und Humor von existenzieller Bedeutung sind: „... überall, wo Leben ist, ist Widerspruch, und wo Widerspruch ist, ist das Komische anwesend." (UN II, Seite 223) Humor stimmt aus Kierkegaards Sicht auf das Gottesverhältnis ein, weil die Einübung in einen nicht-reflexiven Umgang mit radikal Entgegengesetztem dazu führen kann, dass das Lachen zum Sprungbrett in den Glauben wird. Auf der humoristischen Stufe lernt man, dem Unverhältnismäßigen, dem aus rationaler Sicht ganz und gar Widersinnigen eine eigene Qualität abzugewinnen, die dem Leiden an den unüberbrückbaren Gegensätzen des Daseins eine Berechtigung und damit einen Sinn verleiht.

Lachen macht unauflösbare Widersprüche erträglich.

Man lernt, dass es keine glatten, von selbst sich herausbildenden Übergänge zwischen vorgestellter Idealität als Inbegriff von Sinnhaftigkeit und schlechter Realität gibt. Der Abgrund kann nur dadurch überwunden werden, dass man zwischen den Gegensätzen gleichsam hin und her springt und sie damit in ein Verhältnis zueinander setzt. Wer Humor hat, hat die von Kierkegaard anvisierte Kategorie des Sprunges bereits verinnerlicht. Er zeigt, dass die zum Scheitern verurteilten intellektuellen Vermittlungsversuche zwischen den absurden Gegensätzen nicht das Ende menschlicher Bemühungen um Sinn sind, sondern dass es noch eine andere Möglichkeit gibt, im und durch das Menschsein etwas Göttliches zu verwirklichen. Mit Blick auf den Gottmenschen Jesus Christus vermag derjenige, der an ihn als den Sohn Gottes glaubt, die „Kreuzigung des Verstandes" (UN II, Seite 277) auf sich zu nehmen und dadurch seine ewige Seligkeit zu gewinnen.

Abbildung:
METABOLIE
Thomas Klegin, 2009; Metall, Lack, Gummi, 300 x 60 x 100 cm

Friedrich Nietzsche hat den Begriff des Absurden nur selten verwendet. Doch in der frühen Schrift *Die Geburt der Tragödie* (1872) findet sich eine Stelle, die das Absurde der menschlichen Existenz in einen stringenten Zusammenhang mit dem Lachen bringt. Auch hier spielt ein Gott die zentrale Rolle, allerdings nicht der christliche Gott, sondern ein heidnischer Gott: Dionysos. Dieser Gott mutet noch abstruser an als Jesus Christus, denn der griechischen Mythologie zufolge war Dionysos eine Mischung aus Gott und Ziegenbock. Übersteigt schon das Paradoxe der Gott-Mensch-Gestalt das menschliche Fassungsvermögen, wie Kierkegaard eindrücklich gezeigt hat, so ist die Kombination von Ziegenbock und Gott, von reinem Geist und schmutzigem, stinkendem Tier so absurd, dass nicht nur der Verstand, sondern auch die Sinne streiken.

Und dennoch hat Nietzsche Dionysos als Vorbild für den Menschen gewählt, weil sich am Beispiel dieses Gottes einerseits die Zerrissenheit der menschlichen Existenz und andererseits die Möglichkeit ihrer

Existenzphilosophie/Existenzialismus
Kennzeichnend für die zum Teil sehr unterschiedlichen unter dem Begriff **Existenzphilosophie** zusammengefassten philosophischen Richtungen ist die Deutung menschlicher Existenz als letztes, unhintergehbares Sein (zum Beispiel von Sören Kierkegaard, Karl Jaspers, Martin Heidegger). Der **Existenzialismus**, als dessen herausragende Vertreter Jean-Paul Sartre und Albert Camus gelten, ist eine Spielart der Existenzphilosophie. Besonders durch die Analyse menschlicher Grenzerfahrungen wie Leid, Angst, Tod, Scheitern, Schuld, Sinnlosigkeit und Verzweiflung wird versucht, zu einem Entwurf „eigentlichen" Daseins vorzustoßen, das im Gegensatz zu einem entfremdeten (fremdbestimmten) Leben steht.

Überwindung veranschaulichen lässt. Dionysos – so berichtet der Mythos – war von den Titanen zerfleischt und verzehrt worden, bis auf das Herz, das von seinem Vater Zeus verschlungen und in einen neuen Körper eingesetzt wurde. Die dionysische Erfahrung von Zerstörung und Wiedergeburt ist zentral im Leben eines hellsichtigen, dionysischen Menschen.

Der „dionysische Mensch (hat) Ähnlichkeit mit Hamlet: beide haben einmal einen wahren Blick in das Wesen der Dinge getan, sie haben *erkannt*, und es ekelt sie zu handeln; denn ihre Handlung kann nichts am ewigen Wesen der Dinge ändern, sie empfinden es als lächerlich oder schmachvoll, dass ihnen zugemuthet wird, die Welt, die aus den Fugen ist, wieder einzurichten ... In der Bewusstheit der einmal geschauten Wahrheit sieht jetzt der Mensch überall nur das Entsetzliche oder Absurde des Seins: es ekelt ihn. Hier, in dieser höchsten Gefahr des Willens, naht sich, als rettende, heilkundige Zauberin, die *Kunst*; sie allein vermag jene Ekelgedanken über das Entsetzliche oder Absurde des Daseins in Vorstellungen umzubiegen, mit denen sich leben lässt: diese sind das *Erhabene* als die künstlerische Bändigung des Entsetzlichen und das *Komische* als die künstlerische Entladung vom Ekel des Absurden." (GT, Seite 56 f.)

Der Ekel ist nach Nietzsche die Reaktion auf die Einsicht in das Wesen der Dinge, das sich gerade nicht, wie die abendländisch-christlichen Metaphysiker behaupteten (siehe Erläuterung), als das eigentlich Wahre, als das Wesentliche des Seins zeigt, sondern als pures Chaos, das zu ordnen der Mensch sich außerstande sieht. Hatten die Griechen der Antike das Weltall noch als „Kosmos", als schönes, strukturiertes, in sich zweckmäßiges Ganzes betrachtet, erscheint es nun dem jungen Nietzsche als ein wildes Durcheinander, in dem das Zufallsprinzip herrscht, das sich jeglichem Versuch einer sinnvollen Erklärung widersetzt. Wo Arthur Schopenhauer einen blinden Willen am Werk sah und die heutigen Kosmologen im expandierenden Universum die Nachwirkungen einer Urexplosion in Form eines Big-Bang konstatieren, tat sich für Nietzsche ein absurder Abgrund auf, der nicht nur das traditionelle Weltbild, sondern auch das menschliche Selbstverständnis spaltete.

Der Befund eines durch und durch sinnlosen Daseins, der den Willen zur Veränderung lähmt, kann zwar lächerlich gemacht werden, aber damit ist der Ekel nicht beseitigt. Nietzsche verweist auf die Kunst als Medium, das dem Absurden Paroli zu bieten und den Ekel zurückzudrängen vermag. Das Erhabene macht zum Beispiel in einer Tragödie das Entsetzliche erträglich durch die Würde, mit welcher der Held, Ödipus etwa, sein Schicksal annimmt. Aber auch das Erhabene einer Kathedrale kann so überwältigend sein, dass wir beim Anblick einer vollkommenen, von Menschen geschaffenen Struktureinheit das Chaos des Universums vergessen. Im Unterschied dazu bringt uns das Komische des künstlerisch gestalteten absurden Widerspruchs – zum Beispiel die als Holzklotz dargestellte Göttin Leto oder das Gemälde eines ans Kreuz genagelten Froschs – unwillkürlich zum Lachen.

Auch Dionysos ist eine komische und damit lächerliche Figur. In ihr drückt sich die ungeheure Spannung aus, die in der traditionellen Bewertung des menschlichen Körpers zum Ausdruck gelangt: Die obere (reine) Hälfte wird dominiert durch den Kopf als Sitz von Vernunft und Geist, die untere (schmutzige) Hälfte beherbergt die Triebe und Begierden. Wie meistert Dionysos diese Extreme zwischen Gott und Ziegenbock in seiner Existenz? Die erste Vermutung geht dahin, dass er sich betrinkt. Dionysos ist ja auch der Gott des Weines. Aber damit würde er den von der Wunde seiner inneren Zerrissenheit ausgehenden Schmerz nur betäuben. Es würden lediglich die Symptome gemildert, während die Ursache unverändert bliebe. Nietzsches Lösungsvorschlag ist die Tanzkunst. Dionysos tanzt.

Dies scheint auf den ersten Blick einen ebensolchen Lachreiz hervorzurufen wie die absurde Union von Gott und Ziegenbock. Doch auf den zweiten Blick verschwindet das Lächerliche, denn es zeigt sich, dass im Medium des Tanzes die beiden – an sich unvereinbaren – Gegensätze aufeinander beziehbar werden. Die unkontrollierten wilden Bocksprünge, zu denen es den Unterleib seiner Natur gemäß drängt, verwandeln sich unter der Regie des Kopfes in anmutige Bewegungsabläufe, die den ganzen Körper einbeziehen. Dessen Gespaltenheit ist im Tanz aufgehoben, weil der Kopf darin seine rhythmischen Vorgaben und Formansprüche umgesetzt sieht, während der Unterleib Gefallen an der Kanalisierung und Gestaltung seiner zügellosen Antriebskräfte findet, die, in ein sinnvolles Ganzes integriert, nicht unterdrückt, sondern aufgewertet werden. Im leichtfüßigen, unbeschwerten Tanz scheint das Chaos gebändigt, das Absurde ist, wenn auch nur vorübergehend, durch menschliche Kunst besiegt.

Es gibt nur eine Art, es den Göttern gleichzutun: ebenso grausam zu sein.

In der Nachfolge Nietzsches hat die existenzialistische Deutung des absurden Gelächters unterschiedliche Ausprägungen gefunden. Hermann Hesse hat in seinem Roman *Der Steppenwolf* (1927) in der Figur des Harry Haller ebenfalls einen in sich zerrissenen Menschen dargestellt, der seine „wölfischen" Anteile als unvereinbar mit den „menschlichen" erlebt. Er leidet unter seiner sinnlich-geistigen Natur, mit der besser umzugehen er in einer „Schule des Humors" lernen soll. Er müsse das Lachen lernen, wird ihm suggeriert, aber der Lernprozess führt durch den Drogenrausch und mündet in die Ermordung der Geliebten. Dennoch ist Harry davon überzeugt: Einmal würde er das Lachen lernen und damit die Hölle in seinem Inneren überwinden.

Jean-Paul Sartre hat in seinem frühen Roman *Der Ekel* (*La Nausée*, 1938) die Erfahrung des Absurden wie Nietzsche mit der Abwehrbewegung gegen den Ekel verknüpft. Seine Hauptfigur Roquentin empfindet angesichts der Überflüssigkeit alles Seienden einen unbezwingbaren Widerwillen gegen die Dinge, seine eigene Person mit eingeschlossen. Das Zufällige, vollkommen Zwecklose und Vielzuviele, die nackte Welt als „dieses dicke absurde Sein" in „Tonnen um Tonnen von Existenz" stößt ihn ab und ängstigt ihn zugleich. Doch dann macht er beim Verlassen eines Parks eine sonderbare Entdeckung: „Am Tor angekommen habe ich mich umgedreht. Da hat der Park mir zugelächelt. Ich habe mich an das Tor gelehnt und lange geschaut. Das Lächeln der Bäume, der Lorbeerbaumgruppe, *das wollte etwas sagen*: das war das wirkliche Geheimnis der Existenz." (DE, Seite 152 f.) Wenn es für Roquentin überhaupt einen Sinn im Leben gibt, dann den, sich als Schriftsteller zu betätigen, herauszufinden, was die Dinge sagen und dem Geheimnis der im Lächeln zu ihm sprechenden Natur auf die Spur zu kommen.

Albert Camus sah wie Nietzsche in der Kunst ein Mittel, das Leiden der Menschen unter der Sinnlosigkeit ihrer existenziellen Ausgangsbedingungen erträglich zu machen, ohne das Absurde zu verleugnen. Anders als Kierkegaard und Nietzsche, die in ihren Göttern, Jesus Christus und Dionysos, Vorbilder für ein sinnvolles Leben trotz absurder Voraussetzungen fanden, entscheiden sich Camus' Protagonisten für den Kampf gegen die Götter, denen sie die Verantwortung für ihre desolate Lage zuschreiben. Camus' literarische Darstellung des Konflikts zielt auf das Urteil der Adressaten seiner Kunst. Wie reagieren Leserschaft und Theaterpublikum auf die im Text oder Stück von den Protagonisten vorgeführten Lösungsversuche des Problems? Wird gelacht oder geweint angesichts der Misere, in der die menschlichen Lebewesen unentrinnbar festsitzen? Oder bleibt das Lachen im Hals stecken, weil die Beklemmung den sprichwörtlichen Kloß im Hals erzeugt?

Zwei Prototypen des absurden Menschen, deren Kampfmodus verschiedener nicht sein könnte, rufen unterschiedliche Emotionen hervor. Beide – Sisyphos und Caligula – versuchen der Sinnlosigkeit ihres Daseins zu entkommen, der eine, indem er das Absurde unterläuft, der andere, indem er es übertrumpft. Sisyphos hat sich gegen die Götter empört und sie schließlich voller Verachtung als Sinngaranten aus seinem Weltbild gestrichen. Er nimmt die Unerfüllbarkeit seines Verlangens nach Sinn als ein Faktum hin, ohne auf seinen Sinnanspruch zu verzichten. Das ist absurd,

Hedonismus
von altgriechisch *hedone* für „Freude", „Lust", „Genuss", „sinnliche Begierde": Ethische Grundposition, derzufolge die Maximierung der Lust den obersten Wert darstellt. Lustempfindung wird dabei als eine Ausprägung der Glückseligkeit verstanden.

Metaphysik
lateinisch *metaphysica*, zu altgriechisch *ta meta ta physika*; wörtlich: das, was hinter der Natur steht. Lehre von der „hinter" der Erfahrungswelt vermuteten, übersinnlichen (transzendenten) Wirklichkeit.

Abbildung: **Escuchando la Piedra (Homenaje a Chillida).** Gerard Mas, 2005; Marmor aus Saint Béat, 28,5x48,5x23,5 cm.
Gerard Mas wird vertreten durch die Galerie Robert Drees, Hannover: www.galerie-robert-drees.de

Höflichkeit ist ein probates Mittel, von Mitmenschen nicht behelligt zu werden.

Stille und Schweigen sind der Nährboden nützlicher Worte.

Das Leben ist ein Spiel – mit verdeckten Karten.

Für jemanden die Hand ins Feuer zu legen ist riskant – es für sich selbst zu tun, wäre grob fahrlässig.

Thomas Berger

macht ihn aber frei für die Entwicklung eines eigenen Sinnkonzepts. Anstatt sein Ziel auf dem Gipfel des Berges anzupeilen, wo es sich außerhalb seiner Reichweite befindet, sucht er es nun in der Bewältigung des Steinewälzens. Hier ist er erfolgreich, mit jedem Wälzvorgang kommt er an das von ihm selbst gesetzte Ziel. Sein Ziel ist nun das Gehen des Weges mit dem Stein, und die gewaltige Anstrengung wird Schritt für Schritt belohnt.

Sisyphos sei glücklich, schreibt Camus. Es ist ihm geglückt, sein Leben innerhalb der vorgegebenen, unveränderlichen Rahmenbedingungen selbst zu gestalten. Er hat aufgehört, sein Leben mit einem anderen, wünschenswerteren, aber ihm unverfügbaren Leben zu vergleichen, und versucht mit all seiner Kraft das Beste aus seiner Situation zu machen. Das Absurde bleibt, aber dafür ist Sisyphos nicht verantwortlich. In den kurzen Verschnaufpausen, in denen er den Berg hinabsteigt, kehrt er gelassen ins Tal zurück. Man kann sich vorstellen, dass er lächelt: kein triumphierendes, sondern ein zufriedenes Lächeln. Er ist mit sich im Reinen.

Ganz anders reagiert der römische Kaiser Caligula auf die Zumutungen des Absurden. Wenn es schon keinen Sinn gibt, dann gelte es, die Sinnlosigkeit noch zu übertreiben und damit diejenigen zu übertrumpfen, denen er die Schuld für das elende Schicksal der Menschen gibt: die Götter. Camus' Caligula begehrt absolute Freiheit, was für ihn beinhaltet: Allmacht zu demonstrieren und diejenigen, derer er überdrüssig ist oder die ihm im Weg stehen, rücksichtslos töten zu können. „Ich habe ganz einfach gemerkt, dass es nur eine Art gibt, es den Göttern gleichzutun: es genügt, ebenso grausam zu sein wie sie ... Das Schicksal kann man nicht begreifen, und darum habe ich das blöde, unverständliche Gesicht der Götter angenommen ..., und ich habe das Glück der Mörder gewählt." (D, Seite 50 f., 70)

Caligula hat Unmögliches gewollt, indem er sämtliche, das Absurde begründenden Gegensatzpaare aufzuheben trachtete. „Ich will den Himmel dem Meere vermischen, Hässlichkeit und Schönheit vermengen, dem Leiden Gelächter entlocken." (D, Seite 28) Sogar den Tod wollte er in einem ewigen Leben ausrotten. Doch je rasender er in seiner Zerstörungswut alles um sich herum vernichtet, desto fühlbarer wird ihm seine Ohnmacht, die er durch trotziges Gelächter zu verbergen sucht. Er lacht während der Erdrosselung seiner Geliebten und am Ende bietet er seinen eigenen Mördern – so Camus' Regieanweisung – *„mit irrem Lachen die Stirn. ... Alle hauen auf ihn ein. Caligulas Lachen verwandelt sich in ein Gurgeln. Mit einem letzten Röcheln brüllt Caligula lachend und ächzend zugleich:* Noch lebe ich!" (D, Seite 73) Doch in dem „Noch" deutet sich bereits die Einsicht an, dass es einem menschlichen Wesen unmöglich ist, seinen Tod zu überleben.

Es fällt schwer, mit oder über Sisyphos und Caligula zu lachen. Sie haben extreme Schlussfolgerungen aus dem Befund der absurden Ausgangslage der menschlichen Existenz gezogen. Beide geben den Göttern keine Macht mehr über ihr Handeln. Während Sisyphos daraus einen durch und durch menschlichen Sinn für sein Handeln gewinnt, sieht Caligula den Sinn seines Tuns in der Potenzierung der Sinnlosigkeit seines Daseins.

Die existenziellen Denker haben eindrucksvolle Figuren geschaffen, die als Repräsentanten des absurden Menschen unterschiedliche Wege aus ihrer Verzweiflung am Leben einschlagen. Sie alle wissen, dass jegliche Bemühung um einen dauerhaften Sinn vergeblich ist. Und doch finden sie kleine Schlupflöcher, die ihnen vorübergehend Erleichterung vom Schmerz ihrer Ohnmacht verschaffen. Es fällt auf, dass keine der zentralen Figuren die Liebe als Heilmittel in Betracht zieht. Wohl deshalb, weil die Erfahrung sie gelehrt hat, dass auch die Zweiheit der Geschlechter letztlich unüberwindbar ist. Einzig das Lachen – egal ob trotzig, herzhaft oder irre gelacht oder nur gelächelt wird – hilft, die Widersprüchlichkeit des Daseins zu ertragen. Aber in seinem Kern bleibt es absurdes Gelächter.

Annemarie Pieper ist emeritierte Professorin für Philosophie an der Universität Basel. Die 33. Ausgabe des vorliegenden Journals mit dem Titel *Denken Frauen anders?* enthält ein ausführliches Interview mit Frau Pieper.

Zur Vertiefung empfohlen:

- Camus, Albert: Caligula. In: Dramen **(D)**. Rowohlt, Reinbek 1962
- Camus, Albert: Der Mythos des Sisyphos. Rowohlt, Reinbek 2000
- Hesse, Hermann: Der Steppenwolf. dtv, München 1963
- Kierkegaard, Søren: Entweder/Oder. Erster Teil **(E/O, I)**. Diederichs, Düsseldorf 1964
- Kierkegaard, Søren: Unwissenschaftliche Nachschrift zu den Philosophischen Brocken. Zweiter Teil **(UN II)**. Diederichs, Düsseldorf 1958
- Nietzsche, Friedrich: Die Geburt der Tragödie aus dem Geiste der Musik **(GT)**. In: Sämtliche Werke. Kritische Ausgabe, Band 1. München 1980
- Sartre, Jean-Paul: Der Ekel **(DE)**. Rowohlt, Reinbek 1985

Lenz Prütting

Zum Lachen geboren

Eine Palette des Lachens

Die große Bandbreite des Lachens wird meist auf ganz wenige Formen oder gar nur auf das Lachen reduziert, mit dem wir auf Komisches und Lächerliches zu reagieren pflegen. Erkennbar ist dieses Verfahren an dem stilistisch-rhetorischen Leitfossil, alles Lachen sei „eigentlich nur" oder „im Kern" oder „letztlich" „nichts anderes als" zum Beispiel Ausdruck von Freude, Erleichterung, Aggression, von „*sudden glory*", von Jubel, lediglich die Quittung für Komik, nur ein „*psychological shift*" oder ein „Luxusreflex". Eine besonders absurde Theorie geht sogar so weit, jegliches Lachen als eine Reaktion auf irgendeine Art von Kitzel zu erklären, und wenn es auch nur ein Kitzel auf der „Sprachhaut" sein sollte.

Wie alles menschliche Verhalten immer ein Gemenge aus Ausdrucks-, Handlungs- und Resonanz-Verhalten ist, so ist dies auch beim Lachen der Fall. Wenn man es in seinem Wesen erkennen und in all seinen Funktionen erforschen und beurteilen will, darf man es also nicht auf einen dieser Teilbereiche des Verhaltens reduzieren, sondern muss es in all seinen Varianten als *Bekundungs-*, *Interaktions-* oder *Resonanz-Lachen* ins Auge fassen und systematisch geordnet auf einer Palette des Lachens platzieren.

der blaue reiter

Traditionelle Argumentations-Modelle

Zieht man die überlieferten Argumentations-Modelle zur Erforschung des Lachens zu Rate, stellt man leider fest, dass diese fast alle an fatalen Vereinfachungen leiden. So deutet zum Beispiel die *physiologisch* orientierte Schule von René Descartes bis Arthur Koestler das Lachen als Reflexverhalten, das sich nach dem Reiz-Reaktions-Modell so wie jeder andere Reflex auch als unverfügbares Widerfahrnis an uns und mit uns vollzieht. Das kann aber schlecht sein, weil zum Beispiel das Interaktions-Lachen, bei dem wir jemanden anlachen, sehr wohl ein tendenziell verfügbares Verhalten ist. Der Grundfehler dieser Theorie besteht demnach darin, das weite Feld des Lachens ausschließlich als Ausdrucks-Verhalten zu verstehen und das Lachen deshalb ganz dogmatisch auf das tendenziell unverfügbare Bekundungs-Lachen zu reduzieren. Die Vertreter dieser Theorie übersehen auch, dass Reflexe grundsätzlich stereotyp und gleichsam „situations-blind" ablaufen. Demgegenüber muss Gelächter aller Art als eine spezifische Antwort auf die jeweils aktuelle Situation verstanden werden, die vom stillen Schmunzeln bis zum ekstatischen Lachausbruch reichen kann.

Für die *energetisch* orientierte Schule von Herbert Spencer bis zu Sigmund Freud und seinen Gefolgsleuten ist Lachen die Abfuhr überflüssiger organischer Energie gemäß dem ursprünglich für die Naturwissenschaften formulierten und auch nur dort sinnvollen Energie-Erhaltungs-Satz. Lachen entsteht also quasi als Abfall-Produkt und laut Freud immer dann, „wenn ein früher zur Besetzung gewisser psychischer Wege verwendeter Betrag von psychischer Energie unverwendbar geworden ist, so daß er freie Abfuhr erfahren kann."[1] Warum diese Abfuhr überflüssiger Energie sich aber nicht als Sprint ums Haus, als Sprung über den Tisch oder als Fieber manifestiert, was genau so plausibel wäre, verraten uns Spencer und Freud nicht. Sie verraten uns auch nicht, warum diese Abfuhr von überflüssiger Energie nicht als ungehemmter Schrei erfolgt wie das Niesen, sondern als explosiv gestotterte Ausatmung, also als ein in sich gekonterter Gestaltverlauf. Dass die so überaus typische Verlaufsgestalt des Lachens für diese Theorie überhaupt kein Thema ist, muss den Lachforscher schon deshalb sehr misstrauisch stimmen, weil hier ein markantes Phänomen nicht einmal ansatzweise ernst genommen wird.

Im Lachen überlässt der Mensch seinen Körper sich selbst.

Genau wie bei der physiologisch orientierten Theorie des Lachens ist auch die energetisch orientierte Theorie mit einer fundamentalen Vereinfachung erkauft. Weder das tendenziell verfügbare Interaktions-Lachen noch das Resonanz-Lachen, zu dem wir uns anstecken lassen, können mit dieser Theorie plausibel erklärt werden. Der Haupteinwand gegen die energetische orientierte Genealogie des Lachens liegt aber darin, dass es diese ominöse organische Energie als messbare Größe gar nicht gibt.

Nicht minder fragwürdig ist die Antwort der *evolutionsgeschichtlich* orientierten Theorie von Charles Darwin bis zu Konrad Lorenz und seinen Schülern. Für sie vollzog sich die Entstehung des Lachens vor Millionen von Jahren und hat sich dann bis zu uns ver-

uroborisch
von altgriechisch *oura* für „Schwanz" und *boros* für „verzehrend". Die mythologische Gestalt des Uroboros („Schwanzfresser") ist eine Schlange, die sich vom Schwanz her auffrisst, bis nichts mehr von ihr übrig ist.

Abbildung:
Alte Frau mit Hut
Ebba van Hoorn, 2014;
Höhe ca. 33 cm, gebrannter Ton

ebba-vanhoorn.de

erbt. Auf den letzten Seiten seines Buches *Der Ausdruck der Gemütsbewegungen bei den Menschen und den Tieren* (1872) zieht Darwin Bilanz: „Wir können zuverlässig annehmen, daß das Lachen als ein Zeichen der Freude oder des Vergnügens von unsern Vorfahren ausgeübt wurde, lange ehe sie verdienten, menschlich genannt zu werden; denn sehr viele Arten von Affen stoßen, wenn sie vergnügt sind, einen oft wiederholten Laut aus, welcher offenbar unserm Lachen analog ist und von zitternden Bewegungen ihrer Kiefer und Lippen begleitet wird, wobei die Mundwinkel nach hinten und oben gezogen, die Wangen gefurcht und selbst die Augen glänzend werden.“[1]

Die Reduktion der Lachpalette allein auf das Bekundungs-Lachen muss man also auch bei Darwin rügen. Wertet er Lachen doch ausschließlich als Ausdrucks-Verhalten und nicht auch als kommunikatives Verhalten, wie dies beim Interaktions-Lachen und beim Resonanz-Lachen der Fall ist.

Außerdem kann Darwin auch nicht allzu genau hingehört haben, denn sonst hätte er merken müssen, dass diese seltsame Lautgebung der Schimpansen, die er für eine vor-menschliche Form des Lachens hält, keine laute und gestotterte Ausatmung ist wie beim menschlichen Lachen. Vielmehr ist es, wie Robert R. Provine[1] entdeckt hat, ein lautes Hecheln, also ein besonders intensiver, rascher und lautbegleiteter Wechsel von Ein- und Ausatmung. Damit handelt es sich schon physiologisch gesehen um einen völlig anderen Vorgang als das Lachen. Spätestens mit dieser Entdeckung von Provine hat sich das vielberedete Lachen der Schimpansen endgültig als ein Wahngebilde erwiesen, und wir können mit aller Entschiedenheit sagen: Tierisches Lachen gibt es nicht! Und das heißt im Umkehrschluss: Lachen ist, wie schon Aristoteles wusste, tatsächlich ein Verhalten, das ausschließlich dem Menschen vorbehalten ist. Mit anderen Worten: Lachen ist ein *proprium hominis* (lateinisch für „eine Eigenart des Menschen“).

Erst die anthropologisch orientierte Theorie des Lachens (siehe Erläuterung), wie sie von Aristoteles begründet und über Laurent Joubert und Immanuel Kant bis zu Helmuth Plessner und Hermann Schmitz fortgeführt wurde, bietet die Möglichkeit, der Verführung zu reduktionistischen Lösungen zu widerstehen. Das Lachen in all seiner erstaunlichen Vielfalt kann dann nämlich als eine Palette des menschlichen Verhaltens, sozusagen als Lachpalette ins Auge gefasst und angemessen gedeutet werden. Entscheidend ist dabei das Erkenntnis-Prinzip, das menschliche Lachen nie für sich allein zu betrachten, sondern es immer als spezifisches Verhalten in der spezifischen Situation zu sehen und zu beurteilen, auf die es sich jeweils bezieht.

Arten des Lachens

Stellen wir uns vor, verschiedene Leute von sehr unterschiedlichem Temperament, Alter und sozialem Status werden Zeugen eines zum Lachen reizenden Vorgangs und lachen darüber. Der eine schmunzelt, der andere kichert, der dritte meckert laut auf, der vierte wirft den Kopf zurück und wiehert vor sich hin, der fünfte schlägt sich vor Lachen auf die Schenkel, der sechste krümmt und biegt sich vor Lachen, der siebte wälzt sich sogar vor Lachen, während ihm die Tränen herunterlaufen.

Wir sehen sofort: Je ausgeprägter das Lachen ist, desto lauter und unbeherrschbarer ist es und desto massiver ist die Überformung unserer Bewegungen, unserer Körperhaltung, unserer Mimik und unserer Atmung: Die Bewegungen werden ruckhaft und tendieren zur Wiederholung oder zur Bewegung auf der Stelle oder gar zum Bewegungs-Chaos. Das Gesicht verzerrt sich zur Grimasse und der Blick wird starr, die aufrechte Haltung geht mehr oder weniger verloren oder pendelt zwischen konvex und konkav. Auch die Überformung der Atmung ist nicht weniger gravierend, wenn das atmungsneutrale Schmunzeln bei den intensiveren Formen von Gelächter zur Asymmetrie von Aus- und Einatmung führt, zu einem Keuchen und Japsen, und das Ausatmen sich zu einem wilden Luftgekotze steigert, zu einem Katarakt gestotterter Explosionen. Solcherart lachend, können wir auch nicht mehr in ganzen Sätzen sprechen, sondern neigen zu Ausrufen oder zu Wortwiederholungen.

Doch dieses Beispiel zeigt nur einen Fall von intensivem Bekundungs-Lachen. Wir müssen die Palette unserer Kriterien zur Beurteilung eines Lachverhaltens also etwas erweitern und hier bieten sich folgende Kriterien an:

- der Grad an Ausgeprägtheit (Intensität) des Lachens;
- der Grad an Verfügbarkeit des Lachens;
- die Gerichtetheit und Adressiertheit des Lachens, speziell adressiert durch einen Blickkontakt;
- die uroborische Struktur des jeweiligen Lachens und das damit verbundene kathartische Potenzial (siehe Erläuterungen und Abbildung).

Darüber hinaus fehlt uns immer noch ein Argumentationsmodell, das uns befähigt, all diese Kriterien sinnvoll aufeinander zu beziehen. Doch dieses finden wir, wenn wir uns die Verlaufsgestalt des Lachens vorurteilslos und verwunderungsbereit betrachten. Denn

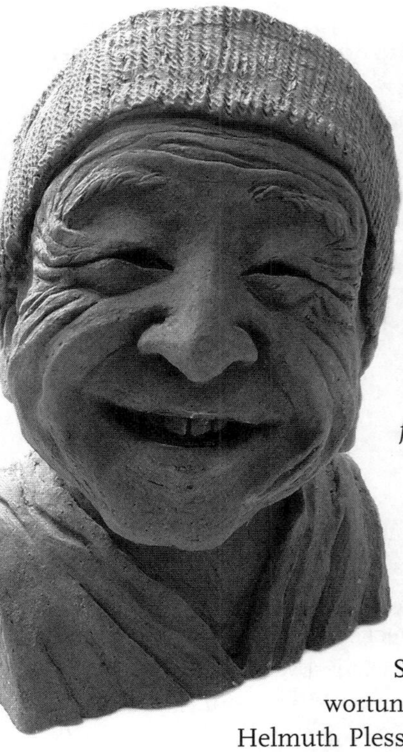

Abbildung:
Tibeter
Ebba van Hoorn, 2013;
Höhe ca. 34 cm, gebrannter Ton

ebba-vanhoorn.de

dann stoßen wir sofort auf die Frage, warum jede Form von Gelächter diesen seltsam *gestotterten Gestaltverlauf* hat, der wiederum die nächste Frage nahelegt, auf welche Art und Weise hier zwei *gegenläufige Impulse* aufeinander treffen und sich gleichsam aneinander abarbeiten, und welche Impulse dies sein könnten. Das entscheidende Stichwort zur Beantwortung dieser Fragen hat Helmuth Plessner geliefert. Lachen ist für ihn eine nur dem Menschen mögliche Form momentaner Selbstentfremdung als Implosion der Personalität in einer krisenhaften Situation, in der es keine andere angemessene Antwort gibt. Damit bestimmt er das Lachen als eine ambivalente Verhaltensweise des Menschen, „die zugleich Selbstbehauptung und Selbstpreisgabe verrät. Indem der Mensch lacht, überlässt er seinen Körper sich selbst, verzichtet somit auf die Einheit mit ihm und die Herrschaft über ihn. Mit dieser Kapitulation als leibseelische Einheit behauptet er sich als Person. Der außer Verhältnis zu ihm geratene Körper übernimmt für ihn die Antwort; nicht mehr als Instrument für Handeln, Sprechen, Gesten, Gebärden, sondern in direktem Gegenstoß. Im Verlust der Herrschaft über den Körper, in der Desorganisation, bezeugt der Mensch Souveränität in einer unmöglichen Lage. Er zerbricht an ihr als geordnete Einheit von Geist, Seele, Leib, aber dieses Zerbrechen ist die letzte Karte, die er ausspielt. Indem er unter sein Niveau beherrschter oder wenigstens geformter Körperlichkeit sinkt, demonstriert er gerade seine Menschlichkeit: da noch fertig werden zu können, wo sich nichts mehr anfangen lässt.“[2] Anders ausgedrückt: Je ausgeprägter oder intensiver das Lachen in seinen verschiedenen Aggregats-Zuständen ist, desto mehr verliert ein Mensch seine Fassung. Er verliert sie aber nur vorübergehend, weil er sie durch den uroborischen Impuls gleich wieder gewinnt.

Allerdings untersucht Plessner in seinem wegweisenden Werk *Lachen und Weinen* von 1941 das menschliche Lachen ausschließlich als Ausdrucks-Phänomen: „Wir wollen Lachen und Weinen als Ausdrucksformen begreifen. Ihre Analyse steht nicht mehr im Dienste der Ästhetik des Komischen, des Witzes, der Tragödie, nicht der Psychologie des Humors und der Gefühle, sondern der Theorie der menschlichen Natur. Die Frage lautet: wie ist es zu verstehen, daß ein lebendiges Wesen aus Fleisch und Blut, das über Sprache und Zeichengebung verfügt – womit es sich von den Tieren unterscheidet –, das zugleich im mimischen Ausdruck seine vitale Gebundenheit und Verwandtschaft mit tierischem Wesen dokumentiert – wie ist es möglich, daß ein solches Doppel- und Zwischenwesen lachen und weinen kann? Wie ist es möglich, das heißt welche Bedingungen müssen gegeben sein, damit derartige im Vollsinn jedenfalls nur dem Menschen vorbehaltene Reaktionen sich vollziehen können?“[2]

Plessners Hinweis auf die ambivalente Natur des Lachens durch die Verschränkung von Selbstbehauptung und Selbstpreisgabe war in der Tat epochemachend. Man könnte auch sagen, ihm sei gleichsam ein Quantensprung in der Theoriegeschichte des Lachens gelungen. Erst dieser Ansatz macht es möglich, die Analyse des Lachens aus der vermeintlich zwangsläufigen Verknüpfung mit dem Phänomen des Komischen und Lächerlichen zu lösen. Das Lachen über Komisches und Lächerliches ist ja nur *eine* Form des Lachens unter vielen möglichen und bei weitem nicht die wichtigste, und die häufigste schon gar nicht.

Seltsamerweise verfolgte Plessner die Frage, in welch verschiedener Art und Weise sich Selbstbehauptung und Selbstpreisgabe verbinden können, nicht weiter. Auch eine Antwort darauf, wie diese höchst unterschiedlichen *Kombinationen* von Selbstbehauptung und Selbstpreisgabe das Lachen überformen und zu bestimmten Lacharten ausgestalten können, findet sich bei ihm nicht. Erstaunlich ist dies schon deshalb, weil die Bestimmung von Graden der Selbstbehauptung *in der* Selbstpreisgabe oder von Graden der Selbstpreisgabe *in der* Selbstbehauptung sich dazu verwenden ließen, verschieden intensive Ausprägungen des Lachens zu bestimmen, zum Beispiel zwischen Kichern und Wiehern.

Je intensiver das Lachen, desto mehr verliert man seine Fassung.

Diesen Weg hat erst Hermann Schmitz mit seiner philosophischen Anthropologie gewiesen, indem er Plessners Ansatz durch zwei Schritte entscheidend erweiterte. Der erste Schritt bestand darin, dass er das Zusammenspiel von Selbstbehauptung und Selbstpreisgabe in das umfassendere Zusammenspiel von personaler Emanzipation und personaler Regression einordnete, durch welches das menschliche Verhalten generell geprägt ist. Dieses Zusammenspiel sieht er auf verschiedenen Niveaus angesiedelt, auf denen sich ganz unterschiedliche Spielräume des Betroffenseinkönnens und eben auch höchst unterschiedliche Formen des Lachens ergeben. Schmitz selbst nennt einige, lässt aber offen, dass es noch mehr gibt: „Ohne Grund orientiert sich die Vorstellung vom Lachen meist am heiteren oder lustigen Lachen über komische Szenen, Züge und Pointen oder über Witze; es gibt aber auch das höhnische, grausame, bittere, verzweifelte,

Anthropologie
von altgriechisch *anthropos* für „Mensch“ und *logos* für „Lehre“. Erforschung und Beschreibung der Wesensmerkmale des Menschen.

nervöse, verlegene Lachen, sowie das metakritische, in dem sich die Spannung entlädt, nachdem der Lachende gerade noch an einer wirklichen oder scheinbaren Katastrophe vorbeigekommen ist."[1]

Der zweite Schritt von Schmitz über Plessner hinaus besteht darin, das von Plessner eher statisch gedachte Verhältnis von Selbstpreisgabe und Selbstbehauptung gleichsam zu dynamisieren. Somit deutet zwar auch Schmitz das Lachen als paradoxe Verschränkung von Selbstpreisgabe und Selbstbehauptung, beziehungsweise als paradoxe Verschränkung von „Preisgabe und Triumph", fügt aber in deutlicher Anlehnung an Plessner hinzu: „Ich finde das gemeinsam Besondere des Lachens und Weinens auf dem Gebiet personaler Regression nicht in der Reaktionsweise und schon gar nicht in einer Bewahrung des erreichten Niveaus personaler Emanzipation vor dem Regressionsschicksal, sondern in einer teleologischen Tendenz (siehe Erläuterung), die durch die Regression hindurch deren Überwindung vorwegnimmt: Das Lachen ist Aufschwung in der Regression oder durch sie hindurch zum Triumph, das Weinen eine Ausweichreaktion des in die Enge Getriebenen, der durch Preisgabe seines Niveaus personaler Emanzipation, indem er in die Enge seines Leibes regrediert, dieser vielmehr in die Weite entkommt."[1]

Bei Plessner hieß es über den Verlust der Selbstbeherrschung beim ekstatischen Lachausbruch: „In der Katastrophe noch, die sein sonst so beherrschtes Verhältnis zum eigenen Leib erfährt, triumphiert der Mensch und bestätigt sich als Mensch. Durch das entgleitende Hineingeraten und Verfallen in einen körperlichen Vorgang, der zwangshaft abläuft und für sich selbst undurchsichtig ist, durch die Zerstörung der inneren Balance wird das Verhältnis des Menschen zum Körper in eins preisgegeben *und* wiederhergestellt."[2]

Diese teleologische Tendenz bezeichne ich als den dem Lachen und Weinen immanenten *uroborischen Impuls*. Ein solcher Impuls bewirkt, dass Lachen und Weinen sich gleichsam selbst verzehren und beide Verhaltensweisen dadurch eine zur Beendigung drängende dramatische Verlaufsgestalt erhalten und damit zugleich ihre *kathartische Funktion*. Das Lachen verzehrt sich wie die Uroboros-Schlange also selbst nach dem Prinzip *consumendo consumor*, die sich vom eigenen Schwanz her soweit auffrisst, bis nichts mehr von ihr übrig ist (von lateinisch *consumere* für „verbrauchen"; frei übersetzt: „verzehrend verzehrt werden"). Das heißt: Man bricht weinend zusammen, richtet sich aber getröstet wieder auf, wenn man sich sattgeweint hat. Man lacht sich krumm, lacht sich aber auch wieder gerade, indem man weiterlacht und sich eben dadurch wieder aufrichtet.

Es kommt allerdings auch vor, dass das Lachen schlagartig aufhört. Dies ist immer dann der Fall, wenn ein übermächtiger zentripetaler Impuls wie zum Beispiel ein Schreck uns so zusammenfahren lässt, dass er den generellen zentrifugalen Impuls des Lachens, also die gestotterte Explosion des Atems, blockiert, sodass uns das Lachen buchstäblich im Halse steckenbleibt.

Allerdings sind Lachen und Weinen nicht die einzigen Verhaltensweisen, denen dieser uroborische Impuls immanent ist; wir sprechen ja auch davon, dass Zorn „verraucht" oder dass man vor Scham „vergeht". Deshalb sind diese vier Verhaltensweisen Lachen und Weinen sowie Zorn und Scham kultur-anthropologisch gesehen die weitaus wichtigsten. Durch den ihnen eigenen uroborischen Impuls und durch die ihnen eigene kathartische Funktion bieten sie sich an, zu kulturellen Ritualen erhoben zu werden, mit denen wir dann versuchen, unser Leben zu meistern.

Das heißt nichts anderes, als dass man sich, sofern man einmal das Stadium personaler Lachmündigkeit erreicht hat, voller Vertrauen ins Lachen fallen lassen kann „wie in einen Heuhaufen". Man darf sich nämlich sicher sein, dass dieser Sturz kein Sturz ins Bodenlose ist, wie es bei manch anderen Formen personaler Regression der Fall ist, sondern gerade der Regeneration als Person[3] dient. Mythologisch gedacht wäre dies als Wiedergeburt zu verstehen, respektive als eine Abfolge von Höllenfahrt und Wiederauferstehung.

Teleologie
von altgriechisch *telos* für „Ziel, Zweck, Vollendung“: Auffassung, dass Entwicklungen von einem (idealen) Ziel oder Zweck her bestimmt sind.

Damit gehört das Lachen zu den spezifisch menschlichen Fähigkeiten mit einem mächtigen kathartischen Potenzial. Das ist wohl auch der Grund dafür, dass es auf so vielfältige Weise kulturell ritualisiert wurde. In diesem kathartischen Potenzial liegt aber zugleich auch das latent Skandalöse, welches das Lachen für alle Erlösungs-Religionen darstellt. Das Lachen kann durch seinen kathartischen Effekt die Erlösungsangebote dieser Religionen als überflüssig erscheinen lassen, auch wenn diese Art von Erlösung „nur“ von innerweltlicher Art ist. Und da man mit einer akuten sofortigen Erleichterung eher rechnen kann als mit einer ungewissen Erlösung nach dem Tode, haben die christlichen Kirchenväter das Lachen denn auch vehement verdammt. Sie fürchteten dessen verführerische Macht wohl auch mit Recht.

Das Kriterium der Verfügbarkeit

Bisher war nur vom Bekundungs-Lachen die Rede, das sich als tendenziell unverfügbares Widerfahrnis an uns und mit uns vollzieht, wenn es aus uns herausplatzt. Doch neben dessen Formen wie dem Loslachen über Komisches, dem Auflachen aus Verlegenheit oder Verzweiflung oder dem Wollustlachen des Gekitzelten (um nur einige zu nennen) gibt es auch die vielen Varianten des *Interaktions-Lachens*, die sehr wohl und auch *ad hoc* verfügbar sind.

Dazu zählen alle Arten von Anlachen und Auslachen in den verschiedensten Graden von Intensität. Da diese Formen des Lachens, Lächelns und Grinsens im sozialen Leben als Signale wohlwollend positiver wie aggressiv negativer Zuwendung eine so überaus große Rolle spielen, müssen diese *ad personam* adressierten Signale in Form von Gelächter aller Art soweit wie möglich jederzeit verfügbar sein. Andernfalls könnten sie ihre soziale Funktion nicht erfüllen. Man denke nur an die verschiedenen Formen des Anlachens, die wir zum Begrüßen, Beschwichtigen, Entschuldigen, Beleidigen oder Verhöhnen jederzeit abrufen und einsetzen können. Aus diesem Grund ist bei all diesen Formen des Interaktions-Lachens der Grad an Selbstpreisgabe-in-der-Selbstbehauptung relativ gering. Er ist auf jeden Fall aber weitaus geringer als bei all den Formen des tendenziell unverfügbaren Bekundungs-Lachens.

Alle diese Varianten des Interaktions-Lachens lassen sich aber auch deuten als *performative Akte* (von englisch *perform* für „aufführen, darstellen“). Sie bilden gleichsam ein nicht-sprachliches Analogon zu den performativen Sprechakten im Sinne von John L. Austin, weil mit ihnen etwas vollzogen wird, das der zwischenmenschlichen Kommunikation dient. Man könnte auch sagen, die verschiedenen Varianten des Interaktions-Lachens gehören zu den performativen Akten leiblicher Kommunikation. Aus diesem Grund ist jedes Interaktions-Lachen auch obligatorisch mit einem *Blickkontakt* verbunden, so kurz dieser auch sein mag. Der Blickkontakt bedingt zugleich auch den Grad der Verfügbarkeit des jeweiligen Interaktions-Lachens. Wird der Blickkontakt unterbrochen, zum Beispiel weil der Blick gesenkt wird oder die Augen geschlossen werden, so geht auch sofort die tendenzielle Verfügbarkeit des jeweiligen Lachens verloren. Und umgekehrt ist es unmöglich, jemanden ohne Blickkontakt anzulächeln.

Mitschwingen mit dem Verhalten anderer

Neben den beiden Verhaltensweisen „Handlung“ und „Ausdruck“ respektive „Interaktion“ und „Bekundung“ gibt es aber noch eine dritte Art von Verhalten, die allzuleicht übersehen wird. Sie spielt im allgemeinen menschlichen Umgang eine ebenso wichtige Rolle wie die beiden anderen Verhaltensweisen, weil auch sie sich in Form von Lachen manifestiert. Es handelt sich um all die Formen vor-sprachlicher Bezugnahme, Interaktion und Kommunikation, die wir als *Resonanz-Verhalten* bezeichnen können. Insbesondere sind es die Formen mimetischer Resonanz (von altgriechisch *mimesis* für „Nachahmung“), die bei jeder Form von rhythmisch geprägtem und gerichtetem Gruppen-, Meuten- oder Herden-Verhalten eine zentrale Rolle spielen, zum Beispiel beim gemeinsamen Singen, Tanzen, Musizieren, Rudern oder Marschieren, also bei allem Verhalten, das im Zusammenspiel mit anderen „Hand in Hand und Seit' an Seit'“ geschieht.

Manifestiert sich das Resonanz-Verhalten in Form von Gelächter, so ist es ein Lachen, zu dem wir durch das Lachen anderer angesteckt werden beziehungsweise zu dem wir uns anstecken lassen. Wir können es *„Resonanz-Lachen“* oder *„Mitlachen“* nennen, weil wir mitlachen wenn andere lachen, ganz so wie wir uns beim Tanzen in die vorgegebene Musik einschwingen und unsere Bewegungen von ihr rhythmisch leiten lassen. Wie stark dieser Sog zum Mitschwingen ist, den derlei rhythmische Bewegungen auf uns ausüben können, merkt man sofort, wenn man versucht, *nicht* im Takt einer Marschmusik zu gehen.

Dieses Resonanz-Lachen steht, gemessen am Kriterium der Verfügbarkeit, in gewisser Weise zwischen dem Bekundungs-Lachen und dem Interaktions-Lachen. Insofern es eine Art von Interaktion ist, bezeichnet Hermann Schmitz das gemeinsame Lachen als „solidarische Einleibung durch Bewegungssuggestion“[4].

Katharsis
altgriechisch für „Reinigung“. Aristoteles zufolge die spezifische Lust an den tragischen Affekten Schauder (altgriechisch *phobos*) und Jammer (altgriechisch *eleos*). Aristoteles schreibt der Katharsis allerdings keine sittlich bessernde Wirkung zu, weil auch die beiden tragischen Affekte uroborischer Natur sind und deshalb nur eine momentane Erleichterung bewirken können.

In der anthropologisch orientierten Verhaltensforschung spricht man hier meist von einem „Schrittmacher-Effekt“ oder von „Bahnung“[5], im Theaterjargon von „Mitgehen“[6]. Mit dem Bekundungs-Lachen teilt das Resonanz-Lachen die Eigenschaft, dass es zwar gerichtet, aber nicht durch einen Blickkontakt zielgerichtet ist, mit dem Interaktions-Lachen die Eigenschaft, dass es gezielt abrufbar ist. Es unterscheidet sich aber hinsichtlich seiner Verfügbarkeit, weil wir in das Mitlachen gleichsam hineingleiten wie in jedes andere Resonanz-Verhalten auch, uns ihm aber auch wieder verweigern können, wenn wir *partout* nicht mitlachen wollen.

Somit ergibt sich im Hinblick auf das Kriterium der Verfügbarkeit eine neue Form der Unterteilung des Lachens in

- das tendenziell unverfügbare Bekundungs-Lachen,
- das tendenziell verfügbare Interaktions-Lachen und
- das tendenziell verweigerbare Resonanz-Lachen.

Schließlich gibt es noch Formen von pathologisch bedingtem Lachen, das zu bestimmten Krankheitsbildern gehört und zum Beispiel bei einer Vergiftung mit Lachgas auftritt. All diese pathologisch bedingten Formen des uneigentlichen Lachens wirken jedoch nie ansteckend, sondern eher distanzierend, ganz so wie die leidgeprägten Formen des verlegenen oder verzweifelten Lachens, die ja auch nicht zum Mitlachen reizen.

Der Kuleschow-Effekt und das synergetisch-synästhetische Prinzip

Die Unterteilung des Lachens in Bekundungs-, Interaktions- und Resonanz-Lachen und in verschiedene Grade von Lachmündigkeit[7] allein genügt jedoch noch nicht, um bestimmte Varianten des Lachens voneinander zu unterscheiden und sie zu verschiedenen Lachpaletten zusammenzustellen. Denn solcherart thematisiert man das Lachen allein als Lachen und sieht vom sonstigen Verhalten des lachenden Menschen in einer konkreten Situation ab. Aus diesem Grund gilt es, durchgehend zwei methodologische Regeln zu beachten, die in den traditionellen Theorien des Lachens immer übersehen worden sind: Den *Kuleschow-Effekt* und das *synergetisch-synästhetische Prinzip*.

Der aus der Theorie des Films stammende *Kuleschow-Effekt*, den man auch als das *Lichthupen-Prinzip* bezeichnen könnte, besagt, dass das Lachen an sich bedeutungsleer ist, situationsspezifisch aber immer aufs Neue mit Bedeutung aufgeladen werden kann, ganz so wie ein Signal mit der Lichthupe in unterschiedlichen Situationen immer wieder neue Bedeutungen annehmen kann. Aus diesem Grund kann Lachen prinzipiell immer nur als *Lachen-in-einer-Situation* beschrieben, gedeutet, benannt und mit anderen Varianten verglichen und an einen bestimmten Ort in einer Lachpalette platziert werden. Beispiele wären das Lachen aus Verlegenheit, das Auflachen aus Verzweiflung oder das Auflachen aus Erleichterung.

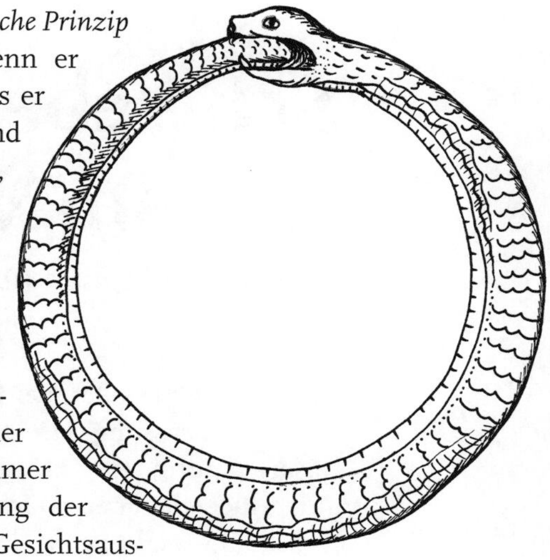

Abbildung: **Uroboros-Schlange**

Das *synergetisch-synästhetische Prinzip* besagt, dass jemand, wenn er lacht, mit allem lacht, was er ist und hat und kann und tut. Das heißt wiederum, dass das jeweilige Lachen immer nur als Teilaspekt eines umfassenden Gesamtverhaltens thematisiert werden darf. Zur Beschreibung und Zuordnung des Lachens auf einer Lachpalette gehört also immer auch die Berücksichtigung der Art der Bewegung, des Gesichtsausdrucks, der Körperhaltung, der Atmung, der Grad an Wachheit sowie die jeweilige sprachliche Artikulationsfähigkeit. Denn der lachende Mensch ist als *homo ridens* immer der ganze Mensch (von lateinisch *ridere* für „lachen“ und *homo* für „Mensch“: „der lachende Mensch“) und lacht deshalb immer auch mit allem, was er ist und hat und kann und tut.

Lenz Prütting ist Theaterwissenschaftler, Dramaturg und Philosoph.

Anmerkungen:

1. Prütting, Lenz: Homo ridens. Verlag Karl Alber, Freiburg/München 2016, Seite 1295, 1357, vergleiche Seite 1383, 49, 50
2. Plessner, Helmuth: Lachen und Weinen. Eine Untersuchung nach den Grenzen menschlichen Verhaltens. Francke Verlag, Bern 1961, Seite 190f., 17, 87
3. Die Regeneration als Person ist der Grundgedanke der anthropologisch orientierten Theorie des Lachens auch bei Hermann Schmitz, den er vor allem in dem Werk *Die Person* (Bouvier Verlag, Bonn 1980) entwickelt hat.
4. Vergleiche dazu Schmitz, Hermann: Ausgrabungen zum wirklichen Leben. Eine Bilanz. Karl Alber, Freiburg/München 2016, Seite 183ff.
5. Vergleiche dazu Bilz, Rudolf: Wie frei ist der Mensch? Suhrkamp, Frankfurt 1973, Seite 132ff.
6. Vergleiche dazu Prütting, Lenz: Über das Mitgehen. In: Großheim, Michael (Hrsg.): Leib und Gefühl. Beiträge zur Anthropologie. Akademie Verlag, Berlin 1995, Seite 141–152
7. Vergleiche dazu Prütting, Lenz: Die Fremdelphase. Zur Genealogie personaler Lachmündigkeit. Rostock 2016 sowie Prütting, Lenz: Homo ridens. Kapitel 3.4: Ontogenetische Stufen der Lachmündigkeit, Seite 1712–1770

Zur Vertiefung empfohlen:

- Prütting, Lenz: Homo ridens. Eine phänomenologische Studie über Wesen, Formen und Funktionen des Lachens. Verlag Karl Alber, Freiburg/München 2016

Renatus Ziegler

Schweben im Widerspruch

Lachend steht man über sich und der Welt

Lachen jenseits polternder Leichtfertigkeit oder zynischer Herablassung ist eine spezifisch menschliche Ausdrucksform, eine Fähigkeit der sich zur Freiheit durchringenden menschlichen Individualität. Gemäß Rudolf Steiner bringen Humor und das darauf beruhende Lachen die Fähigkeit des Verstandes zum Ausdruck, sich einerseits auf die kleinen und großen Widersprüchlichkeiten des Lebens einzulassen und sich andererseits mittels der Vernunft über sie zu erheben. Deshalb das Befreiende und zugleich Prekäre des Lachens: Es schwebt an den Abgründen der leichtfertigen Oberflächlichkeit einerseits und des beleidigenden Zynismus andererseits.

Rudolf Steiner, der Begründer der Anthroposophie (siehe Erläuterung), hat sich zum Lachen im Rahmen seiner Ästhetik geäußert. Aus Briefen aus den Jahren 1890 und 1891 an die Familie Specht in Wien, bei welcher Steiner früher als Hauslehrer tätig war, geht hervor, dass er spätestens nach seinem Vortrag im Wiener Goethe-Verein über „Goethe als Vater einer neuen Ästhetik" am 9. November 1888 den Entschluss gefasst hat, ein Buch über Ästhetik zu schreiben. Von verschiedenen dort erwähnten Vorarbeiten dieses nie ausgeführten Projekts hat sich nur ein einzelnes Kapitel erhalten, welches im Nachlass von Eduard von Hartmann aufgefunden wurde: „Über das Komische und seinen Zusammenhang mit Kunst und Leben." Hier finden sich wesentliche systematische Grundgedanken zu Humor und Komik, zu Frivolität und Melancholie.

Lachen und Humor beruhen Steiner zufolge auf der grundlegenden Fähigkeit zur Reflexion, zum Rückzug aus unmittelbar fesselnden oder bedrängenden Erlebnissen an einem konkreten Erfahrungsgegenstand. Eine Phänomenologie des Lachens und des Humors wird deshalb zugleich zu einer Phänomenologie der Distanzierung des Selbst von seiner unmittelbaren inneren und äußeren Umgebung, das heißt zu einer Beschreibung eines sich Heraushebens aus dem unmittelbaren Erleben oder Verbundenseins mit der konkreten Welt und dem eigenen Selbst. Lachen ist jedoch keine bloße Loslösung, keine reine Trennung von Selbst und Welt, sondern durch Lachen und Humor wird ein spezifisch erlebbares (kein bloß reflexives) Verhältnis zum Gegenstand, zum Objekt des Lachens aufrechterhalten oder geschaffen. Es ist jedoch eine Art Verhältnis zur Welt, bei welchem das eigene Selbst das Maß aller Dinge ist. Steiner schreibt diesbezüglich: „Dass das Lachen in einer gewissen Weise ein Ausdruck der Egoität ist, der Ichheit, das mag daraus hervorgehen, dass eigentlich das Lachen, wenn Sie es wirklich verfolgen, immer darauf zurückzuführen ist, dass der Mensch sich erhaben fühlt über seine Umgebung und über das, was in seiner Umgebung geschieht. Warum lacht der Mensch? Er lacht immer dann, wenn er sich über das stellt, was er beobachtet."[1]

Weiter bedarf das, wovon man sich abhebt – damit es zu einem Eindruck des Komischen und damit zu einem Lachen und nicht bloß zu einem reflexiven Akt kommt – eines Widerspruchs, einer Inkongruität, einer Dissonanz (zum Beispiel zwischen dem täppisch-ungeschickten Verhalten und der höheren sozialen Wertschätzung oder Stellung einer Person): „Wie gross ich mir den Kopf eines Menschen vorstelle, ist vollständig gleichgültig, solange ich über den Kopf nicht hinausgehe. Wenn ich aber einen grossen Kopf mit einem kleinen Körper *zusammenstelle* und dieses Beisammensein in einem wirklichen Bilde darstelle, so gewahre ich den Widerspruch gegen das Seinsmögliche. Das Gewahrwerden eines solchen Widerspruchs zwischen einem geschaffenen Gegenstand und seiner inneren Möglichkeit bewirkt in uns die Empfindung des *Komischen*. Das Komische ist also ein *sinnenfällig Wirkliches* in der Form des *verstandesmäßigen Widerspruchs*. ... Die befreiende Wirkung, die in dem Lachen über einen komischen Gegenstand liegt, ist darinnen begründet, dass der Mensch, der den Widerspruch einsieht, sich *über* seinem Gegenstande fühlt; er glaubt die Sache besser zu verstehen, als sie hier in der Darstellung vor ihm auftritt. Wer den Widerspruch nicht durchschaut, der kommt auch um die Wirkung des Komischen. Daher kann ein und derselbe Gegenstand auf den einen komisch wirken, auf den andern nicht. Wer kein Verständnis für den Widerspruch hat, der hat es auch nicht für die Komik."[2]

Die wahre Lebenskunst: Milde über sich lächeln.

Dieser Widerspruch, oder diese Dissonanz, wird nun weder bloß ausgehalten, stehen gelassen oder nur rein erlebt noch völlig durch Reflexion, Einsicht oder Lebensweisheit überwunden oder in den Erfahrungshorizont integriert. Vielmehr wird er in der spielerischen Schwebe gehalten, vorläufig zur Kenntnis ge-

Anthroposophie
von altgriechisch *anthropos* für „Mensch" und *sophia* für „Weisheit": Lehre Rudolf Steiners (seit 1912), die das „Bewusstsein vom Menschen" und seiner Verflechtung mit dem Übersinnlichen vertiefen will.

nommen und zugleich weiter beobachtet. Man will ihn weder ganz hinter sich lassen noch sich näher mit ihm beschäftigen. Man interessiert sich nur halb für ihn und bleibt doch davon fasziniert.

Aus dieser Grundfigur, aus diesem labilen und damit prekären Gleichgewicht zwischen Beachten und Ignorieren eines konkreten Lebenswiderspruchs ergibt sich nun eine ganze Palette verschiedenster Verhaltensweisen. Auf der einen Seite kann sich in ein zunächst herzhaftes und versöhnendes oder verzeihendes Lachen ein Unterton der Leichtfertigkeit, des sich Enthebens aus der widersprüchlichen Situation einschleichen. Anstelle einfach strahlend zu lachen, findet man etwas lächerlich, nicht der Rede wert, fängt an dümmlich zu grinsen, zu kichern und beteiligt sich entschlusslos an einem gruppengebundenen Gelächter, bricht in schallendes oder brüllendes Lachen aus, vielleicht sogar begleitet durch Schenkelklopfen etc. Hier verselbstständigt sich das Gelächter, löst sich vom ursprünglichen Gegenstand ab; man verliert immer mehr sich selbst und der Übergang zum hysterischen Gelächter wird fließend. Damit löst sich der individuelle Mensch immer mehr auf, verabschiedet sich aus der konkreten Welt; es bleibt ihm nur noch sein Selbsterleben – bis zum nüchternen Erwachen aus der Hysterie.

Gesellt sich dagegen zur Distanzierung nicht ein leichtfertiger, zum Lächerlichen neigender Zug, sondern eine überheblich-ironische Note, so gerät das prekäre Gleichgewicht in die entgegengesetzte Gefahr. An die Stelle von leichtfertiger Frivolität tritt deren zynische Variante: Sie äußert sich in ihren leichteren Formen als naives Grinsen, Feixen, Auslachen, Spott, Ironie, Schadenfreude oder anklagendes, vorwurfsvolles Lachen. In seinen stärkeren Formen zeigt sich der Zynismus als hämisches oder höhnisches Grinsen, als beißender Spott oder Sarkasmus – bis hin zur Demütigung und Ausgrenzung. Dabei fühlt man sich dem verspotteten Gegenstand oder Subjekt unendlich überlegen, zieht sich in Selbstgenuss in sich selbst zurück und kann beruhigt die übrige Welt ignorieren, da sie ja doch meine Aufmerksamkeit nicht wert ist.

Wie jeder Mensch aus bitterer Selbsterfahrung weiß, ist er in vielen Situationen aus einem vielleicht zunächst herzhaften oder strahlenden Lachen in die eine oder andere Einseitigkeit geraten, aus Unachtsamkeit, Gruppendruck oder egoistischem Selbstgenuss. Eine herzhafte und helle Mitte zu finden in diesem prekären Schwebezustand zwischen Sich-Verbinden und Selbst-Behaupten angesichts widersprüchlicher Weltsituationen bedarf eines weisheitsvoll-verzeihenden Umgangs mit sich selbst und der Welt.

Lachen als Phänomen des Denkens

Differenzierung beruht auf Unterscheidung und Unterscheidung auf Denken. Denkend verschafft man sich im umfassenden Erleben Orientierung und Distanz. Dem aktuellen Denken gehen Erfahrung und Erleben voraus, sie sind das Material, das bedacht, geordnet und letztlich im Tun „behandelt" wird. Ohne Denken können keine Ziele gebildet, keine Situationen erkannt werden, darüber hinaus kann kein Handeln in seiner fortgesetzten gestaltenden Aktivität bewusst begleitet werden. Ohne Denken gibt es auch keine Selbst-Distanzierung als Vorbedingung tiefer gehender Selbsterkenntnis und darauf beruhender freier Selbstverwandlung. Denken ist demnach eine Tätigkeit, ein individueller Vollzug, *kein* Ereignis oder ein bloß ablaufender Prozess *für* das Individuum. Es ist die Vorbedingung zur individuellen Entwicklung. Was jemand aktiv zu denken vermag, und was er aktuell denkend, situativ erkennend und sozial verantwortungsvoll in Handeln umsetzen kann, zeichnet ihn als Individuum auf dem Wege zur Freiheit aus.

Die spezifisch menschlichen Qualitäten des Denkens (im Kontrast zur meist hohen Intelligenz tierischen Handelns) drückt sich unter anderem in kritischer Selbstdistanz und tätiger Selbstentwicklung aus, insbesondere in selbstinitiiertem Lernen (im Kontrast zu Dressur, Lernanreizen und fremdbestimmten Lernprozeduren). Diese Qualitäten sind jedoch nicht beschränkt auf rein mentale Fähigkeiten, sondern reichen bis ins verkörperte (*embodied*) Verhalten, wodurch sich auch der Leib als Ausdruck, als Fundament der Anwesenheit des Individuums, des tätigen individuellen Ich, erweist. Heiteres oder mildes Lachen oder Lächeln über sich selbst oder die Welt als Ausdruck der Selbstbeziehungsweise Weltdistanzierung findet sich bei Tieren nicht. Lachen ist ein Phänomen, das die Präsenz eines tätig-denkenden Individuums bis in körperlich-physiologische Ausdrucksformen offenbart.

Für das Durchschauen des Zustandekommens der inneren Bedingungen der Komik und des Humors sowie des damit zusammenhängenden Lachens mit seinen verschiedenen Erscheinungsformen ist die Unterscheidung von Verstand und Vernunft hilfreich. Der Verstand unterscheidet, ordnet, analysiert und spezifiziert. Ihm verdankt man Klarheit und Präzision. Er ist verantwortlich für das Gewahrwerden von Kontrasten, Gegensätzen, Widersprüchen und Unvereinbarem. Mit ihm bleibt vieles offen, unverbunden, spezifisch. Mit ihm schafft man sich Distanz, indem man sich von der Welt unterscheidet und zugleich die Welt (und sich selbst) mannigfach gliedert. Für den bloßen Verstand gibt es nichts zu lachen: Die Dinge sind eben verschieden und bleiben wie sie sind, einzeln, unverständlich, widersprüchlich, fremd. Nur wer (wie der tätige denkende Mensch) mit einem Funken Vernunft begabt ist, sieht oder ahnt Zusammenhänge, kann Fernstehendes zusammenbringen, Auseinanderfallendes integrieren und Widersprüchliches vereinen. Erst damit sind die Vorbedingungen des Lachens und des Humors erfüllt: die spezifische Distanzierung vom bloß verstandesmäßig Gegebenen und Unterschiedenen, die Herstellung eines Gleichgewichtszustands zwischen Versinken im und im Übersehen oder Ignorieren des Gegebenen.

Humor schützt vor verbissenem Ernst.

Wer auf einem hohen Ross sitzt,
ist nicht zwingend ein guter Reiter.

Moral ist ein begehrter Tummelplatz
für Kleingeister.

Gespräche, die allein von Worten leben,
hinterlassen keine Spuren.

Thomas Berger

Für die bloße Vernunft ohne gliedernden Verstand gibt es ebenfalls nichts zu lachen: Hier ist alles in harmonischer Ganzheit vereint, Unterschiede oder gar Gegensätze verschwinden, werden übersehen und spielen keine Rolle mehr.

Man lacht, weil man etwa das Auseinanderfallen des Anspruchs und des tatsächlich Vorhandenen (zum Beispiel anhand einer Karikatur) sieht, indem man das Auseinanderstrebende zusammendenkt und nicht bloß nebeneinander stehen lässt (oder übersieht, ignoriert, sich nicht dafür interessiert): „Wir lachen über den Witz, weil wir durch das Lachen in das richtige Verhältnis zu ihm kommen. Im Witz werden Dinge zusammengebracht, die im ernsten Leben nicht zusammengebracht werden können; denn wenn sie logisch zu begreifen wären, würden sie nicht witzig sein."[3]

Lachen ist Ausdruck eines vorläufigen bis oberflächlichen, aber zutiefst spielerischen Bemühens, Gegensätze zu überwinden, ohne sich tiefer auf die Sachverhalte einzulassen. Ist das Bemühen der Vernunft zur Einsicht in eine die vorhandenen Gegensätze verbindende Brücke erfolgreich, so wandelt sich das Lachen in ein mildes und versöhnliches Lächeln, in ein Schmunzeln, bis hin zum stillen Lächeln eines für Humor aufgeschlossenen Menschen: „Der *Humorist* kann ohne Sorge über die Verkehrtheiten lachen, denn er weiss, dass diese nicht auf dem Grunde, sondern an der Oberfläche liegen, und er hat einen Sinn für die Dinge auf dem Grunde des Weltendaseins."[2]

Hier wird jedoch die Grenze zum höheren Ernst fließend: Wer Widersprüche durchschaut, und etwa die Unvollkommenheiten der geschätzten Mitmenschen als Verrohung und/oder als mangelnde Selbsterziehung erkennt, wird ernst angesichts der notwendigen in Angriff zu nehmenden Aufgaben. Er überhebt sich nicht, weil er seine eigenen Unvollkommenheiten kennt und er schaut nicht weg, weil er auf dem Wege zur inneren Souveränität an der Erkenntnis der realen Welt und seinen Mitmenschen interessiert bleibt. Vor verbissenem Ernst schützt der Humor, insbesondere wenn er die eigenen Gegensätzlichkeiten (etwa zwischen Anspruch und Wirklichkeit) und Unvollkommenheiten einbezieht, wenn er in erster Linie zu einem milden Lächeln über sich selbst wird.

Wer dagegen am ernsthaften Suchen von Gegensätze überwindenden Vernunfteinsichten scheitert, wem das Lachen im Halse stecken bleibt, weil er keinen Ausweg aus den Widersprüchlichkeiten des Lebens sieht, wird traurig, melancholisch oder gar depressiv. Er leidet an der Welt, ohne sie zu verachten und ohne sie ignorieren zu können oder zu wollen: „Der *Melancholiker* hat wohl das Bedürfnis für den tiefen Einklang, aber er hat nicht die geistige Kraft, ihn zu erfassen. Daher fehlt ihm auch der Sinn, um über Verkehrtheiten zu lachen. Was er ernstnehmen sollte, das fehlt ihm; daher nimmt er dasjenige ernst, was *nicht* als solches gelten kann."[2]

So lebt der herzhaft lachende Mensch im Spannungsfeld der Verführung zum oberflächlichen und leichtfertigen Überschweben oder zum überheblichen und kalten Aburteilen. Seine fortgesetzten, immer wieder aktualisierten Bemühungen zur Synthese, zur Überwindung der Gegensätze durch seine tätige Vernunft auf dem Wege zur individuellen Freiheit können entweder in tiefer Melancholie oder in feinem Humor – bis hin zu einem versöhnlich-verzeihenden Lebensernst als Ausdruck umfassender Lebensweisheit – enden.

Dr. Renatus Ziegler studierte Mathematik und Theoretische Physik an der ETH Zürich. Er arbeitete unter anderem an der Mathematisch-Astronomischen Sektion der Freien Hochschule für Geisteswissenschaft am Goetheanum, Dornach (Schweiz). Seit 2001 ist er wissenschaftlicher Mitarbeiter im Verein für Krebsforschung, Arlesheim (Schweiz) und seit 2011 Mitwirkender am Philosophicum in Basel.

Anmerkungen:

1. Steiner, Rudolf: Lachen und Weinen. Die Physiognomie des Göttlichen im Menschen. Nachschrift eines Vortrags in Berlin vom 27. April 1909. In: Steiner, Rudolf: Geisteswissenschaftliche Menschenkunde. 17. Vortrag. Rudolf Steiner Verlag, Dornach 2011, Seite 290
2. Steiner, Rudolf: Über das Komische und seinen Zusammenhang mit Kunst und Leben. In: Steiner, Rudolf: Kunst und Kunsterkenntnis. Grundlagen einer neuen Ästhetik. Rudolf Steiner Verlag, Dornach 1985, Seite 43 f., 47, 47
3. Steiner, Rudolf: Lachen und Weinen. Nachschrift eines Vortrags in Berlin vom 3. Februar 1909. In: Steiner, Rudolf: Metamorphosen des Seelenlebens. Pfade der Seelenerlebnisse. II. Teil. Rudolf Steiner Verlag, Dornach 2016, Seite 64

Literatur:

- Eppinger, Heinrich: Humor und Heiterkeit im Leben und Werk Rudolf Steiners. Mit einer Anekdoten-Sammlung. Verlag am Goetheanum, Dornach 2000
- Steiner, Rudolf: Goethe als Vater einer neuen Ästhetik (Autorreferat). In: Kunst und Kunsterkenntnis. Grundlagen einer neuen Ästhetik. Rudolf Steiner Verlag, Dornach 1985, Seite 13–36
- Steiner, Rudolf: Über das Komische und seinen Zusammenhang mit Kunst und Leben. In: Kunst und Kunsterkenntnis. Grundlagen einer neuen Ästhetik. Rudolf Steiner Verlag, Dornach 1985, Seite 37–47
- Vögele, Wolfgang: Sie Mensch von einem Menschen! Rudolf Steiner in Anekdoten. Futurum Verlag, Basel 2012

Stefan Artmann

Platzhalter des Neuen

Henri Bergsons Philosophie des Lachens

Zeige mir, worüber du lachst, und ich verrate dir, ob du meinesgleichen bist. Denn nichts verbindet uns so ungezwungen wie das gemeinsame Lachen: über die Ungeschicklichkeit des Gutmeinenden, dem unser Erfahrungshorizont fehlt; über die Ironie, deren Tiefe die Überlegenheit unserer Weltanschauung beweist; oder über den Starrsinn, der sich unserem Lebensgefühl widersetzt. Würde ich mit der Frau im Kinosessel neben mir, die regungslos der amüsantesten Komödie der Saison folgt, ein Gespräch über die tragischen Dinge des Lebens führen wollen? Eine Philosophie des Lachens muss die zwischenmenschliche Natur unserer Erfahrung des Komischen und ihren künstlerischen Ausdruck, aber auch den ethischen Zwiespalt analysieren, der sie beunruhigt, um zu verstehen, wie und weshalb wir komische Wirkungen erzielen können.

der blaue reiter

Paris 1900: Der Philosoph Henri Bergson wird Professor am Collège de France, der renommiertesten höheren Lehranstalt Frankreichs. Vor vier Jahren hat er in seiner Abhandlung *Materie und Gedächtnis* das Verhältnis zwischen Körper und Geist untersucht und veröffentlicht nun sein neues Buch, einen Essay über die Bedeutung des Komischen, unter dem Titel *Das Lachen*. Das mag so wirken, als ob ein berühmt gewordener Gelehrter damit begänne, sich speziellen Fragen seines Fachgebiets – der Philosophie der Psychologie – zuzuwenden, um Lücken in seinem Denksystem auszufüllen. Oder sich mit populären Themen zu beschäftigen, um seinen Ruhm in die breite Öffentlichkeit zu tragen.

Wohin jedoch Bergson auf 160 Druckseiten seine Leser hinzuführen versucht, ist die Anschauung ihrer je eigenen Individualität, die mit der alltäglichen Erfahrung komischer Szenen anhebt, im Lachen einen sozialen Kontrollmechanismus erkennt, die Komödie als Tor zur künstlerischen Gestaltung des Lebens würdigt und bis zur tragischen Spannung zwischen Freiheit und Konformismus führt. Bergson will nicht nur studieren, was es mit der Komik auf sich hat: Wer sich nach dem Schlussabsatz von *Das Lachen*, der die ethische Pointe des Werks in Form eines Gleichnisses erzählt, an eine zweite Lektüre des Essays macht und Bergsons Gedankengang erneut folgt, der fühlt sich ermutigt, den komischsten Gegenstand überhaupt in sich selbst zu vermuten.

Abbildung:
Human Cactus
Nezaket Ekici, 2012;
Fotoedition und
Videoperformance
Foto:
Nihad Nino Pusija

www.ekici-art.de

Das naive Lachen

Um in einer geselligen Runde allgemeine Heiterkeit hervorzurufen, genügt es oft, einige Stichworte fallen zu lassen, welche die Erinnerung an einen Sketch wecken, den jeder Fernsehzuschauer einer bestimmten Altersspanne kennt. Loriot, Wartezimmer, „das Bild hängt schief“: Wer jetzt schmunzelt, hat vermutlich schon als Kind zusammen mit seinen Eltern über den peniblen und ebenso unbeirrbaren wie ungeschickten namenlosen Beamten gelacht, dessen Amtsgewalt man sich ansonsten ausgeliefert fühlen mag. Loriots Sketch „Zimmerverwüstung“ ist im kollektiven Gedächtnis verankert, weil er das groteske Missverhältnis zwischen der Ordnungsliebe seines Protagonisten und ihrer unbeabsichtigten Wirkung: der zunehmenden Unordnung, wie eine Choreografie der Zerstörung in Szene setzt (siehe Erläuterung). Außerordentlich mitfühlend wäre ein Zuschauer, der diesen Beamten nicht lächerlich fände.

Wie müsste erst ein Mensch geartet sein, damit er über nichts mehr lachen könnte? Bergson führt uns ein humorloses, weil total soziales Monstrum vor: Es könnte nicht lachen, weil es eine grenzenlose Sympathie zu allen Menschen empfinden würde. Es wäre nichts als Mitgefühl; keine Distanz trennte es von seinen Mitmenschen. Damit der Andere auf mich komisch wirken kann, darf ich sein Ungeschick nicht zu intensiv nachempfinden. Dies meint Bergsons Bild von der „vorübergehenden Anästhesie des Herzens“[1], das schon auf den ersten Seiten von *Das Lachen* erscheint. Es weist auf eine wichtige seelische Voraussetzung des Lachens hin, verrät aber nicht die wesentliche Bedeutung des Komischen.

Distanziert sich die Lachende emotional vom lächerlichen Gegenstand, so fühlt sie sich zugleich den Menschen verbunden, die über denselben Gegenstand lachen: Sie ist in einer sozialen Gefühlslandschaft verortet, die mehr oder weniger intensive Sympathieströme konturieren. Doch welche Ursache verhindert es, dass man Loriots Beamten bemitleidet? Weil in ihm, so Bergsons berühmte Formel für die Herstellung komischer Effekte, „... etwas *Lebendiges von etwas Mechanischem überdeckt* wird“[1]. Lebendig ist alles, was sich auf eine unumkehrbare und unwiederholbare Weise ständig weiterentwickelt, mechanisch aber die Gewohnheit, die trotz gewandelter Umstände immer das Selbe zu verwirklichen trachtet. Die Raute, zu der sich die Daumen und Zeigefinger der Bundeskanzlerin wie zur Karikatur eines magischen Zeichens im Ritual der öffentlichen Zurschaustellung von Macht zusammenfügen, ist ebenso mechanisch wie die Ordnungsliebe des Beamten in Loriots Sketch, die sich nicht vom zunehmenden Chaos stören lässt, das sie hervorruft.

Wenn wir angesichts einer solchen Mechanisierung des Lebendigen gemeinsam lachen, dann stellen wir uns auf die Seite der unvorhergesehenen Entwicklungsmöglichkeiten unserer Existenz und bejahen unsere soziale Anpassungsfähigkeit an noch unbekannte Herausforderungen. Und wir ergreifen letztlich Partei gegen asoziale Automatismen, die einen Menschen so verhärten können, dass er sich nicht mehr um die Verhaltenserwartungen seiner Mitmenschen schert und die Geschmeidigkeit unseres Zusammenlebens gefährdet. Aus Sicht des Gemeinwohls hält das Lachen als „soziale Geste“[1] den Platz für neue Denk- und Verhaltensweisen frei, indem es den lächerlichen Menschen als starrsinnigen Egoisten kritisiert. Die Lachenden signalisieren, dass sie gemeinsam willens sind, sich zum Nutzen aller zu verändern.

Befreiend und offen lacht nur, wer auch über sich selbst lachen kann.

Die Überlagerung des Lebendigen durch das Mechanische

Wer lacht, der wendet sich gegen die Mechanisierung des Lebens. Doch tut er dies auf eine Weise, der selbst etwas Mechanisches anhaftet: Je intensiver ich etwas Komisches erlebe, desto stärker habe ich das Gefühl, dass mich das Lachen überfällt, meine Atmung und meine Mimik einer mir äußeren Rhythmik unterwirft, die endlos weitergehen könnte, wenn mir immer wieder andere komische Reize geboten würden. Sobald die Menschen um mich herum wie unter Zwang gleichzeitig anfangen zu lachen, dann lasse auch ich mich willenlos anstecken, und ich könnte mich, wie es treffend heißt, totlachen. Das Lachen ist „... ganz einfach die Auswirkung eines Mechanismus, den die Natur, oder was etwa auf dasselbe herauskommt, eine jahrelange Gewohnheit im Umgang mit der Gesellschaft in uns eingebaut haben“[1].

Bergsons Formel von der Überlagerung des Lebendigen durch das Mechanische charakterisiert den erfolgreichen Komiker als einen geschickten Mechaniker des Gefühls der Zuschauer. Sein Erfolgsrezept besteht darin, die Wiederholung des Selben und den Widerstand dagegen in Szene zu setzen, wie es fast schon zu deutlich Bill Murray in der Filmkomödie *Und täglich grüßt das Murmeltier* vorführt. Die bedeutendsten Komiker verkörpern Typen, die dank ihrer leicht wiedererkennbaren Kleidung, Ticks und Spleens lächerlich wirken, und versetzen sie als störende Elemente in immer komplexere Mechanisierungen des Lebens, welche die moderne Gesellschaft als durch und durch komische Form des Zusammenlebens vorführen: so Charlie Chaplins Tramp während des Siegeszugs der Fließbandproduktion und Jacques Tatis Monsieur Hulot in der verwalteten Welt der Nachkriegsmoderne. Damit ergreifen die Komiker Partei für die lächerlichen Eigenarten unangepasster Charaktere und gegen eine Gesellschaft, die ihre Anpassungsfähigkeit an das noch Unbekannte aufs Spiel setzt, indem sie sich zu sehr darauf konzentriert, akzeptierte Denk- und Verhaltensweisen durch Mechanisierung zu optimieren. Das Lachen hält den Platz frei für die unvorhersehbaren Entwicklungsmöglichkeiten des Lebendigen, von denen jetzt aber eine verschrobene Gestalt vor dem Hintergrund des sozialen Konformismus eine paradoxe Ahnung vermitteln kann, weil ihre automatisierten Marotten immerhin von ihrer Umgebung abweichen. Der lächerliche Mensch ist nicht mehr der Gegenstand sozialer Kritik, sondern sein störrischer Charakter ist das Kontrastmittel, dank dessen die Lachenden ihre eigene Mechanisierung erkennen können.

Der Ursprung des Tragischen

Von der „soziale(n) Züchtigung“[1] des lächerlichen Menschen zur Selbsterkenntnis der Lachenden: Das ist die Umkehr, die bei Bergson mit der psychologischen Analyse des Lachens beginnt, über die Ästhetik der Komödie führt und am Ursprung des Dramas endet. Sie wird angetrieben von zunehmender Individualisierung.

Die unwiderstehlichste Komik geht, sei es im Alltag, sei es in der Komödie, von Menschen aus, die sich auf einzelne Wesenszüge reduzieren und bestimmte Charaktere rein verkörpern. So gibt der französische Komiker Louis de Funès, unabhängig davon, ob er einen Polizisten oder einen Restaurantkritiker spielt, den Choleriker, der sich von den eigenen Machinationen provozieren und von seiner verzweifelten Wut zur Explosion bringen lässt. Die lächerlichen Menschen sind Musterfälle von etwas: dem Geiz, der Hypochondrie, der Naivität – und, wie Bergson betont, insbesondere der Eitelkeit, dem komischsten aller Charakterzüge. Denn der eitle Mensch bewundert sich selbst in seinem tatsächlichen Sosein und verstärkt all seine zufälligen Charakterzüge, an denen er unbedingt festhalten will, weil sie seine eigenen sind.

Die Kunst strebt an, das Individuum jenseits der Verallgemeinerungsbedürfnisse zu repräsentieren, denen wir unterliegen, weil wir handeln, um zu überleben und um gut zu leben. Wir ordnen die Gegenstände unserer Wahrnehmung und unseres Denkens nach ihren Auswirkungen auf uns – insbesondere ihrer Nützlichkeit für uns – und verstehen sie vereinfachend als Exemplare von allgemeinen Kategorien. Anlässlich des Beamten in Loriots Sketch lachen wir über den Typus des Staatsdieners und üben uns gemeinsam in die soziale Verhaltenserwartung ein, dass wir die Liebe zur Geometrie im Alltag nicht allzu weit treiben – denn kaum einer will in einer Beamtenwelt steriler Regelkonformität leben. Lachend vollziehen wir eine Geste, die den lächerlichen Menschen kategorisiert und uns selbst in Übereinstimmung mit den anderen Lachenden bringt. Der Künstler und sein Zuschauer müssen über die komödiantische Haltung hinausgehen, wenn sie bestrebt sind, das Individuum in seiner Einzigartigkeit wiederzugewinnen. Die Komödie ist nur „ein Mitteldding zwischen Kunst und Leben"[1] oder, zielgerichteter formuliert, der Platzhalter, der den Sitz der Kunst im Leben für diejenigen zu erkennen gibt, die sich auf eine nicht-mechanische Weise von der Mechanisierung des Lebendigen distanzieren wollen.

Die Forderung der dramatischen Kunst besteht darin, sich von der komödiantischen Faszination durch das Marionettenhafte an und in uns loszureißen, dessen ästhetische Überhöhung uns bestenfalls den possierlichen Holzschnitt eines Individuums präsentieren kann. Zum Dramatiker wird der Komödiendichter nur dann, wenn er – wiewohl auch er verfestigte Charakterzüge besitzt – den Sinn für die Menschen, zu denen er hätte werden können, nicht verloren hat und diese Möglichkeiten seines Daseins bis in die extremen Handlungen verfolgt, die mit ihnen vielleicht verbunden gewesen wären. So wie der Philosoph sich zum Forum macht, in dem alle denkbaren Ideen vorgetragen werden, damit er in sich den Streit um die Wahrheit austrägt, vollzieht der Dichter nach, wie eine Seele allmählich von starken Gefühlen durchdrungen wird, bis sie sich schließlich in bewussten Handlungen ausdrückt: „Das Drama gibt der Natur eine Chance, sich an der Gesellschaft zu rächen ... Es will uns einen verborgenen Teil unserer Persönlichkeit zum Bewusstsein bringen, etwas, das man das tragische Element des Menschen nennen könnte. Das spüren wir, wenn wir ein gutes Drama gesehen haben. Was man uns über andere erzählt hat, interessiert uns weniger als das, was wir in diesem Drama über uns selbst erfahren haben – eine einzige wirre Welt von undeutlich wahrgenommenen Dingen, so wie wir hätten sein wollen und, zum Glück für uns, nicht gewesen sind."[1]

„Tragisch" nennt Bergson das Element der Persönlichkeit, welches das Drama enthüllt, weil es keine absolut begründbare Entscheidung für die soziale Norm oder für die seelische Wildnis gibt, die wir von einem Gesichtspunkt sowohl über der Natur als auch jenseits der Gesellschaft treffen könnten. Wir müssen abwägen: zwischen unserer gesellschaftlichen Position (von der aus wir uns einigermaßen glücklich schätzen, dass wir diejenigen wurden, die wir sind) und der Ahnung unserer Natur (die uns zu anderen Menschen hätte werden lassen können, so dass vielleicht einige unserer frühesten Wünsche hätten in Erfüllung gehen können). In dieser Abwägung gegenüber uns selbst ehrlich (und nicht eitel) zu sein, besteht das Bestreben, welches ein überzeugendes Drama dank seiner Darstellung eines einmaligen Schicksals in uns auslöst.

Zimmerverwüstung (Sketch von Loriot, 1976)
Die Szene: ein großbürgerlicher Salon Mitte der 1970er-Jahre, hell und licht. Ein Dienstmädchen, gespielt von Evelyn Hamann, bittet einen Beamten (Loriot), für einen Moment Platz zu nehmen, und geht ab. Kurz danach tritt sie wieder ein, um ihn um ein wenig Geduld zu bitten. Nachdem sie noch das Radio angestellt (Musik: ein weichgespülter Bolero) und den Salon verlassen hat, lässt der Beamte seinen Blick im Zimmer schweifen und entdeckt ein abstraktes Bild, das schief hängt und die Symmetrie der Wandgestaltung bricht.
Er will es gerade richten und stößt dabei das daneben hängende größere Bild an, das dadurch aus seinem Rahmen rutscht. Der Beamte versucht, sein Missgeschick zu korrigieren, und löst eine Kettenreaktion aus, die durch seine Versuche, die ursprüngliche Ordnung wiederherzustellen, in Gang gehalten wird: Ein Tisch mit Fotografien wird umgerissen, ein Regal mit Tellern kippt um, der Beamte wird unter einem Sessel und Gardinen begraben – bis das Dienstmädchen wieder den Raum betritt und der Beamte die Situation mit den Worten beschreibt: „Das Bild hängt schief."

Bergson in der amerikanischen Provinz

Es ist eine reizvolle Aufgabe, nach einer künstlerischen Illustration des Übergangs von der Komödie zur Tragödie zu suchen, wie Bergson ihn versteht. Komödien können, so komplex sie auch gebaut sein mögen, auf Grund ihrer letztlich mechanischen Verfahrensweise allgemeine Ideen und klar gezeichnete Charaktere veranschaulichen. Aber eine reine Tragödie würde nichts illustrieren, sondern bestenfalls *ein* Leben in ästhetischer Konzentration vorspielen. Wenn eine Tragödie etwas verbildlicht, dann allein die Tatsache, noch lächerliche Aspekte zu besitzen.

Gibt es Kunstwerke, die den Prozess des Übergangs von der Komödie zur Tragödie illustrieren – deren Betrachtern, Zuhörern, Zuschauern oder Lesern gewissermaßen das Lachen vergehen soll? Die Nähe von *Winesburg, Ohio*, einer Sammlung von Kurzgeschichten des amerikanischen Schriftstellers Sherwood Anderson aus dem Jahre 1919, zu Bergsons Philosophie des Lachens ist unter Kritikern und Literaturwissenschaftlern kein Geheimnis. Sie zeigt sich bereits in der ersten Geschichte, *Das Buch des Grotesken*, in der von einem alten Schriftsteller erzählt wird, der ein Buch eben dieses Titels schreibt, um die folgende Idee zu veranschaulichen: „Seiner Vorstellung nach wurde einer in dem Augenblick, in dem er eine der Wahrheiten für sich in Anspruch nahm, sie seine Wahrheit nannte und versuchte, danach zu leben, grotesk und die Wahrheit, die er sich zu eigen gemacht hatte, wurde unwahr."[2] Diese Theorie der Groteske übersetzt die Bergsonsche Formel vom Wesen der Komik als Überlagerung des Lebendigen durch das Mechanische in die Begrifflichkeit der Wahrheit und Unwahrheit. Die Kurzgeschichten aus *Winesburg, Ohio* lassen denn auch zahlreiche Kleinstadtbewohner auftreten, die in diesem Sinne groteske Komik verbreiten – zu allererst den alten Schriftsteller selbst, dessen Buch des Grotesken nur in dem Maße komisch wirken wird, als es seiner Wahrheit folgt und alle Phänomene des Lebens unter sie einzuordnen versucht.

Was bei der Lektüre von Andersons Sammlung viel intensiver an Bergsons Philosophie erinnert als die Theorie des Grotesken, die der alte Schriftsteller aufstellt, ist die Entwicklungsgeschichte des jungen Reporters George Willard, der sich im Verlauf der Geschichten die Charaktere seiner Mitbürger anverwandelt. In der letzten Geschichte verlässt er Winesburg, um in der Großstadt Schriftsteller zu werden. Er will seine Verbundenheit und Distanz zu den ehemaligen Mitbürgern im Geiste der Ehrerbietung schildern. Sie alle sind vereint in dem Streben, sich zu Individuen zu machen, die nicht verlacht, sondern in ihrer Einzigartigkeit von den anderen anerkannt werden. George Willard erlebt die Missverständnisse und die Lächerlichkeit, die ein solches Streben mit sich bringt. Aber in dem Maße, in dem er Dichter wird und die anderen dies spüren, erkennt der junge Journalist diese Lächerlichkeit als soziale Erscheinungsform der notwendigen Einsamkeit, die von allen Individuen auf ihre je eigene Weise geteilt wird. Dadurch erkennt George Willard, dass diese Einsamkeit das Medium ist – wie es am Ende der vorletzten Geschichte *Erfahrenheit* heißt –, „was Männern und Frauen das reife Leben in der modernen Welt ermöglicht“[2].

Eine Dosis Bitterkeit

Mit einem Gleichnis endet – von einem später hinzugefügten Nachwort abgesehen – Bergsons *Das Lachen*: „So kämpfen auch die vom Wind gepeitschten Wasser ohne Unterlaß an der Oberfläche des Meeres, während in den unteren Schichten tiefer Friede herrscht. Die Wellen prallen aufeinander, behindern sich gegenseitig, suchen ihr Gleichgewicht. Leichte, weiße, lustige Schaumkronen begleiten ihren Tanz. Einige bleiben am Strand liegen, wenn die Flut zurückweicht. Das Kind, das in der Nähe spielt, kommt und schöpft sie mit der Hand und wundert sich, daß gleich darauf nur noch ein paar Wassertropfen durch seine Finger rinnen, viel salziger, viel bitterer als das Wasser der Welle, die den Schaum an den Strand trug. Das Lachen ist wie dieser Schaum. Es zeigt den Aufruhr an der Oberfläche des sozialen Lebens an. Es zeichnet die beweglichen Umrisse dieser Erschütterungen augenblicklich nach. Es ist auch salzhaltig. Und es prickelt wie Schaum. Es ist etwas Leichtes, Fröhliches. Der Philosoph, der es einfängt, um davon zu kosten, wird im übrigen noch in der geringsten Menge bisweilen eine Dosis Bitterkeit entdecken.“[1]

Diesem Gleichnis liegt eine Reihe von Gleichsetzungen zugrunde: das Meer – die Gesellschaft; der Wind – die Kräfte, welche die Gesellschaft verändern wollen; die Wellen – einander widerstrebende Verhaltensweisen; die Schaumkronen – die einzelnen Akte des Lachens als Versuche, soziale Kontrolle auszuüben; der Strand – die nachträgliche Analyse des Lachens; das Kind – der Philosoph; der überraschend salzig-bittere Geschmack des Schaums – die „Dosis Bitterkeit“, welche die Analyse des Lachens entdeckt. Doch worin besteht diese Bitterkeit genau?

Bergson spricht, bevor er das Gleichnis erzählt, vom Egoismus des Lachenden, der sich dem lächerlichen Menschen gegenüberstellt, um dessen Verhaltensweise mit einer Geste als asozial abzutun und sein eigenes Verhalten als Maß des gesellschaftlich Gebotenen zu behaupten. Und wir würden bei näherer Betrachtung „... hinter dem Egoismus etwas noch weniger Offenes, noch Bittereres, eine Art von aufkeimendem Pessimismus (entdecken), der sich um so stärker äußert, je bewußter der Lachende sein Gelächter begründet“[1]. Das Lachen überhaupt durch die Aufklärung seiner Herstellungsweise und Funktion bewusst zu begründen, ist die Aufgabe der Philosophie des Lachens. Der Philosoph, der sich ihr widmet, ist derjenige Lachende, der dem Pessimismus im Innersten des Lachens am stärksten Ausdruck verleiht. Worauf aber bezieht sich sein Pessimismus?

Lächerlichkeit ist eine soziale Erscheinungsform.

Verliert der Philosoph seinen Glauben an die Verbesserungsfähigkeit der Gesellschaft, weil er erkennt, dass kein Lachen den Starrsinn der lächerlichen Menschen jemals überwältigen wird? Dann wäre das Lachen selbst eine starrsinnige Verhaltensweise. Oder ist sich der Philosoph bewusst, dass jeder, der in einer bestimmten Situation gemeinsam mit anderen lacht, immer schon möglicher Gegenstand des Lachens ist, insofern er seine Individualität in Form irgendeiner Gewohnheit gegen den Widerstand der Mitmenschen auslebt? Dann wäre das Lachen ein Ausgleich für die unangenehmen Konsequenzen des eigenen Starrsinns. Beide Male richtet sich der Pessimismus darauf, dass der Einzelne auf seiner Individualität beharrt: Groteske Menschen werden nicht aussterben – ich bin ja selbst einer – und deshalb wird es immer ihrer sozialen Disziplinierung bedürfen – sie wird sich auch gegen mich richten, was ich akzeptieren kann, weil ich es den anderen mit meinem Lachen heimzahle. Was wäre also ein bergsonianisches Lachen, das diesen Pessimismus nicht verleugnete? Es wäre ein Lachen, das zugleich über seine eigene Lächerlichkeit lachte. So nähme sich der Lachende selbst als den komischsten Gegenstand überhaupt wahr.

Stefan Artmann ist Leiter des Präsidialbüros der Nationalen Akademie der Wissenschaften Leopoldina in Halle/Saale und Privatdozent für Philosophie an der Friedrich-Schiller-Universität Jena.

Anmerkungen:

1. Bergson, Henri: Das Lachen. Meiner Verlag, Hamburg 2011 (nach dieser Ausgabe wird zitiert), Seite 15, 35, 67, 135, 98, 119, 113, 136, 136
2. Anderson, Sherwood: Winesburg, Ohio. btb Verlag, München 2015, Seite 13, 281

Martin Hose

Wenn Götter und Menschen lachen

Über das Lachen und seine Risiken

In der griechischen Kultur der Antike wurde das Lachen als menschlichste aller Ausdrucksformen in ihrer faszinierenden Vielschichtigkeit wie auch Gefährlichkeit erkannt. Lachen erscheint dort nicht nur als Ausdruck von ausgelassener Fröhlichkeit: Es kann als unerbittlich todbringende Waffe ebenso eingesetzt werden, wie es Konflikte zu befrieden und eine Gemeinschaft zu stiften vermag. In den Überlieferungen ist die Rede vom unauslöschlichen Gelächter der Götter, das deren Gemeinschaft versöhnte, wie auch vom Selbstmord eines Helden aus Angst vor dem spottenden Gelächter seiner Gegner angesichts seines Versagens.

Es ist eine der berühmten Formulierungen des Aristoteles: dass der Mensch als einziges der Lebewesen lache (*De partibus animalium* 673 a 9). Sicher ist es kein Zufall, dass diese Definition des Menschen als *homo ridens* (lateinisch für „lachender Mensch") gerade in der griechischen Kultur der Antike entwickelt wurde. Denn in einer Geschichte des Lachens (die trotz aller Vorarbeiten, etwa von Bachtin und anderen, noch zu schreiben ist) würde die griechische Kultur unter allen vormodernen Gesellschaften wohl den wichtigsten Platz einnehmen.[1] Und dies nicht allein aufgrund der verhältnismäßig „dichten" Überlieferung durch Texte und materielle Zeugnisse aus der griechischen Welt. Vielmehr vermittelt diese Überlieferung eine vielschichtige Darstellung und reflektierte Erörterung des Phänomens Lachen. Sichtbar wird in der griechischen Literatur, dass den Griechen nicht nur die indivualpsychologische Bedeutung des Lachens, sondern auch dessen soziale Dimensionen bewusst waren. Sie versuchten sich zudem des Phänomens durch medizinische wie philosophische Forschungen zu vergewissern, und insbesondere erprobten sie das Vermögen des Menschen, Lachen zu erzeugen[2], in einer fast systematisch zu nennenden Weise. Zwar wurde in der griechischen Kultur nicht das Lachen „entdeckt", doch wurde diese menschliche – oder nach Aristoteles sogar: menschlichste – Äußerungs- und Ausdrucksform gerade in ihrer faszinierenden Vielschichtigkeit wie auch Gefährlichkeit erkannt.

Wenn Götter lachen

„Der aber begann, den anderen Göttern rechtshin allen / Den süßen Nektar auszuschenken, aus dem Mischkrug schöpfend. / Und unauslöschliches Gelächter erhob sich unter den seligen Göttern, / Als sie sahen, wie Hephaistos durch das Haus hin keuchte."

Es ist die erste Szene, in welcher in der europäischen Literatur das Lachen dargestellt wird. Ihr Kontext ist, in der Perspektive des 21. Jahrhunderts, wenig erheiternd: Gelacht wird über einen Krüppel, der sich selbst zum Gespött macht, um seiner Mutter Hera beizustehen, die von ihrem Mann Zeus verprügelt zu werden droht. Dass alle hieran Beteiligten Götter sind und den Olymp bewohnen, verleiht dem Text eine eigentümliche Note; es ist die *Ilias* (hier Buch 1, Vers 597–600, Übersetzung W. Schadewaldt), *das* griechische Heldenepos schlechthin und einer der Schlüsseltexte der abendländischen Literatur.

Gleichwohl wird in diesen Versen bereits Wesentliches über die Funktionen des Lachens in der griechischen Kultur deutlich. Zunächst: Lachen ist ein „Gemeinschaftsereignis" – die Götter, die hier an einem Symposion (altgriechisch für „Festmahl") auf dem Olymp versammelt sind, brechen gemeinsam in ein „unauslöschliches Gelächter" aus. Ferner: Das Lachen wird durch eine Inkongruenz erregt. So erscheint es als zum Lachen reizendes Paradox, dass der grobschlächtige und gehbehinderte Hephaistos, der als Schmied zu denken ist, unter Schnaufen formvollendet (nämlich „rechtshin", das heißt sowohl von der glückverheißenden Seite wie auch der Ausschenk-Ordnung im Symposion entsprechend[3]) die eleganten und feinen Bewegungen eines Mundschenks imitiert. Und schließlich: Das Lachen stiftet in einer Situation, die in einen Streit zwischen den Göttern zu führen droht, einen Ausgleich: Eine „Lachgemeinschaft" entsteht, ohne dass die Götter etwas dagegen unternehmen könnten; mit dem Adjektiv „unauslöschlich", das in eigentlicher Bedeutung auf die Gewalt eines Feuers oder Brandes weist, wird dem Gelächter eine unwiderstehliche Kraft zugeschrieben, die selbst Götter überwältigen kann.

Die *Odyssee* wiederholt das Motiv der lachenden Götter: Auch hier ist der Kontext zunächst vordergründig nicht komisch. Denn der Sänger Demodokos trägt während Odysseus' Aufenthalt bei den Phäaken ein Lied vor, das vom Ehebruch handelt, den Aphrodite mit Ares begeht und der den Betrug an ihrem behinderten Ehemann Hephaistos bedeutet (Buch 8, Vers 266–366). Hephaistos kann jedoch mit großer Kunstfertigkeit einen Mechanismus herstellen, der Aphrodite und Ares mit einer Art von Netz auf seinem Ehebett unlösbar fesselt und damit „in flagranti" festhält. Er ruft darauf die Götter als Zeugen für das Unrecht, das ihm angetan wurde, herbei: „Vater Zeus und ihr anderen ewigen, seligen Götter, / Kommt doch hierher! Da seht ihr ein Werk nicht zum Loben und Lachen!" (Vers 306/7, Übersetzung A. Weiher)

Ein solches Zur-Schau-Stellen des Unrechts zielt in der griechischen Kultur prinzipiell darauf, dass die Täter aus der Gemeinschaft ausgegrenzt und bestraft werden können; zugleich ist damit die Ehre, altgriechisch *timé*, des Geschädigten wiederhergestellt. Auf Hephaistos' „Zetergeschrei" stellen sich – sozial konsequent – daher auch die Götter als Zeugen der Untat ein (die Göttinnen bleiben „schamvoll" fern, Vers 323). Doch statt Ächtung und Verfehmung der Ehebrecher folgt: „Lachen, es war nicht zu löschen, entstand bei den seligen Göttern, / Jetzt wo die Künste sie sahen des auf vieles bedachten Hephaistos."

Auch hier steht wieder der Kontrast als Auslöser des Lachens im Zentrum, der Gegensatz zwischen den schönen und eleganten Gottheiten Aphrodite und Ares auf der einen Seite und ihrer Hilflosigkeit auf der anderen Seite, welche die Kunst des verkrüppelten Schmiedegottes bewirkt hat. Doch das Lachen geht noch weiter, als Apollon und Hermes als Zeugen dieser Meisterschaft bekennen, sie wären gern an der Stelle des Ares (Vers 335–42).

Wie in der *Ilias* führt auch in der *Odyssee* das Gelächter der Götter zu einem Ausgleich: Hephaistos ist schließlich bereit, Ares und Aphrodite freizulassen, als ihm Poseidon gebührende Buße anbietet.

Anders als das Lachen der Götter „funktioniert" im homerischen Epos das Lachen der Menschen: Es ist herabsetzend und demütigend. Als vor Troja der hässliche Thersites zum Aufstand gegen die griechischen Fürsten und den Krieg aufrufen will, schmäht und misshandelt ihn Odysseus. Die Meuterei ist damit abgewendet: Man lacht über den geprügelten Aufrührer (*Ilias* Buch 2, Vers 270). In der *Odyssee* wird der in Gestalt eines Bettlers nach Ithaka heimgekehrte Titelheld wiederholt von den Freiern „verlacht", die ihren Spott mit dem scheinbar leichten Opfer treiben, während sie den Besitz des abwesenden Odysseus schädigen. Hier sorgt freilich das verhöhnende Lachen für deren Untergang: „Nicht aber wollte Athene, daß sich die trotzigen Freier / Gänzlich kränkenden Spottes enthielten; es sollte noch tiefer / Leid in das Herz des Sohnes des Laertes, Odysseus sich senken." (Buch 20, Vers 284–6) Das letzte Lachen der Freier antizipiert bereits ihr Ende: „... Pallas Athene indessen / Reizte die Freier zu unauslöschlichem Lachen. Ihr Denken / Ging in die Irre. Sie lachten bereits mit fremden Gesichtern. / Blutig wurde das Fleisch, das sie aßen, es füllten die Augen / Voll sich mit Tränen: es sah ihr Gemüt schon den kommenden Jammer." (Buch 20, Vers 345–9)

Das „homerische Gelächter" steht also nicht für sich, es zeigt nicht, wie wohl Mensch oder Gott sein können: Vielmehr markiert es einen Unterschied zwischen Menschen- und Götterwelt. In der einen verschärft das Lachen Differenzen; es scheint unauflöslich mit Hohn und Spott als Produktionsmitteln verbunden, es grenzt aus und dient als Waffe, Überlegenheit herzustellen. In der anderen bildet es Gemeinschaft und versöhnt; das Lachen der Götter – die von Homer mit dem Epitheton (schmückendes Beiwort) „leicht lebend" versehen sind – nähert sich einer sozialen Utopie an. In der *Ilias* wird ein Gegenbild zur Menschenwelt und ihrem Streit und Groll entworfen, der „unzählige Leiden über die Griechen bringt" (*Ilias*, Buch 1, Vers 2).

Aphorismenschneise • Aphorismens

**Neid ist ein schweigsamer Geselle.
Er ist ganz mit sich selbst beschäftigt.**

**Wer nichts zu sagen hat, schweigt
in den seltensten Fällen.**

**Man kann misanthropische Menschen
durchaus verstehen – es ist ja schon
schwer genug, sich selbst zu ertragen.**

**Einzig die Skepsis vermag den Glauben
vor Überhitzung zu bewahren.**

**Die Todesnähe ist das Gewürz
in den Speisen des Lebens.**

Thomas Berger

Abbildung:
Das homerische Gelächter
Lovis Corinth, 1909;
Öl auf Holz,
98 x 120 cm

Sophistik
Eine von professionellen Redelehrern getragene intellektuelle Bewegung im Griechenland des späteren 5. Jahrhunderts v. Chr., deren Lehrziel, der Erfolg vor Gericht und der demokratischen Polis durch Schulung in Logik und Rhetorik (unter anderem mit dem Ziel, „die schwächere Rede zur stärkeren zu machen"), als Bedrohung von Tradition und Ordnung angesehen wurde.

Ausgelacht

Im Lachen der Freier zeigt die *Odyssee* eine der größten sozialen Waffen der griechischen Kultur: das Ausgelacht-Werden durch den Feind, das die denkbar schlimmste Erniedrigung einer heroischen Existenz darstellt, so dass es zu den Tugenden des „vielduldenden Odysseus" gehört, selbst dies zu ertragen.

Wieder andere Texte stellen die furchtbare Wirkung dieses Lachens heraus: In Sophokles' Tragödie *Aias* steht die verletzte Ehre des Titelhelden im Zentrum. Denn diesem wurden, als der Held Achilleus vor Troja gefallen war, dessen Waffen von den griechischen Fürsten nicht als Auszeichnung für seine Tapferkeit zuerkannt. Statt seiner hat sie Odysseus erhalten. Um sich für diese Kränkung zu rächen, will Aias die Griechen nachts im Schlaf niedermetzeln. Doch die Göttin Athene verhindert dies, indem sie ihn in Wahn versetzt, so dass er statt der Griechen nur die Rinderherden des Heeres überfällt und anschließend in sein Zelt zurückkehrt. Das Stück selbst beginnt mit der Spurensuche des Odysseus, der das grausige Geschehen um die Herden aufklären soll und an Aias' Zelt gelangt. Hier begegnet ihm Athene, die ihn über dessen Zustand aufklärt und ihm den wahnumnebelten Gegner vorführen will, was Odysseus zurückschrecken lässt. Athene ermuntert ihn mit den Worten: „Lacht nicht am glücklichsten, wer über Feinde lacht?" (Vers 79) Doch Odysseus bleibt reserviert; er sieht in Aias weniger den Feind als vielmehr einen Spiegel der *condicio humana* (Vers 124), der grundsätzlichen Schwäche des Menschen.

Doch hierin unterscheidet sich Odysseus von den anderen Akteuren dieser Tragödie; sie „funktionieren" nach den sozialen Spielregeln der archaischen griechischen Kultur.[4] So quält Aias die Vorstellung, gerade sein vermeintlicher Erzfeind Odysseus würde ihn verlachen: „... Laertes' Gezücht, / der Heimtücke Hort, du Auswurf des Heeres, / in lautes Lachen brichst du nun vor Freuden aus." (Vers 380-2, Übersetzung W. Willige) Nur ein einziger, aus seiner Sicht ehrenvoller Ausweg bleibt Aias: der Selbstmord. Auch wenn Odysseus, wie gezeigt, nicht lacht – allein die Erwartung, er würde dies tun, führt also in dieser Tragödie in die Katastrophe.[5]

Ähnliches findet sich in Euripides' *Medea*. Hier will sich die Titelheldin an ihrem Mann Jason rächen, der sie eidbrüchig zugunsten einer besseren Partie verlassen hat. Sie will ihn dadurch treffen, dass sie nicht nur die neue Braut, sondern auch ihre gemeinsamen Söhne tötet, um ihn damit sozial zu vernichten. Als der Mord an der Braut ins Werk gesetzt ist – Medea hat, unter Nutzung ihrer Zauberkünste, ihre Söhne dafür instrumentalisiert, deren künftiger Stiefmutter ein vergiftetes Geschenk zu übergeben – wird Medea unsicher, ob sie in ihrem Racheplan fortfahren und nun auch die eigenen Kinder umbringen soll. Ein großer Monolog zeigt Medeas Zweifel (Vers 1021–80). Doch als sie gerade an dem Punkt ist, ihre Pläne aufzugeben und mit den Söhnen zu fliehen, tritt ihr ein Gedanke in den Weg: „Wohin trieb ich? Will ich mir das Lachen der Feinde zuziehen, / indem ich die Meinen straflos lasse?" (Vers 1049/50)

Abbildung:
Mosaik
Komödienmaske (Alter Sklave); Villa in Centocelle (Rom, Italien); 2. Jahrhundert

So siegt in Medea schließlich das aristokratische Ehrgefühl (das die Kränkung durch das Lachen der Feinde nicht erträgt) über die Mutterliebe: Sie mordet die eigenen Kinder.[6]

Spottgedichte

Das Lachen – so diagnostiziert Aristoteles – gehört zum Wesen des Menschen, es unterscheidet ihn von anderen Lebewesen. Zugleich, dies zeigt die griechische Tragödie besonders deutlich, kann das Lachen zu einer geradezu tödlichen Waffe zwischen Menschen werden. Die griechische Kultur hat sich bemüht, Wege zu finden, um mit diesem „Risiko-Potenzial", das dem Lachen innewohnt, umgehen zu können. Diese Wege lassen sich mit den beiden Stichworten „Institutionalisierung" und „Fiktionalisierung" charakterisieren.

Lachen zu institutionalisieren bedeutet, ihm einen äußeren Rahmen und Regeln zu geben, zugleich auch, durch den Puffer, den eine Institution zwischen den Menschen schafft, seine Wirkung zu kanalisieren. In der griechischen Literatur nimmt der Iambos (oder die Jambik) eine besondere Stellung ein: Es ist – soweit aus den Fragmenten insbesondere der Dichter Archilochos, Semonides und Hipponax (sie gehörten in das 7. und 6. Jahrhundert v. Chr.) erkennbar – eine Dichtungsform, die mit Spott und Hohn aggressiv-verletzend auftritt. Diese Dichtungsform hat wahrscheinlich eine ihre Wurzeln in Darbietungen im Dionysos- und Demeter-Kult, in denen das Publikum mit Verspottung und Tabubrüchen (oft sexueller Art) zum Lachen gereizt wurde. Man pflegt diese dezidiert verletzend-obszönen Redeweisen als „Aischrologie" („Hässlich-Rede") zu bezeichnen. Menschliche Verhaltensweisen und Normen der Gesellschaft konnten hierbei dem Spott ausgesetzt werden. Die damit verbundene, temporär begrenzte (und quasi karnevaleske) Infragestellung von „Gültigkeiten" in der Gesellschaft diente offenbar dem Zweck, mit diesen Gültigkeiten weiterleben zu können und zugleich das Lachen als kanalisierendes Instrument zu nutzen. Einen Eindruck von der Lachen produzierenden Leistungsfähigkeit der Aischrologie gibt ein Fragment des Semonides, der sogenannte „Weiber-Jambus" (Fragment 7 West), in dem unterschiedliche Verhaltenstypen von Frauen mit Tieren verglichen werden: dem Schwein, dem Fuchs, der Hündin, dem Esel etc. Einzig der Bienen-Typ findet hierbei Billigung: „Ganz unterschiedlich schuf der Gott den Sinn der Frau / Am Anfang: Eine nach der Art des Borstenschweins. / Der liegt im Hause alles schmutzdurchtränkt herum, / Unordentlich, und fliegt am Boden hin und her. / Sie selbst sitzt ungewaschen und in schmutz'gem Zeug / In ihrem Abfallhaufen ..." (Fragment 7, 1–6, Übersetzung J. Latacz)

Man kann vermuten, dass der „Weiber-Jambus" in einer Tradition steht, in der sich die Geschlechter bei kultischen Feiern gegenseitig verspotteten, es also auch gegen den Mann gerichtete Aischrologie gegeben hat, die bei Frauen vorbehaltenen Festen vorgetragen wurde.[7] Erschließbar ist, dass hierbei jeweils klar konturierte „Lachgemeinschaften" (das heißt die Männer oder Frauen der Kultgemeinschaft) entstanden, die „Objekte" des Lachens jedoch so abstrakt gefasst waren, dass *Individuen* durch das Lachen nicht wirklich verletzt wurden.

In gemäßigterer Form findet sich das Lachen auch im aristokratischen Symposion institutionalisiert, in der Zusammenkunft vornehmer Griechen, die – wie etwa Platons gleichnamige Schrift zeigt – im Gespräch beim Wein ihre Bildung und ihren Geschmack unter Beweis zu stellen hatten. Hier konnte der witzige Spott über Anwesende, etwa indem man sie wiederum mit Tieren verglich[8], zum „Programm" des Abends gehören, hier konnten – wie etwa Xenophons *Symposion* zeigt – sogar professionelle „Gelotopoioi" eingeladen werden (von altgriechisch *gelos* für „Lachen": „Lachen- beziehungsweise Spaßmacher"[9]). Das Symposion zeigt durch seine festen Regeln, die dem Spott und damit dem durch Spott erzeugten Lachen auferlegt waren, die „Bändigung des Lachens" durch Institutionalisierung besonders deutlich.

Von der Jambik führt eine (nicht genau rekonstruierbare, aber auch von Aristoteles[10] nahegelegte) Genealogie zur Komödie. Der institutionelle Rahmen für die Komödie im 5. Jahrhundert ließ, näher besehen, ein recht deutliches System von Lizenzen und Tabus für das Lachen entstehen: So ist erkennbar, dass einerseits soziales oder politisches Fehlverhalten von Individuen offen benannt werden konnte (mit namentlicher Verspottung: *onomastí komodeín*) und kulturelle Fehlentwicklungen wie die Sophistik (am allerdings verfehlten Beispiel Sokrates in Aristophanes' *Wolken*) oder die „neue Musik" (am Beispiel des Euripides in Aristophanes' *Fröschen*) mit ebenso witzigem wie beißendem Spott überzogen wurden (siehe Erläuterung). Andererseits aber blieben bestimmte Grundwerte der Gemeinschaft und der Familie ein Tabu, so dass am Ende des 4. Jahrhunderts in Menanders Komödien sogar eine Art sozialer Grammatik des Lachens erkennbar ist, welche deren Rezeption im traditionsstrengeren Rom erleichterte.[11] Pointiert kann man behaupten, dass in der Komödie die äußere Institutionalisierung des Lachens in eine innere überführt wurde.

Ausgelacht-Werden ist die größte soziale Waffe.

Die Fiktionalisierung als Strategie, das Lachen zu bewältigen, zeigt sich in zwei Bereichen. Zum einen begrenzt die Jambik den „sozialen Gewinn", den der Spottende aus seinem Lach-Triumph über sein Objekt (oder Opfer) ziehen könnte, indem sie den Spottenden in die Rolle eines sozialen Außenseiters versetzt: Das „Ich" in den Fragmenten des Archilochos ist als „Bastard" ohne volle gesellschaftliche Anerkennung, als Söldner gezeichnet, das „Ich" bei Hipponax gar als „Bettelpoet". Diese Außenseiterrolle[12] ermöglicht nicht nur eine distanzierte Sicht auf den kulturell-sozialen „main-stream", der zum Gegenstand des Spottes wird. Sie verhindert oder reduziert zudem, dass der spottende Jambiker in der „Erniedrigung"

Abbildung: **Retrato de lázaro con Caracoles.** Gerard Mas, 2003; Bronze, 26x16,5x18,5 cm.
Gerard Mas wird vertreten durch die Galerie Robert Drees, Hannover: www.galerie-robert-drees.de

seines Opfers selbst eine soziale Erhöhung erfährt; er bleibt vielmehr ein Außenseiter der Gesellschaft, die er jambisch kritisiert.

Eine zweite Form der Fiktionalisierung bietet die Alte Komödie in der von Aristophanes repräsentierten Gestalt. Denn sie erschafft fiktive neue Welten mit großer Fantastik. Der Spott – und als Resultat das Lachen – entwickelt sich hier nicht mehr allein an der Überzeichnung von Existentem, das heißt von sozialen und kulturellen Realitäten und ihren immanenten Absurditäten, sondern in freien Schöpfungen der Fantasie: einer Vogelstadt „Wolkenkuckucksheim" (in Aristophanes' *Vögeln*), einem Ritt auf einem riesigen Mistkäfer in den Himmel (im *Frieden*) oder einem Sexstreik in ganz Griechenland (in der *Lysistrate*), der einen Krieg beendet. Es werden damit „Außenräume" der Polis-Welt geschaffen, in denen reale Probleme in scheinbarer Ferne und Abstraktion spöttisch erörtert werden, ohne damit durch das Lachen darüber die reale Welt direkt zu verletzen. Man kann hier von Laboratorien komischer Fantastik sprechen, die ein schadloses Lachen generieren.

Lachen ist ein Gemeinschaftsereignis.

Freilich ist auch erkennbar, dass gelegentlich die Regulative des Lachens versagten und die Experimentierfreudigkeit der Dichter eben doch verletzenden Spott mit den entsprechenden Konsequenzen produzierte. Archilochos etwa – möglicherweise in Folge einer persönlichen Kränkung – nutzte seine Jambik (so die antike Literarhistorie), um sich auch für ein gebrochenes Heiratsversprechen zu rächen. Seine Schmähverse auf den Vater und die ihm entzogene Braut trieben letztere in den Selbstmord. In Athen ging Aristophanes in der (uns verlorenen) Komödie *Die Babylonier* trotz Verhüllung durch Allegorie in der Kritik an Athens Ausbeutung seiner Bündner in den Augen des Politikers Kleon zu weit: Athen selbst konnte sich durch dieses Stück verhöhnt fühlen, Aristophanes wurde deswegen sogar vor Gericht gezogen und verurteilt.[13] An diesen Fällen wird deutlich, dass, versagt die Kontrolle des Lachens durch Institutionalisierung oder Fiktionalisierung, das zerstörerische Potenzial sogleich wieder hervortritt.

Der Ernst des Lachens

Es kann nicht verwundern, dass man sich in der griechischen Kultur eines so mächtigen Phänomens intellektuell zu versichern suchte. Nur in Ansätzen ist erkennbar, wie die Sophistik in ihrem Bemühen, Rhetorik zu lehren, das Lachen verortete. Immerhin ist ein aussagekräftiges Bonmot des berühmten Gorgias von Leontinoi überliefert: man müsse den Ernst der Gegner mit Lachen, ihr Lachen mit Ernst zerstören (Gorgias DK B 12). Von hier aus ist das Lachen und sein Gebrauch fester Bestandteil der Redelehren, bis hin zur ausführlichen Erörterung durch Quintilian (*Institutio oratoria* 6,3). Zugleich ist durch Gorgias' Gegenüberstellung von Lachen und Ernst eine strukturelle Einordnung vorgenommen, aus der sich das griechisch-römische Nachdenken über das Lachen nicht mehr befreien wird. So ist für Platon das Ernste mit dem Guten beziehungsweise Tüchtigen verbunden (*Staat* 452 d/e), was fast zwangsläufig zu einer Bestimmung des Lächerlichen in Verbindung mit dem Schlechten und Unverständigen führt. Hier schließt Aristoteles' Definition des Lächerlichen an: „Das Lächerliche ist nämlich ein mit Hässlichkeit verbundener Fehler, der indes keinen Schmerz und kein Verderben verursacht." (*Poetik* Kapitel 5). Auch diese Bestimmung des Lächerlichen beziehungsweise des Lachens gewinnt deutlich ihren methodischen Ausgangspunkt von der Definition des Ernsten und den ernsten Literaturgattungen Tragödie und Epos. Doch das Lachen ist, wie gezeigt, in der griechischen Kultur nicht allein als strukturelle Opposition zum Weinen, das Lächerliche nicht allein als Gegensatz zum Ernsten zu begreifen. Es ist vielmehr zuerst eine komplexe und auch gefährliche soziale Handlung. Die Entdeckung und „Bändigung" dieser Dimension des Lachens dürfte eine der großen Leistungen der griechischen Literatur darstellen.

Martin Hose ist Professor für Klassische Philologie (Gräzistik) an der Ludwig-Maximilians-Universität München.

Anmerkungen:

1. Grundlegend ist die große Studie von Halliwell, Stephen: Greek Laughter. A Study of Cultural Psychology from Homer to Early Christianity. Cambridge 2008
2. Zur Dimension, dass der Mensch nicht nur ein Tier ist, das lacht, sondern auch eines, das „lachen macht": Bergson, Henri: Das Lachen. Meisenheim 1948
3. Vergleiche hierzu Platon: Symposion. 214 b/c
4. Siehe hierzu Blundell, Mary W.: Helping Friends and Harming Enemies. Cambridge 1989
5. Es ist bezeichnend, dass im *Aias* häufiger als in allen übrigen sophokleischen Stücken das Wort „Lachen" gebraucht wird (Vers 73, 303, 367, 382, 384, 957, 961, 1011, 1043).
6. Siehe hierzu Rehm, Rush: Medea and the Logos of the Heroic. Eranos 87, 1989, Seite 97–115
7. Aristophanes' Komödie *Die Frauen beim Thesmophorenfest* gibt hiervon einen Eindruck. Siehe Rösler, Wolfgang: Über Aischrologie im archaischen und klassischen Griechenland. In: Döpp, Siegmar (Hrsg.): Karnevaleske Phänomene in antiken und nachantiken Kulturen und Literaturen. Trier 1993, Seite 75–97
8. Auf dieses Spiel nimmt Platons *Symposion* Bezug, wenn dort Alkibiades den Sokrates mit einer Silens-Figur vergleicht.
9. Derartige Spaßmacher besaßen, wie Papyrus-Funde zeigen, oft sogar eigene „Witzbücher". Diese stellen die Vorlagen für eine in byzantinischer Zeit zusammengestellte riesige Witz-Sammlung dar, den *Philogelos* („Lachfreund").
10. Aristoteles: Poetik. Kapitel 4
11. Siehe Fuhrmann, Manfred: Lizenzen und Tabus des Lachens. Zur sozialen Grammatik der hellenistisch-römischen Komödie. In: Preisendanz, Wolfgang; Warning, Rainer (Hrsg.): Das Komische. München 1976, Seite 65–101
12. Vergleiche hierzu Hölscher, Uvo: Archilochos der Aussteiger. In: Hölscher, Uvo: Das nächste Fremde. München 1994, Seite 71–81
13. Siehe Brockmann, Christian: Aristophanes und die Freiheit der Komödie. München/Leipzig 2003

Jürgen Stenzel

Eine kleine Reflexion über das Lächeln

Das Lächeln ist ein seltsames Phänomen. Ob auch Tiere lächeln, wissen wir nicht. Beim Menschen jedenfalls ist es eine der weitverbreitetsten Ausdrucksformen, die sich sehr verschieden äußern kann: im Lächeln des Mädchens, das den Geliebten für sich gewinnen möchte, im Lächeln des Studenten, weil er von seinem Professor gelobt wird, im beruflich verordneten Lächeln der Stewardess oder der Verkäuferin, im naiv-fröhlichen Lächeln des Kindes oder im Belächeln von etwas Lächerlichem. Die Nachrichtensprecherin lächelt, aber auch die Mona Lisa. Wir lächeln zur Begrüßung, aus Höflichkeit, Verlegenheit und Dankbarkeit. Unser Lächeln kann verachtend, aufgesetzt oder vorgetäuscht sein, geplant, berechnend oder erobernd. Manchmal ist es entwaffnend, strahlend, entzückend, manchmal zart und zurückhaltend. Keine Frage: Es gibt so viele Formen des Lächelns, dass es schwer fällt, einen gemeinsamen Grund für dieses weitverbreitete Phänomen zu nennen.

Zweifellos ist das Lächeln zunächst ein Gesichtsausdruck. Aber ebenso gewiss ist, dass es sich darin nicht erschöpft. Es drückt sich hier etwas aus, das selber nicht erscheint, sondern dieser Erscheinung irgendwie zu Grunde liegt. Das Lächeln ist nicht hinreichend in jenem konkreten Minenspiel zu erfassen, weil dieses eben nur die sichtbare Folge eines Hintergründigen ist, nicht aber dieses selber. Wir scheinen nicht nur für das Lachen, sondern auch für das kleine Lachen, das Schmunzeln oder Lächeln einen bestimmten Grund zu haben. Meistens ist dieser sogar sehr offensichtlich: Einige der genannten Beispiele zeigen, dass wir mit dem Lächeln ganz konkrete Absichten verfolgen können. Doch häufig genug ist das Lächeln gerade nicht so gegründet. Wir müssen das aktive Lächeln, das um eines Nutzens willen bewusst eingesetzt wird, von einem eher spontanen, nicht absichtlichen, unterscheiden, das als natürlicher Ausdruck des menschlichen Befindens erscheint. Nur dieses wirkt echt, und nur hiervon kann gelten, was Helmuth Plessner generell über das Lächeln sagt: „Überall, wo es aufscheint, verschönt sein zartes Leuchten, als trage es einer Göttin Kuß auf seiner Stirn."[1]

Abbildung:
Ghandi
Ebba van Hoorn, 2016;
Höhe ca. 40 cm, gebrannter Ton

ebba-vanhoorn.de

Was drückt sich in diesem „echten" Lächeln aus? Sicher eine innere Freude. Und da Freude das positive Erleben von etwas Bestimmtem ist, hat auch dieses Lächeln einen bestimmten, gewöhnlich sogar klar benennbaren Grund: das Erscheinen eines geliebten Menschen zum Beispiel oder die Dankbarkeit über eine Wertschätzung durch andere. Aber wenn das Lächeln hier auch nicht grundlos ist, so ist es doch sozusagen absichtslos und spontan. „Aktiv" und „beherrscht", wie Plessner das Lächeln allgemein bezeichnet, ist es gerade nicht, und der Mensch hat hier auch keinen „Abstand" von sich selber; er steht sich nicht distanziert gegenüber.

Das gilt erst recht von Menschen, bei denen der Grund ihres echten Lächelns so tief zu liegen scheint, dass er kaum angebbar, ja irgendwie unnennbar ist. Sie lächeln nicht als Reaktion auf einen konkreten Reiz hin, und das Lächeln ist hier auch nicht ein bloß vorübergehendes kurzes Mienenspiel, sondern länger anhaltend und so tief verankert, dass es geradezu als charakterliches Merkmal, als Wesen und Grundzug des Menschen erscheint. Diesen Lächelnden wohnt etwas Bezauberndes inne, etwas wie Ziel und Sinn, etwas Einnehmendes und Unwiderstehliches.

Klar ist, dass dieses Lächeln, anders als das Lachen oder das spontane, aber nur relativ kurze Anlächeln, nicht an etwas gebunden zu sein scheint, von dem aus es sich erklärt. Es ist einfach so da, als ein Seinszustand, von dem der Lächelnde beherrscht wird. Der so Lächelnde *ist* geradezu sein Lächeln. Er ist nicht mehrfach, nicht dieses und zugleich anderes, nicht zerfallen mit sich selber, sondern ein Ganzes. Solcherart einstimmig sein ist nur möglich, wenn der Mensch sich nicht mehr aus der Gegenwart gedrängt fühlt in ein anderes, noch zu erreichendes Leben. Wer noch unterwegs ist zu sich selber, kann nicht in der Gegenwart ruhen. Der Lächelnde dagegen ist bei sich, er lebt nicht in Bezug auf etwas Ideales, das dereinst mal kommen soll, sondern hat seinen Frieden mit der Zeit gefunden.

Gewöhnlich sind wir in unseren Alltag verbohrt, mit Zielen und Zwecken, mit Aufgaben und Problemlösungen. Dies Beschäftigtsein ist zugleich ein Zersplittertsein, ein Denken an dies und das, ein Leben in Prozessen, ein Weg zu etwas hin. Wenn ich so eingestellt bin, nehme ich die Dinge in einer Weise ernst, als wäre ich, als wären die Dinge, als wäre die Welt so, wie ich sie denke. Aber das ist offenbar ein Trugschluss, eine Hybris, ein Übermut. Es ist leicht einzusehen, dass dies nur eine eigene, besondere Perspektive auf das sein kann, was ist. Das Sein der Dinge und der Welt insgesamt erschöpft sich nicht in dem, was wir davon in unserem Denken fixieren; jedenfalls ist es damit nicht vollständig erfasst. Unsere Perspektiven, unsere Deutungen, unsere Begriffe sind zweifellos nur Versuche, die Wirklichkeit irgendwie in den Griff zu bekommen.

Die Wirklichkeit hat für uns eine doppelte Natur: Einerseits ist sie nichts anderes als das, was wir sind und leben. Andererseits ist sie mehr als das Endliche, Einfache. Sie ist das Ganze, das wir schon deshalb nie erfassen können, weil wir immer nur das konkret Einfache sind. Wir leben Aspekte, das heißt Perspektiven des Ganzen, aber nicht dieses selber. Und daher kann es auch nicht dieses Bewusstsein des Ganzen sein, das sich im Lächeln ausdrückt. Das ist es nicht, was den Lächelnden durchdringt, auch wenn er ganz und am Ziel erscheint. Es könnte allenfalls ein falsches Ganzes sein, eine verabsolutierte persönliche Sichtweise. Ob diese jedoch jenes besondere Lächeln im Gesicht hervorruft, von dem hier die Rede ist, scheint mehr als zweifelhaft. Ein derartig von sich Überzeugter ist eher von Stolz und übersteigertem Selbstbewusstsein geprägt, da er ganz und gar etwas Bestimmtes ist, das er an sich selber schätzt. Der Lächelnde dagegen hat auf die Frage nach dem Ganzen und wie wir es leben eine andere, viel bescheidenere Antwort.

Wer lächelt, hat seinen Frieden mit der Zeit gefunden.

Es geht bei ihm offenbar nicht um das Erfassen des Ganzen, sondern um die Frage, wie wir uns zu dem stellen, was wir als authentisch erleben. Da wir damit nur den Augenblick, unser Jetzt- und Sosein, widerspruchsfrei erfasst haben, nicht aber unser Leben als Ganzes, die anderen Lebenswelten oder die Zukunft, können wir den Ausdruck dieser Endlichkeit nicht als das vollständig Wahre und Wirkliche begreifen. Als Aspekt mag er zweifellos richtig sein, aber damit ist nicht die ganze Wirklichkeit erfasst. Bescheidenheit tut daher not. Wir müssen unsere Versuche, die Welt richtig zu deuten, in ihrer Begrenztheit erkennen und akzeptieren. Das gilt nicht nur für das theoretische Fassen in Begriffen oder sonstigen Deutungen – etwa einem musikalischen oder künstlerischen Ausdruck –, sondern überhaupt in unserem Lebensausdruck insgesamt.

Diese Einsicht in die Begrenztheit kann auf zweierlei Weise empfunden werden: tragisch oder ironisch. Wir können verzweifeln an der Tatsache, aus unserer Endlichkeit nicht herauszukönnen, wir können aber auch darüber lächeln. Denn die Zuversicht, dass das Ganze da ist und nah ist, wenn wir uns angekommen fühlen, authentisch, einstimmig, kann so innerlich erfüllend und bezaubernd sein, dass wir darüber einfach Glück empfinden müssen. Es ist nicht das Glück des Erfülltseins eines Wunsches oder des Eintretens eines unerwarteten positiven Zufalls, sondern jenes alles durchdringende Erleben, dem man sich in seiner positiven Kraft gar nicht mehr entziehen kann. Es beherrscht den ganzen Menschen und zaubert unvermittelt jenes unwiderstehliche Lächeln auf die Lippen, in die Augen, ins Gesicht.

Abbildung:
Güte
Ebba van Hoorn, 2016;
Höhe ca. 40 cm, gebrannter Ton

ebba-vanhoorn.de

Anders als das Lachen über einen Witz oder das Lächeln als Reaktion auf einen konkreten Reiz hin hat dieses inwendige Lächeln keine bestimmte Ursache, es ist unkonkret. Es ist ein allgemeiner Zustand des Menschen, nicht nur ein bestimmtes Sosein. Der Lächelnde ist ein Ganzes, weil ihm nichts fehlt, und er fühlt sich im Ganzen. Er leidet nicht an seiner Endlichkeit, sondern weiß, dass das Ganze mehr ist als diese Konkretheit. Nichts, was er denkt und tut, erfasst das Ganze vollständig. Aber das macht nichts, weil er gar nicht den Anspruch hat, die vollständige Wahrheit ergriffen zu haben. Da jeder Ausdruck unvollständig bleibt, kann er eine ironische Distanz zu sich selber gewinnen. Er kommt nicht in die Gefahr, seine Begrenztheit zu verabsolutieren. Er strebt es auch gar nicht an. Gerade dies gibt ihm die Freiheit und Gelassenheit, sich mit dem zu bescheiden, was er ist und kann und tut. Die quälende Unruhe, über sich hinaus ins Ganze zu müssen, es unbedingt fassen zu müssen, hat er nicht. Er betrachtet sich und andere als hinreichenden Aspekt, als Ziel, als Moment.

Eine solche Einstellung kann das Ergebnis einer rationalen Überlegung sein und wäre dann im Sinne Plessners tatsächlich ein Beleg für die Distanziertheit des Menschen; aber dies ist noch kein hinreichender Grund für jenes inwendige Lächeln. Die ironische Einstellung zum Sein darf nicht mit einer Distanziertheit von sich selber verwechselt werden. Der Lächelnde hat seine Einstellung nicht mittels einer theoretischen Überlegung, schon gar nicht aufgrund eines Wunsches oder Willens, sondern er hat sie unvermittelt: Er ist diese Einstellung ohne sein aktives Zutun und Reflexion. Der Lächelnde will nirgends hin: Er ruht im Augenblick seiner Endlichkeit, weil er darunter nicht leidet, sondern positiv davon erfüllt ist.

Dr. phil. Jürgen Stenzel ist Philosophielehrer am Max-Planck-Gymnasium in Göttingen und Vorsitzender des Internationaal Constantin Brunner Instituut in Den Haag und der Constantin-Brunner-Stiftung in Hamburg.

Anmerkung:

1. Plessner, Helmuth: Mit anderen Augen. Aspekte einer philosophischen Anthropologie. Stuttgart 1982, Seite 197

Klaus Erlach

Der unauslöschliche Weltenbrand des Lächerlichen

Die Wiederentdeckung der verschollenen Theorie der Komödie von Aristoteles

Worüber Umberto Eco in seinem Roman *Der Name der Rose* nur spekulierte, hat sich nun bewahrheitet: Das zweite Buch der *Poetik* von Aristoteles wurde gefunden. Auf Basis der exklusiven Erstübersetzung zentraler Passagen kann endlich die aristotelische Theorie der Komödie und des Lächerlichen rekonstruiert werden.

Umberto Eco lässt in seinem Roman das Wiederauffinden des zweiten Buchs der aristotelischen *Poetik*, das eine Theorie der Komödie und des Lachens beinhaltet, in einem wahren Inferno enden: einem Bibliotheksbrand, der ein ganzes Kloster vernichtet. Was war geschehen? Der Mönch Jorge von Burgos fürchtet die seiner Meinung nach zersetzende Wirkungsmacht eines Buchs, das Lachen zur Kunst erhebt und so als kulturelles Phänomen legitimiert: Der lachende Bauer hat keine Angst vor dem Tod, „solange er lacht, doch sobald die Ausschweifung vorüber ist, auferlegt ihm die Liturgie wieder nach dem göttlichen Plan die Angst vor dem Tod ... Doch dieses Buch könnte lehren, daß die Befreiung von der Angst vor dem Teufel eine Wissenschaft ist!" Das von ihm geheim gehaltene zweite Buch der *Poetik*, „könnte die Wissenden lehren, mit welchen Kunstgriffen ... sich der Umsturz rechtfertigen ließe!" Nur durch mehrere Morde kann der Mönch verhindern, dass die Existenz des Buchs im Kloster bekannt wird. Als ihn aber der die Mordfälle untersuchende William von Baskerville im Finale stellt, führt der Kampf um das Buch in Verbindung mit Kerzenlicht und Leinenpapier zum unauslöschlichen Brand.

Anders als das vulgäre Lachen im bäuerlichen Alltag würde eine Theorie des Lachens von Aristoteles, der im Mittelalter nur „Der Philosoph" hieß, die Autorität der Kirche gefährden: Denn würde „eines Tages jemand, die Worte des PHILOSOPHEN schwenkend und folglich selbst auftretend als Philosoph, die Kunst des Lachens zur schneidenden Waffe schmieden, würde alsdann die Rhetorik des Überzeugens ersetzt durch eine Rhetorik des Spottens", argumentiert Jorge im Roman und fährt fort: „Wenn eines Tages jemand sagen könnte (und dafür Gehör fände): Ich lache über die Inkarnation ... dann, William, dann hätten wir keine Waffen mehr, um diese Lästerung einzudämmen." Statt des Geistes würde der Furz wehen. William jedoch zieht den Witz der Worte dem Glüheisen der Inquisition vor und wirft Jorge vor, selbst der Teufel zu sein. Eine Wahrheit, die niemals vom Zweifel erfasst wird, ist in seinen Augen eine Anmaßung des Geistes. Dieser berechtigte Einwand, dass Glaube ohne Zweifel kein Glaube sei, zielt darauf ab, dass es für den menschlichen Geist in seiner endlichen Beschränktheit nicht die *eine* absolut wahre Erkenntnis geben kann. Darüber (auch) zu lachen, geht also nicht gegen Gott, sondern gegen den Menschen und dessen Ordnungen. In der möglichen Kritik der Institutionen liegt die Gefährlichkeit der von Jorge geheim gehaltenen aristotelischen Abhandlung.

Nichts fürchten die Mächtigen so sehr, wie ausgelacht zu werden.

Die Geheimnisse des Averroës

Die Überlieferung der Schiften des Aristoteles ins christliche Mittelalter erfolgte über das maurische Emirat Al-Andalus, das heutige Andalusien im Westen Spaniens. Im dortigen Toledo wurden ganze Bibliotheken aus dem Arabischen ins Lateinische übersetzt. Nicht ganz zufällig ist auch Ecos Jorge ein Spanier, der das scheinbar verlorene Buch von dort nach Oberitalien mitbringt. Noch davor wirkte in Córdoba der Philosoph und Arzt Ibn Ruschd (1126–1198), bekannter unter seinem latinisierten Namen Averroës. Er hat nahezu jedes Buch des Aristoteles kommentiert, und wurde daher schlicht „Der Kommentator" genannt. Zum ersten Buch der *Poetik*, das eine Theorie der Tragödie entfaltet, sind zwei Kommentare von ihm überliefert. Während der kürzere wie eine Buchrezension eine Einordnung der gesellschaftspolitischen Bedeutung dieser Schrift liefert, geht Averroës im längeren die Schrift Schritt für Schritt erläuternd durch.

Die enorme Wirkungsmacht poetischer Texte sieht Averroës im kurzen Kommentar darin, dass mit ihren Mitteln „die Seelen der Menge zum Glauben oder Unglauben an eine bestimmte Sache" bewegt werden können. Der fantastische und täuschende Grundcharakter der Poesie helfe jedoch nicht, zum „Wesen" der Dinge vorzudringen und so näher an die Wahrheit heranzukommen. Zudem entstünden Probleme, wenn Gleichnisse und Metaphern poetischer Texte vom Leser buchstäblich missverstanden würden. Bei dieser Einschätzung, die insbesondere auch das Verständnis des Koran als poetischem Text betrifft, nimmt es nicht Wunder, dass der kurze Kommentar nicht im arabischen Original erhalten ist. Der Herausgeber der Schriften in englischer Sprache, Charles E. Butterworth, vermutet, dass der Text schon vor der Publikation bei einer Säuberung verbrannt wurde und daher nur dank des ebenfalls in Córdoba ansässigen Zeitgenossen Maimonides im jüdischen Sprachraum erhalten geblieben ist.

Ein Misanthrop ist ein enttäuschter
Liebhaber der Menschen.

Der Weg zum Glück
beginnt am Tor der Verzweiflung.

Nur wer vom Glück nichts versteht,
kann behaupten, jeder schmiede es selbst.

Wer seine Feinde liebt,
gibt sich nicht geschlagen.

Der Tod kommt zu jedem nur einmal.
Da will man nicht abweisend sein.

Thomas Berger

Im zweiten Kommentar gibt Averroës einen interessanten Hinweis: „Ferner sehen wir, dass nur ein Teil dessen, was in diesem Buch erwähnt worden ist, uns erreicht hat. Das zeigt, dass dieses Buch nicht komplett übersetzt worden ist." Schon Averroës kannte also keine arabische Übersetzung des zweiten Buchs der *Poetik*, wusste aber, dass sie fehlt. Butterworth zufolge versteht Averroës die *Poetik* als „Kunst der Herstellung darstellender Aussagen" – und damit als Teil der Logik und spezielle Beifügung zur Rhetorik. Das erklärt auch die durchgehende Übersetzung von Tragödie als „Lobrede" und Komödie als „Satire". Beide Bezeichnungen betonen die auf Argumentation basierende politische Wirkungsmacht, die Averroës in den dramatischen Darstellungen vor allem gesehen (und bewundert) hat. Dies macht aber den Besitz von Schriften, deren Autoren über lächerliche Aspekte von Wahrheitsansprüchen nachdenken, im religiös geprägten Umfeld nicht gerade ungefährlicher. Averroës hatte also guten Grund, einen etwaigen Fund des zweiten Buchs geheim zu halten.

Die rätselhaften Quellen des *Tractatus Coislinianus*

Das mit 32 Spalten in der altgriechischen Bekker-Ausgabe recht kleine Buch der *Poetik* hat im überlieferten aristotelischen Corpus eine traurige Sonderstellung. Es hat zahlreiche Fehlstellen, Brüche und Sprünge im Text. Doch vor allem fehlt das noch von Diogenes Laërtius im dritten Jahrhundert n. Chr. in einem Werkverzeichnis explizit erwähnte Buch II über die Komödie. Auch Aristoteles selbst verweist nicht nur innerhalb der *Poetik*, sondern auch in seiner *Rhetorik* explizit auf die Behandlung des Lächerlichen. Das zweite Buch muss es also gegeben haben.

Im 19. Jahrhundert wurde schließlich in Paris ein altgriechisches Exzerpt aus dem 10. Jahrhundert – der nach dem Besitzer benannte *Tractatus Coislinianus* – entdeckt, das offensichtlich aristotelische Aussagen zur Komödie zusammenträgt. Das vierseitige Manuskript ist eine Abfolge von Stichpunkten, zusammenfassenden Sätzen und grafisch unterstützten Schemata. Der ausführliche Textstellenvergleich von Helmut von Ahnen zeigt, dass die meisten Inhalte entweder direkt dem zur Tragödie Gesagten entsprechen oder sich an anderer Stelle in der *Rhetorik* beziehungsweise der *Nikomachischen Ethik* finden, also auch ohne die Kenntnis der *Poetik II* aus den damals bekannten Texten hätten zusammengestellt werden können.

Eine entscheidende Erweiterung gegenüber dem aristotelischen Corpus gibt es an zwei Stellen: eine Definition der Komödie und eine Aufzählung von neun unterschiedlich lächerlichen Handlungsarten. Letztere könnten auch aus anderen antiken Quellen entnommen sein, für erstere jedoch gab es bisher keine anderen Belege.

Die wahre Wirkungsabsicht der Tragödie

Für das Verständnis der aristotelischen Dramentheorie entscheidend ist die Tragödiendefinition des ersten Buchs: „Die Tragödie ist Nachahmung einer guten und in sich geschlossenen Handlung von bestimmter Größe, in anziehend geformter Sprache, wobei diese formenden Mittel in den einzelnen Abschnitten je verschieden angewandt werden – Nachahmung von Handelnden und nicht durch Bericht, die Jammer (*eleos*) und Schauder (*phobos*) hervorruft und hierdurch eine

Abbildung:
Standbild des Averroës in Córdoba
Foto: Klaus Erlach

Reinigung (*katharsis*) von derartigen Erregungszuständen bewirkt." (P 1449b25)

Die erwähnten technischen Details von Handlungsaufbau, Sprache und Mittel werden in der Folge ausführlich besprochen. Unklar und umstritten ist jedoch die Wirkungsabsicht der Tragödie, nämlich um welche Affekte genau es sich handelt und in welcher Form die Reinigung vonstattengehen soll.

Die hauptsächliche Wirkung eines Dramas zielt nach Aristoteles auf die *katharsis* ab. Trotz seiner zentralen Bedeutung taucht dieser Begriff im ersten Buch nur einmal auf und lässt dann auch noch zwei unterschiedliche Lesarten zu – nämlich in der Formulierung von Lenz Prütting „Reinigung *von den* Affekten" oder „Reinigung *der* Affekte". Die zweite Lesart entspricht der moralistischen Deutung der stoischen Philosophie, gemäß der es um eine Beseitigung aller Affekte bis hin zur Leidenschaftslosigkeit geht. Diese Deutung hin zu einem moralisch gebesserten Menschen zeigt die auch heute noch verwendete, von Gotthold Ephraim Lessing vorgenommene Übersetzung der beiden erzeugten Affekte als „Mitleid" und „Furcht". Wolfgang Schadewaldt hat gezeigt, dass es hier um aufrührende Elementaraffekte geht, die kurzfristig eintreten und danach wieder abklingen. *Eleos* sei der Affekt des Jammers und der Rührung, der einen angesichts des Leidens anderer spontan überfällt. *Phobos* sei der Affekt des Schauderns und Erschreckens, hervorgerufen durch die Vorstellung einer Bedrohung durch großes Leid. Indem der Zuschauer diese Affekte durchlebe, indem sie in ihm hervorbrechen und sich anschließend selbst wieder verzehren, werde er von ihnen gemäß der ersten Lesart gleichermaßen gereinigt. Diese „kathartische" Erleichterung und Entspannung, sei das eigentliche Wirkungsziel der Tragödie.

Lachen ist die Waffe der Schwachen gegen die Mächtigen.

Dies macht deutlich, dass sowohl Jorge als auch William, aber auch Averroës die *Poetik* zwar nicht unterschätzen, ihr eigentliches Thema aber verfehlt haben. Sie handelt nämlich nicht vom Erkennen der Wahrheit oder einer menschenunabhängigen Weltordnung: „Denn die Tragödie ist nicht Nachahmung (*mimesis*) von Menschen, sondern von Handlung und Lebenswirklichkeit (*bios*)." (P 1450a16) Es geht also nicht um ein nachahmendes Abbilden eines zu erkennenden Gegenstands, wie die Mimesis gemeinhin verstanden wird, sondern, treffender übersetzt, um die Darstellung von (menschbezogener) Wahrheit: Die Mimen führen das Schauspiel eines Wahrheitsgeschehens auf. Deshalb ist auch die Nachvollziehbarkeit einer Bühnenhandlung wichtiger als ihre korrekte Imitation von Sachverhalten. „Das Unmögliche, das wahrscheinlich ist, verdient der Vorzug vor dem Möglichen, das unglaubwürdig ist." (P 1460a25) Ziel poetischer Texte ist also nicht die Erkenntnis göttlicher oder anderer außermenschlicher Wahrheiten, sondern durch die Darstellungen (von Handlungen) Erkenntnis über Fragen des menschlichen Lebens zu ermöglichen. Und diese Selbsterkenntnis ist genau dann erreicht, wenn sie eine reinigende Wirkung auf die Seele des Zuschauers hat.

Der *Tractatus Coislinianus* formuliert nun in strenger Analogie zur Tragödiendefinition, dass „die Komödie die Nachahmung einer lächerlichen (*geloion*), nicht verhängnisvollen Handlung" sei, zählt die technischen Aspekte auf und schließt mit der Beschreibung der Wirkung: „Sie vollzieht, indem sie Vergnügen (*hedone*) und Gelächter (*gelos*) bewirkt, Reinigung (*katharsis*) von derartigen Erregungszuständen." (zitiert nach Fuhrmann) Letztere Formulierung erscheint dem zeitgenössischen Altphilologen Jacob Bernays aus zwei Gründen falsch. Erstens ist Lachen offensichtlich eine Unterart des Vergnügens, sodass faktisch nur *ein* Affekt genannt wird, nicht aber zwei, wie in der Tragödiendefinition. Zweitens soll auch die Tragödie Vergnügen beim Zuschauer erzeugen, obwohl die dargestellte Handlung selbst nicht vergnüglich ist: „Denn man darf mit Hilfe der Tragödie nicht jede Art von Vergnügen (*hedone*) hervorzurufen suchen, sondern nur die ihr gemäße", nämlich Jammer und Schaudern (P 1453b11). Bernays schlägt für die Komödie ein Ebenmaß aus Gelächter (*gelos*) und Ergötzung (*terpsis*) vor, mit dem das Lachen in den Grenzen des Scherzes zu halten sei und kommt der Sache damit schon näher.

Poetik II: Die überraschenden Wirkungsabsichten der Komödie

Im Jahr 1195 fällt Averroës in Ungnade, weil der Kalif Ya'qub al-Mansur der Unterstützung konservativer islamisch-religiöser Kräfte bedarf. Er wird der Überlieferung nach in die südlich gelegene Kleinstadt Lucena verbannt. Der sensationelle Fund der in einer Burg des kleinen Örtchens Luque eingemauerten Handschriften im Jahr 2015 zeigt, was Averroës damals im Gepäck hatte: das Original des zweiten Buchs der *Poetik*.

Vermutlich hatte er vor, dieses in ruhigeren Zeiten ins Arabische übersetzen zu lassen und dann, wie schon das erste, zu kommentieren. Sein Tod nur knapp zwei Jahre später hat dieses Vorhaben wohl verhindert und den 28-seitigen Kodex der Vergessenheit anheimfallenlassen. Die Transkription der teilweise nur sehr schwer lesbaren Abhandlung ist aufwendig und derzeit noch in vollem Gange. Nach erster Durchsicht lässt sich der Text grob in fünf etwa gleich umfangreiche Teile gliedern: die strukturellen Aspekte der Komödie, die komischen Charaktere, die komischen Handlungselemente und Redeweisen, der Handlungsaufbau sowie die Jambendichtung. Von zentraler Bedeutung für das Verständnis der *Poetik II* ist die Wirkungsabsicht der Komödie, wie sie zusammenfassend in der nun vorliegenden Komödiendefinition formuliert ist:

„Die Komödie ist die Nachahmung einer lächerlichen (*gelios*) und in sich geschlossenen Handlung, die Schämen (*aidos*) und Ergötzen (*terpsis*) hervorruft und hierdurch eine Reinigung von derartigen Erregungszuständen bewirkt."

Das kommt nun einigermaßen überraschend, taucht doch das Lachen (als Wirkung) gar nicht mehr explizit auf. Vielmehr findet sich der eher unangenehme Affekt der Scham, den bisherige Interpreten wohl immer weggelacht haben. Woran liegt das? Genau besehen ist das gesamte Phänomen des Lachens – und nicht nur das vom Lächerlichen erregte Gelächter – mehr als ein bloßer Affekt, wie es das Jammern ist, das ja auch zum Weinen vor Rührung führt. So wie man aber auch vor Schmerz oder sogar vor Lachen Weinen kann, ist das Lachen ein körperlicher Ausdruck für sehr vielfältige Situationen und nicht der spezifische Affekt, auf den es hier aber ankommt. Auch wird deutlich: Für Aristoteles ist das Lachen ein spezifisches Vermögen des Menschen und kein Affekt unter vielen.

Über die Scham äußert sich Aristoteles in der *Nikomachischen Ethik* im gleichen Sinn wie im zweiten Buch der *Poetik*. Außerdem weist er bei der Besprechung von Scham und Entrüstung darauf hin, dass anderswo Gelegenheit sein wird, darüber zu sprechen (EN 1108b7) – ein Verweis, den bisher noch niemand zuordnen konnte, der nun aber geklärt ist. „Von der Scham kann man nicht wie von einer Tugend reden. Sie ist eher ein Affekt als eine Haltung. Bestimmt wird sie als Furcht vor Schande, und sie zeigt sich ähnlich wie die Furcht vor dem Schrecklichen. Wer sich schämt, errötet, wer den Tod fürchtet wird blass. Beides scheint also körperlich zu sein." (EN 1128b10) Hier spricht Aristoteles explizit die Symmetrie zum Schaudern (*phobos*) an. Nach Flashar kann man dem jähen und schreckhaften Schaudern bestimmte körperliche Symptome zuordnen: „Kälteschauder, Zittern, Beben des Herzens, Aufrechtstehen der Haare." Entsprechend der hippokratischen Viersäftelehre müssen die vier Grundqualitäten Warm, Kalt, Trocken und Feucht zur Gesunderhaltung immer in ein Gleichgewicht gebracht werden. Ein Affekt schleudert uns aus dem Gleichgewicht und bringt uns, sofern wir gesund sind, auch wieder ins Gleichgewicht zurück. Wegen der unnormal starken Kälteempfindung schaudert man sich wieder warm – das Temperaturgleichgewicht ist wieder hergestellt. Umgekehrt wird einem heiß vor Scham, man errötet, möchte im Boden versinken, wird starr und bewegungslos vor Beklemmung, bis man sich wieder entspannt und normal temperiert hat.

Beim Affekt des Jammerns, der sich körperlich durch Weinen ausdrückt, zerfließen wir gewissermaßen vor Rührung, sind zu feucht und weinen uns wieder trocken. Wenn man sich an Scherz und Witz ergötzt, bleibt man nicht nur heiter-trocken, sondern lässt sich im vergnügten Lachen gehen oder bekommt gar einen Lachanfall und stößt warm-feuchte Atemluft aus. Der Erheiterte lacht sich erst krumm und dann wieder aufrecht. Die jeweils zwei Affekte bei Tragödie und Komödie führen zu einem Wechselbad der

Abbildung:
Fundstelle im Castillo de Luque
August 2015,
Foto: Klaus Erlach

Gefühle, indem sich einerseits der Körper im Schaudern oder Sich-Schämen zusammenzieht sowie andererseits der Körper im Jammern oder Sich-Ergötzen zerfließt, aufschmilzt oder förmlich explodiert. Die gute Dramaturgie besteht dann darin, durch eine gezielt erzeugte, gesteigerte und dann wieder gelöste Spannung Lust und Freude (*hedone*) beim Zuschauer zu erzielen.

Der hier in der Komödiendefinition verwendete Begriff der Ergötzung (Gigon übersetzt mit Amüsieren) findet sich bei Aristoteles in der *Nikomachischen Ethik* bei der Abgrenzung von Alter und Neuer Komödie. Erstere erzeugt demnach das Lachen des Publikums durch verspottende „Zotenreißerei", bei dem die Figuren oder die von ihnen dargestellten Personen der Lächerlichkeit preisgegeben werden. Dies führt eher zu einem hämisch-höhnischen Auslachen. Dieses Verlachen ist geeignet, die Betroffenen zu kränken, zu beschämen, zu demütigen oder zu beleidigen. Die späteren Komödien erzeugen das Lachen hingegen durch scherzende „Anspielungen, was in Bezug auf die Schicklichkeit keinen kleinen Unterschied macht". (EN 1128a 22 ff.) Dies führt dann zu einem wohlwollenden, heiteren Belachen. Hierbei entsteht das Komische durch doppeldeutige Anspielungen und Wortwitz, was zu der primär angestrebten Belustigung und Ergötzung der Zuschauer führt.

Die Charaktere der Komödie treiben die Handlung

Ein wichtiges Merkmal der Tragödie ist, dass sie Geschichten von Helden, also moralisch integren Charakteren, erzählt. Bei der Komödie ist das anders. In der *Nikomachischen Ethik* erläutert Aristoteles, wie man mit dem Lächerlichen richtig umgeht: „Wer endlich angemessen scherzt, heißt gewandt als einer, der sich zu wenden weiß." (EN 1128a 10) Das ist die Empfehlung des Ethikers für eine gute Lebenspraxis. Ein Mann mit Witz nimmt auch beim Lachen sein Gegenüber ernst. „Wer nun im Komischen übertreibt, wirkt als Possenreißer und als ordinär. Er sucht um jeden Preis das Lächerliche und strebt mehr danach, Lachen zu erregen, als etwas Schickliches zu sagen und die ausgelachte Person nicht zu verletzen." (EN 1128a 5) Dieser Possenreißer ist ein schlechter Charakter und damit der ideale Gegenstand einer Komödie, wie Aristoteles schon in der Einführung zum ersten Buch der Poetik schreibt. „Die Komödie ist ... Nachahmung von schlechteren Menschen (als sie in der Wirklichkeit vorkommen), aber nicht im Hinblick auf jede Art von Schlechtigkeit, sondern nur insoweit, als das Lächerliche am Hässlichen teilhat. Das Lächerliche ist nämlich ein mit Hässlichkeit verbundener Fehler (*hamartia*), der indes keinen Schmerz und kein Verderben verursacht." (P 1149a 32) Aus einer Typologie dieser Fehler leitet Aristoteles dann im zweiten Buch eine Klassifikation lächerlicher Charaktere (*ethos*) ab. Diese und weitere Charaktertypen beschreibt der Aristoteles-Schüler Theophrast sehr amüsant mit Fallbeispielen.

Bei den Fehlern, die schlechte Charaktere auszeichnen, kann man demnach drei grundsätzliche Typen unterscheiden: die Fehler des Körpers, der Seele und des Geistes. Körperliche Hässlichkeit zeigt sich in Deformationen und Disharmonien der Körperteile, kann aber auch implizit eine übermäßige Abhängigkeit von körperlichen Trieben meinen. In diese Gruppe gehören die ordinären Charaktere, die Bäurischen und die flegelhaften Rüpel, die sich durch mangelnden Anstand, anstößige Witze und schlechtes Benehmen auszeichnen. Der Ekelhafte erreicht seine Hässlichkeit durch mangelhafte Körperpflege.

Die Fehler der Seele erörtert Aristoteles bereits sehr ausführlich in der *Nikomachischen Ethik* als mangelnde Tugendhaftigkeit. Diese Charakterfehler bestehen systematisch betrachtet im Verfehlen der tugendhaften Mitte (EN, Buch 2). Aber auch in der Komödie spielt der Mangel an Tugendhaftigkeit, solange es sich nicht um abgrundtiefe Bosheit handelt, eine Rolle, und zwar als Lehrstück allzumenschlicher Schwächen. Die diskutierte Liste der von diesen mehr oder weniger verwerflichen Verfehlungen geprägten, lächerlichen Charaktere ist lang und kann hier nur aufzählend wiedergegeben werden. Typische Vertreter sind die Eitlen und Dünkelhaften, die Gefall- und Geltungssüchtigen, die Heuchler, die nach Vorteilen gierenden Schmeichler und Schmarotzer, die Geschwätzigen, Gerüchteverbreiter und Verleumder, die Verlogenen und Skrupellosen und andere mehr.

Für eine gute Komödie besonders geeignet sind die Fehler des Geistes, die sich in einer speziellen Form der Dummheit, nämlich der Selbstverkennung, zeigen. Der Unverstand liegt hierbei in der Fehleinschätzung der Situation, des eigenen Könnens oder der Wünsche und Lebensziele. Dies erscheint von außen betrachtet häufig als Zwanghaftigkeit oder als Mangel an Urteilsvermögen. Der Zerstreute verzichtet gleich ganz auf eine Selbsteinschätzung, der Unzeitige verpasst den richtigen Zeitpunkt, hat also kein Fingerspitzengefühl, der Misstrauische kann andere Menschen nicht angemessen einschätzen und der Abergläubische fürchtet sich vor eingebildeten Mächten. Der Übereifrige verspricht immer viel mehr, als er je wird halten können. Der Knauser, der Knickrige und der Geizige verlieren ihren Lebensgenuss, ihre Ehre und ihre Freunde im pedantischen Umgang mit Geld.

Warum lachen wir über diese Charaktere? Zunächst einmal, weil ihre jeweiligen Schwächen zum erwartbaren Misslingen ihrer Handlungen und Sprechakte führen, ohne dass allzu großer Schaden angerichtet wird. Sodann führen allerlei überraschende Widerfahrnisse sowie Verwechslungen von Personen und Sachen zu einer unerschöpflichen Anzahl komischer Situationen. In der gelungenen Erfindung (*epinoia*) dieser Situationen liegt auch die besondere Herausforderung der Handlungsführung in der Komödie. Schließlich sind die Schwächen, Fehler und Irrtümer, welche die komischen Charaktere auszeichnen und die peinlichen Situationen, in die sie geraten, im Prinzip vermeidbar. Ein makelloser und integrer Charakter würde diese Art von Fehlern nicht machen, weil in diesen Fällen nichts Menschenunmögliches gefordert wird. Faktisch aber sind all diese Missgeschicke unvermeidbar – genauso wie das auch im Alltag der Zuschauer der Fall ist.

Lachen untergräbt den Glauben an Institutionen.

In der guten Komödie schämen wir uns ob der peinlichen Situationen und amüsieren uns zugleich wegen ihrer Harmlosigkeit und Zufälligkeit darüber. Im Unterschied zu den tragischen Konsequenzen von Fehlentscheidungen in der Tragödie sind sie nämlich nicht notwendig, sondern, obschon folgerichtig, in ihrer jeweils glücklichen Fügung doch dem Zufall unterworfen. Die Charaktere der Komödie stolpern von Irrtum zu Irrtum zum Erfolg (*eupraxia*). So sind wir Zuschauer für unsere eigenen Unzulänglichkeiten besser gerüstet und erleichtern uns vom Gefühl des Scheiterns (*apotychia*) und der damit einhergehenden Schwermut.

Lachen als Selbsterkenntnis des modernen Menschen

Mit dem Auffinden des zweiten Buchs der *Poetik* konnte eine bedeutende Lücke im überlieferten Werk des Aristoteles geschlossen werden. Neben der *Rhetorik* liegen mit der endlich vollständigen *Poetik* nunmehr zwei Texte aus dem Bereich der poiëtischen Vernunft vor, die sich ergänzend zur theoretischen und praktischen Vernunft mit dem menschlichen Herstellungsvermögen generell auseinandersetzt (von altgriechisch *poieo* für „tun", „machen"). Wenn man bedenkt, wie relativ zurückhaltend Technikphilosophie und Theorie der Technik in unserem technischen Zeitalter ausgearbeitet worden sind, ist dies kein kleiner Gewinn.

Mit einer systematischen Untersuchung der lächerlichen Charaktere, der handlungstragenden komischen Einfälle, der Rolle des Scheiterns in der Lebenspraxis sowie der Mischformen von tragischer Komödie und komischer Tragödie gibt es für die Forschung noch viel zu tun. Hier konnte mit der Untersuchung der kathartischen Wirkung der Komödie – erreicht durch Amüsement und Scham – ein erster und überaus bedeutsamer Anfang gemacht werden. Das Lachen in der Komödie erscheint hier immer doppelseitig, leicht und schwer zugleich, weil immer auch der Zuschauer selbst mitbedacht ist. Es ist kaum auszudenken, was es für die Literatur- und Theatergeschichte bedeutet hätte, wäre die Komödientheorie früher gefunden worden.

Dr. phil. Dipl.-Ing. Klaus Erlach studierte Maschinenbau und Philosophie. Er arbeitet als Technikphilosoph und Unternehmensberater am Fraunhofer IPA in Stuttgart.

Literatur:

- Ahnen, Helmut von: Das Komische auf der Bühne. Versuch einer Systematik. München 2006
- Aristoteles: Poetik. Übersetzt von Manfred Fuhrmann. Stuttgart 1982 (im Text zitiert mit **P**, Zeilenzahl)
- Aristoteles: Poetik II. Übersetzt von Klaus Erlach. Castillo de Luque, gefunden 2015. Eine kommentierte Übersetzung ist in Arbeit und wird in Kürze im Verlag der blaue reiter erscheinen.
- Aristoteles: Die Nikomachische Ethik. Übersetzt von Olof Gigon. München 1986 (im Text zitiert mit **EN**, Zeilenzahl)
- Bernays, Jacob: Zwei Abhandlungen über die aristotelische Theorie des Dramas. Berlin 1880
- Butterworth, Charles E. (Hrsg.): Averroës' Three Short Commentaries on Aristotle's „Topics", „Rhetoric", and „Poetics" (kritische Ausgabe mit englischer Übersetzung). Albany 1977
- Butterworth, Charles E. (Hrsg.): Averroes' Middle Commentary on Aristotle's Poetics. Princeton 1986
- Eco, Umberto: Der Name der Rose. Frankfurt am Main 1987; hier: Siebenter Tag. Nacht
- Flashar, Hellmut: Die medizinischen Grundlagen der Lehre von der Wirkung der Dichtung in der griechischen Poetik. In: Hermes 84 (1956), Seite 12–48
- Fuhrmann, Manfred: Einführung in die antike Dichtungstheorie. Darmstadt 1973
- Prütting, Lenz: Homo ridens. Eine phänomenologische Studie über Wesen, Formen und Funktionen des Lachens. Band 1. Freiburg 2014
- Schadewaldt, Wolfgang: Furcht und Mitleid? Zur Deutung des Aristotelischen Tragödiensatzes. In: Hermes 83 (1955), Seite 129–171

Rüdiger Vaas

Ein Witz der Evolution

Wie der Mensch zum Lachen kam

„Der Himmel hat den Menschen als Gegengewicht zu den vielen Mühseligkeiten drei Dinge gegeben: Hoffnung, Schlaf und das Lachen", schreibt Immanuel Kant. Friedrich Nietzsche drückt es pathetischer aus: „Nur der Mensch leidet so qualvoll in seiner Welt, dass er gezwungen war, das Lachen zu erfinden." Und bei Viktor Frankl heißt es: „Jede Angst hat ihren Gegenspieler, nämlich den Humor." In diesen Zitaten verbirgt sich eine der möglichen Antworten, warum Menschen überhaupt Humor haben können. Und hinter dieser Fragestellung steckt ein evolutionsbiologisches Rätsel – aber vielleicht auch eine Quelle der Weisheit.

Die Lachforscher oder Gelotologen (von altgriechisch *gelos* für „Lachen") unterscheiden inzwischen Dutzende von Funktionen des Lachens. Dabei geht es keineswegs nur um lustige Witze. Nur jeder fünfte der bei Erwachsenen durchschnittlich 20 Lacher täglich beruht auf Komik. (Kinder lachen übrigens viel häufiger – bis zu 400 Mal am Tag.) In der Regel hat Lachen jedoch soziale Kontexte; allein lacht ein Mensch im Durchschnitt 30 Mal seltener.

Humor kommt in den ältesten Überlieferungen der Menschheit vor. Humorvolle Konversationen führten Anthropologen (siehe Erläuterung) auch mit australischen Ureinwohnern bei den ersten Begegnungen. Wenn es genetische Grundlagen des Humors gibt, dann müssen die über 35 000 Jahre alt sein, denn so lange waren die Aborigines mindestens vom Rest der Welt isoliert. Doch wahrscheinlich reichen die Wurzeln noch viel weiter in die Vergangenheit. Witze setzen Sprache und komplexe Gedanken voraus. Das symbolische Denken – manche Paläoarchäologen sprechen von der „symbolischen Revolution" in der Menschheitsentwicklung – ist vielleicht 50 000 Jahre alt oder mehr. Es ermöglichte die Kunst und setzt eine neue Art der Abstraktionsfähigkeit voraus. Ein eindrucksvolles Zeugnis ist der 28 Zentimeter große und 32 000 Jahre alte „Löwenmensch". Er wurde im Lonetal auf der Schwäbischen Alb entdeckt und gehört mit diversen anderen Mammutelfenbein-Figuren aus der Gegend zu den ältesten Kunstwerken der Welt. Auch die (jüngeren) Felszeichnungen, -ritzungen und -malereien, die schamanischer Kunst ähneln, weisen auf Symbolik hin. Die komplexe menschliche Fähigkeit zur Sprache, deren subtile Nebenbedeutungen die Quelle vieler Witze ist, dürfte noch früher entstanden sein: Sie ist schätzungsweise zwischen einigen 10 000 und vier Millionen Jahren alt. Es ist also gut vorstellbar, dass schon *Homo erectus* und *Homo habilis* Urmenschenwitze gerissen haben.

Doch der Humor im weiteren Sinn scheint noch älter zu sein. Wenn er auf Gehirnregionen beruht, die sich vor den Sprachzentren entwickelt haben, wie Studien mit Hirnscans zeigen, kann er der Sprache deutlich vorausgegangen sein. Das legen auch Beobachtungen von Verhaltensforschern nahe.

Abbildung:
Charles Darwin
Keuchenius, 2003;
www.keuchenius.de

Entnommen aus:
Reschika, Richard:
Nietzsches Bestiarium.
Der Mensch –
das wahnwitzige Tier.
der blaue reiter
Verlag für Philosophie

Auch Affen amüsieren sich

So zeigen Schimpansen Anzeichen beziehungsweise bestimmte Komponenten von Humor. Immer wieder beobachteten beispielsweise die russischen Anthropologen Marina L. Butovskaya und Alexander C. Kozintsev, dass Schimpansen Fäkalien auf ihre menschlichen Pfleger und Kontaktpersonen warfen und dies wiederholten, wenn die Menschen indigniert waren oder lachten – nicht aber, wenn sie autoritär reagierten oder die Tiere Angst vor ihnen hatten. Die Schimpansen zeigten dabei eine Mimik, die als Schadenfreude und Vergnügen interpretiert werden kann. Bei einem Orang-Utan wurde ein ähnliches Verhalten beobachtet. Die Anthropologen deuteten diese Vorkommnisse als Ausdruck von Humor. Sie wiesen auch darauf hin, dass Washoe – die erste Schimpansin, die die Zeichensprache der amerikanischen Gehörlosen erlernt hatte – einmal auf ihren Lehrer Roger Fouts urinierte und dies als „lustig" bezeichnete. Ebenfalls als humorvoll lässt sich ihr quasi-aggressives Verhalten interpretieren:

etwa wenn sich junge Schimpansen necken oder ältere mit Steinen, Sand oder Stöcken bewerfen. Dies wurde nicht nur im Zoo, sondern auch in der Wildnis beobachtet.

Bemerkenswerterweise ähneln diese Verhaltensweisen menschlichen Handlungen. So war es auf dem mittelalterlichen Karneval üblich, andere mit Exkrementen und Urin zu überschütten; auch die komische Kunst der Renaissance gibt davon noch Zeugnis, etwa Werke von François Rabelais. In archaischen Kulturen dürften solche Tabubrüche weit verbreitet gewesen sein. Und in russischen Bauernriten sowie in bestimmten rituellen Clownereien nordamerikanischer Indianer haben sie sich bis in die Gegenwart erhalten. Im Gespött ist das quasiaggressive Verhalten in abstrakterer Weise nach wie vor häufig verbreitet. Tatsächlich stammt das deutsche Wort „spotten" von „spucken, speien" ab. Außerdem kommen die Schimpfwörter, die sich Menschen akustisch an den Kopf schleudern, ebenfalls nicht selten aus dem analen Bereich. Die Fäkalien werfenden Menschenaffen sind daher von den zivilisierten Bürgern nicht so weit entfernt.

Das Leben ist erträglicher, wenn man es mit Humor angeht.

Woody Allen

Menschenaffen zeigen also Vergnügen und lachhaftes Verhalten. Und sie lassen sich auch gerne kitzeln. Geht man davon aus, dass dies keine Parallelentstehung ist, sondern ein Verwandtschaftsmerkmal, dann ist der Humor viele Millionen Jahre alt. Die letzten gemeinsamen Vorfahren von Menschen und Schimpansen lebten schätzungsweise vor 6,5 Millionen Jahren, die letzten von Menschen und Orang-Utans vor 14 Millionen Jahren. Doch auch Paviane besitzen eine komplexe Mimik, zu der eine Art von Lächeln zu gehören scheint. Da sich ihre und unsere Ahnen schon vor rund 35 Millionen Jahren im Stammbaum der Altweltaffen trennten, sind die Wurzeln des Lächelns mindestens so alt. Und Jaak Panksepp von der Bowling Green State University in Ohio zufolge können sogar Rattenbabys lachen. Zumindest interpretierte er die Tschilp-Laute so, die sie von sich gaben, wenn er sie an Bauch und Rippen kraulte oder wenn sie untereinander herumbalgten.

Vom Kitzeln zum Lachen – die Evolution des Humors

„Nichts in der Biologie macht Sinn, außer man betrachtet es im Licht der Evolution", wird der Naturforscher und Genetiker Theodosius Dobzhansky gern zitiert. Und damit hat er nicht übertrieben, denn die Wissenschaft vom Leben wäre ohne die Evolutionstheorie kaum anders als ein Briefmarkenalbum.

Bedenkt man, dass selbst ein einfacher Witz Sprachvermögen, Symbolismus, abstraktes Denken, soziales Erkennen und die Zuschreibung von Absichten voraussetzt, gehört der Humor zu den komplexesten kognitiven Fähigkeiten des Menschen. Andererseits ist das Lachen erstaunlich reflexhaft – es erfordert nicht die bewusste Abwägung einer Fülle von Einflussfaktoren. Andere menschliche Reflexe, etwa das Schließen der Augenlider aufgrund eines Luftstoßes, stellen als fixierte Verhaltensmerkmale evolutionäre Anpassungen dar – vielleicht sind Humor und Lachen, wenigstens ansatzweise, auch als solche zu sehen? Dafür spricht außerdem, dass Verhaltensweisen wie Kitzeln und Belustigung, die über einen so langen Zeitraum bestehen bleiben, wie die vergleichende Primatologie nahelegt, kein „überflüssiger Luxus" sein können, sondern sich in der Evolution bewährt haben müssen: Entweder als Anpassung, das heißt Selektionsvorteil, der statistisch gesehen über längere Zeiträume zu mehr Nachkommen führt, oder als ein praktisch unvermeidliches Nebenprodukt von Fähigkeiten, die einen Selektionsvorteil haben.

Bereits Charles Darwin spekulierte darüber, dass Kitzeln eine Vorstufe des Humors sei. Und schon seit 1897 unterscheiden Wissenschaftler zwischen Gargalesis (von griechisch *gargalizein*: „kitzeln") und Knismesis (von *knitzein*: „kratzen, reizen"). Letztere bezeichnet das Kribbeln auf der Haut, wenn diese leicht gestreift wird. Es ist im Tierreich weit verbreitet. Mit dieser taktilen Wahrnehmung geht eine Aufmerksamkeit einher, die vor Gefahren schützt: Verletzungen und Angriffen. Etwa, wenn eine Katze eine Zecke auf sich krabbeln spürt oder ein Hund einen Floh. Die Funktion der Gargalesis, des spielerischen Kitzelns mit freudigen Reaktionen, ist hingegen nicht so eindeutig ersichtlich.

Kitzeln ist eigentlich ein Paradoxon: Einerseits versucht man den Reizen zu entkommen, schlägt und tritt sogar um sich. Dennoch betteln viele Kinder geradezu danach. Und selbst, wer nicht gekitzelt werden mag, muss dabei lachen. Kitzeln suggeriert kindliche Unbeschwertheit und ist zugleich eine Reaktion auf Reize an den verletzlichsten Stellen: den Achseln, Flanken, und Fußsohlen sowie der Kehle. (Das scheint universell zu sein, obgleich es erstaunt, dass Menschen rechts kitzliger sind als links – Rechts- wie Linkshänder.) Daher verwundert es nicht, dass es zugleich eine Intimität darstellt (bis hin zur Bezeichnung „Kitzler" für die Klitoris): Nur von engen Verwandten und Freunden lässt man sich kitzeln. Daher wurde spekuliert, dass Kitzeln ein Mittel ist, den sozialen Zusammenhalt zu stärken, vielleicht als Relikt des „Groomens" unter den Affen (das ja auch weniger der Fellpflege dient als dem Knüpfen und Festigen von Freundschaften und Bündnissen). Vielleicht werden in der Reaktion aufs Durchgekitzeltwerden auch Verteidigungsmanöver und schnelle Reaktionen spielerisch eingeübt.

Das Kichern als Reaktion auf das Kitzeln muss also nicht notwendig Freude anzeigen (das Weinen beim

Anthropologie
von altgriechisch *anthropos* für Mensch und *logos* für Lehre. Erforschung und Beschreibung der Wesensmerkmale des Menschen.

Zwiebelschneiden ist ja auch kein Indiz für Traurigkeit). Vielmehr, so eine Hypothese, könnte es bei Kindern Abwehrreaktionen schulen. Die fröhliche Mimik und das Kichern dabei würden den Spielpartner zur Fortsetzung animieren – wenn er abgeschreckt wird, wäre das Lehrstück gleich zu Ende.

„Die Ähnlichkeit von Zellantworten beim Kitzeln und Spielen ist bemerkenswert", sagt Michael Brecht von der Humboldt-Universität Berlin. „Vielleicht dient Kitzeln dazu, Individuen zum gemeinsamen Spielen zu bringen, und gewinnt dadurch für das soziale Miteinander an Bedeutung." So kann Kitzeln zum Aufbau von Bindungen dienen: Eltern verringern Berührungsängste der Kinder, Geschwister kitzeln sich, um Streit zu vermeiden, und Verliebte nutzen es als erotisches Vorspiel.

Humor als sozialer Kitt und Mittel der Partnerschaft

Lächeln und Lachen stehen auf einer anderen Ebene als Kitzeln, und Witze auf einer weiteren. Aber wie Kitzeln kostet auch das Lachen physiologische Energie sowie Zeit, und der Lärm kann Raubtiere anlocken. Diese Nachteile müssen also durch größere Vorteile ausgeglichen werden, sonst hätte sie die natürliche Selektion vielleicht längst ausgemerzt.

Ethnologen haben in transkulturellen Studien nachgewiesen, dass es einen universellen Einsatz von Humor in bestimmten Kontexten gibt: Um Überlegenheit zu demonstrieren, um sein Gesicht wahren, um Ärger oder sexuelle Andeutungen ausdrücken, um Werturteile über bestimmte Gruppen zu fällen und sich somit von ihnen abzugrenzen, um den Zusammenhalt der eigenen Gruppe zu stärken, um vor Anomalien oder Gefahren zu entwarnen und somit Spannung abzubauen (als Signal für „falscher Alarm"), und um mit Spielerischem den Alltag zu erheitern. Auch peinliche Situationen können mit Humor überspielt oder starke Gefühle kaschiert werden. (Sigmund Freud sah das so, als er 1905 schrieb: „das Wesen des Humors besteht darin, dass man sich die Affekte erspart, zu denen die Situation Anlass gäbe, und sich mit einem Scherz über die Möglichkeit solcher Gefühlsäußerung hinaussetzt.") Sogar Angst und Trauer lassen sich zuweilen weglachen.

„Ein bisschen gesunder Menschenverstand, ein bisschen Toleranz, ein bisschen Humor – wie behaglich es sich dann auf unserem Planeten leben ließe", bemerkte der Dramatiker William Somerset Maugham einmal. Dass Individuen, wenigstens häufig, gut miteinander auskommen, ist in sozialen Gruppen, die aufeinander angewiesen sind und miteinander kooperieren, sehr wichtig. Insofern Witze viele Gemeinsamkeiten voraussetzen und keine Täuschung ermöglichen, haben sie sogar eine altruistische Komponente, stabilisieren und festigen soziale Bindungen. Sie fördern auch Empathie und Sympathie, vermitteln mitunter wertvolle soziale Informationen und geben ein positives Feedback.

Außerdem sind Lächeln und Lachen ein Mittel der Konfliktlösung oder -beschwichtigung. So spekulierte der Humanbiologe Carsten Niemitz von der Freien Universität Berlin, dass das Lächeln Friedfertigkeit anzeigt und folglich dazu beiträgt, Auseinandersetzungen innerhalb der Gruppe besser zu vermeiden und somit Schaden durch die Aggression anderer abzuwehren. Eine wichtige Funktion des Lachens, schon bei Affen, sieht er in der Beschwichtigung und Unterordnung. Das ist auch bei Menschen so. Schwere Konflikte und starke Meinungsverschiedenheiten lassen sich dadurch nicht glätten, aber kleine schon, und insofern kann Humor das Leben friedlicher machen. Eva Bänninger-Huber von der Universität Innsbruck argumentierte ähnlich: Sie wies nach, dass Frauen häufiger lachen als Männer. Damit wurden möglicherweise schon in den prähistorischen Kleingruppen drohende Konflikte entschärft, was die Überlebenschancen erhöht hat. Und Marc Bekoff von der University of Colorado zufolge brauchen alle sozialen, intelligenten Tiere mit Rangordnungen deutliche Signale für Friedfertigkeit. Spielerische Attacken könnten sonst schnell zu Verletzungen durch Vergeltungsaktionen führen. Schimpansen zeigen deshalb ein sogenanntes Spielgesicht, wenn sie im Spaß „anbeißen", und geben „kichernde" Töne von sich.

Humor scheint auch eine Rolle bei der Partnerbindung zu spielen. Und wäre dann womöglich nicht nur ein Produkt der natürlichen, sondern auch der sexuellen Selektion. Diese wird von einigen Soziobiologen sogar als Sprungbrett für die menschliche Intelligenz betrachtet. „Die sexuelle Auswahl drang hinter unsere Gesichter – hauptsächlich indem sie unsere Gehirne auf einzigartige Weise mit unseren Mündern verknüpfte, sodass wir reden konnten und nicht mehr nur kauen und grunzen. Als die Sprache einmal da war, wurde das Denken selbst zum Gegenstand der sexuellen Selektion", schreibt der Anthropologe Geoffrey F. Miller. Er spricht vom „schmückenden Geist" und vom „Geist als Vergnügungspark": „Die beeindruckendsten Fähigkeiten des menschlichen Geistes gleichen dem Pfauenschwanz: Sie sind Werkzeuge zur Partnerwerbung, entwickelt, um Sexualpartner anzulocken und zu unterhalten." Diesem Zweck wären auch die meisten kulturellen Errungenschaften zu verdanken. „Indem wir unsere Gehirne als Werbeflächen für unsere Fitness verwendeten, entdeckten wir ganz neue Typen von Fitness-Indikatoren wie Großzügigkeit und Kreativität." Und Horst Hameister, ein Humangenetiker an der Universität Ulm, kommentierte den Einblick in die viel beschworenen inneren Werte so: „Wenn ein Mann besonders intelligent ist, signalisiert er damit, dass ein großer Teil seiner Gene in einer günstigen Kombination vorliegt. Die Gehirnfunktionen erweisen sich geradezu als Schaufenster für die weibliche Welt, wie es mit der genetischen Konstitution des betreffenden Mannes steht."

Das Leben ist zu wichtig, um ernst genommen zu werden.
Oscar Wilde

Es lässt sich vor diesem Hintergrund also darüber spekulieren, dass auch der Humor – besonders wenn von Männern geäußert und von Frauen genossen – eine solche Auslage im Schaufenster zur Partnerwerbung ist. Die Doppeldeutigkeit von „Witz" würde dazu passen. Um diese Hypothese zu erhärten, müsste freilich nachgewiesen werden, dass die geschlechtliche Asymmetrie in Humorproduktion und -perzeption tatsächlich existiert. Ferner ist Lachen und Lächeln ein Mittel, Kritik – etwa am Partner – freundlicher zu formulieren und aggressive Reaktionen abzumildern, sodass sie leichter akzeptiert werden kann.

Humor in Hierarchien

Humor verbindet aber nicht nur – er kann auch trennen. Vor allem, wenn er bösartig oder sarkastisch ist und wenn das Lachen als Auslachen wirkt. Schon Aristoteles hat vermutet, dass Humor ein Ausdruck von Überlegenheit ist: Wer über andere lacht, erhöht sich selbst. Das mag für viele Witze zutreffen, die von einer bestimmten Personengruppe handeln (zum Beispiel Schotten, Ostfriesen, Österreicher, Politiker, Beamte, Blondinen), lässt sich aber nicht verallgemeinern. Gleichwohl hat das Verlachen eine Funktion in der sozialen Hierarchiebildung: Zum einen durch die Selbstaufwertung sowie, zugleich, die Demütigung und daher Degradierung oder Diskriminierung der Spottopfer – ob diese anwesend sind oder nicht –, zum anderen durch die Kumpanei, die dadurch entsteht, dass jene, die mitlachen, vom Witzemacher höher gestellt werden. Kurzum: Das Ver- und Auslachen ist ein Mittel der Macht und könnte, wie Richard D. Alexander überlegt hat, einen Wettbewerbsvorteil schon in den Hierarchiekämpfen der prähistorischen Menschen und somit letztlich Fortpflanzungsvorteile gehabt haben. Das ist die wenig heitere Seite des Humors.

Lachen ist ein Mittel der Konfliktlösung.

der blaue reiter

Der Literat, Essayist und Anthropologe Elias Canetti hat dies besonders deutlich gesehen, obwohl er dem Lachen in seinem Monumentalwerk *Masse und Macht* (1960) nur eine knappe Seite gewidmet hat. „Gewiss enthält das Lachen in seinem Ursprung die Freude an einer Beute oder Speise, die einem als sicher erscheint", behauptete Canetti und wies auf den weit geöffneten Mund mit den entblößten Zähnen: „Ein Mensch, der fällt, erinnert an ein Tier, auf das man aus war und das man selber zu Fall gebracht hat. Jeder Sturz, der Lachen erregt, erinnert an die Hilflosigkeit des Gestürzten; man könnte es, wenn man wollte, als Beute behandeln." Man lacht, anstatt zu essen. Dadurch entstehe „das plötzliche Gefühl der Überlegenheit", auf das Thomas Hobbes schon 1651 im *Leviathan* hingewiesen hatte. Der Philosoph aber vergaß zu erwähnen, dass das Lachen nur dann erfolgt, wenn die Überlegenheit nicht ausgekostet wird, indem man die Beute verzehrt, sondern man verschont sie ja. Canetti: „Der Mensch allein hat es gelernt, den vollkommenen Prozess der Einverleibung" – das Essen als ursprünglichste und unmittelbarste Form der Macht – „durch einen symbolischen Akt zu ersetzen".

Andererseits kann Humor auch Machtkritik sein, und das bestärkt seine soziale Funktion ebenfalls. „Lachen ist eine Macht, vor der die Größten dieser Welt sich beugen müssen", notierte der Schriftsteller Émile Zola. Und der Autor Dietrich Schwanitz beschrieb den Humor als „ein Symptom demokratischer Einstellung. An der englischen Geschichte kann man studieren, wie der Humor zu einer Art Wellenbrecher gegen Fanatiker und Ideologen eingesetzt wird. Humor ist eine Art von übergeordneter Moral, mit der man feststellen kann, was moralisch ist und was nicht. In Ländern wie England, in denen humoristische Sozialpraktiken üblich sind, ist es unmöglich, pompös oder selbstgerecht aufzutreten. Humor wird dort als eine Art sozialer Optik praktiziert, mit der man lernt, sich selbst zu relativieren." Die Möglichkeiten von Humor und Satire lassen sich sogar als Indikator und Gradmesser für die Fortschrittlichkeit, Qualität und Liberalität von Gesellschaften interpretieren. „In jeder Gesellschaft stellt die Offenheit für Humor und Ironie eine wesentliche Messgröße für die Freiheit des Einzelnen dar", charakterisiert es der Wiener Publizist David Landmann treffend. „Die Art und Weise, in der eine ‚Obrigkeit' damit umgeht, ist ein wichtiger Maßstab für Reife, Freiheit, Offenheit. Ein Hitlerwitz konnte während der Nazizeit das Todesurteil bedeuten. Sich über Jesus lustig zu machen, konnte im Mittelalter mit einer Wärmetherapie am Scheiterhaufen enden. Wahrscheinlich ist es auch nicht besonders empfehlenswert, im Iran einen Mohammed-Witz zu erzählen. Es war ein langer Weg, den Europa auf dem Weg zu einer (halbwegs) offenen und toleranten Gesellschaft zurücklegen musste. An seinen Rändern stehen Scheiterhaufen und Schafotte, Folterkammern und Gefängnisse. Erst das Jahr 1945 brachte für zahlreiche Menschen die Erkenntnis, wie wichtig Meinungs- und Pressefreiheit sind."

Wer über sich selbst lachen kann, wird weniger auf andere herablachen – es sei denn, ihr Gebaren ist lachhaft in ihren aufgeplusterten Selbstgefälligkeiten. Damit wird Lachen zu einer Waffe gegen die Wichtigen, Wichtigmacher und Machthaber. Darin liegt eine große Bedeutung der Karikaturen, Parodien und dem politischen Kabarett. Die symbolisch-rituelle Umkehrung der Macht zum Beispiel im Karneval ist dagegen eher als subtile Selbstbeweihräucherung und Anbiederung der Machthaber zu interpretieren, die die bestehende Ordnung in der temporären scheinbaren Aufhebung nur festigt, eine Kanalisierung der Affekte erwirkt und somit die Gefahr aggressiver Auflehnung schwächt.

Humor als Lebenshilfe

„Die einzige richtige Einstellung der heutigen Welt ist die eines gepflegten Galgenhumors", sagte der Kabarettist Georg Kreisler. Und sein Kollege Wolfgang Neuss: „Galgenhumor ist die Kunst, sich den Ast zu lachen, auf dem man sitzt." Also wiederum die These: Humor ist, wenn man trotzdem lacht. Als ein Mittel der Kontingenzbewältigung, der Relativierung und sogar der Flucht. „Das Leben ist eindeutig erträglicher, wenn man es mit Humor angeht. Deshalb ziehen die Leute eine Komödie der Tragödie vor und bevorzugen wohl auch Beziehungen, die leichtherzig sind. Ein großer Teil des Lebens besteht eben darin, die Realität mit Humor von sich fern zu halten", sagte der Filmemacher Woody Allen einmal.

Humor kann die bitteren Tatsachen des Lebens und Sterbens nicht aus der Welt schaffen, aber mithelfen, sie erträglicher zu machen. Ob darin ein evolutionärer Vorteil besteht, muss freilich offen bleiben. Doch im Vergleich zu depressiven oder aber nüchtern-kalten Menschen haben es Humorvolle leichter. Und als positiver Faktor der psychischen Widerstandskraft (Resilienz) spielt Humor sicherlich eine Rolle.

Auch Sigmund Freud betont diesen therapeutischen Effekt. „Der Witz ist die letzte Waffe der Wehrlosen", schreibt er in seinem Buch *Der Witz und seine Beziehung zum Unbewussten* (1905). Darin stellt er die These auf, dass der Mensch beim Lachen innere Spannungen auflöst, Humor also ein Ventil für die Psyche ist. So befreie sich das Unbewusste von dem Zwang der gesellschaftlichen Normen, repräsentiert im Über-Ich, die Freud vor allem in bestimmten Bereichen des Lebens lokalisiert – daher hätten so viele Witze mit Sexualität und Körperausscheidungen zu tun. Das mag punktuell richtig sein, ist aber nicht die ganze Wahrheit. Denn vertritt man nicht einen totalitären Erklärungsanspruch der Psychoanalyse (die dann, mit einem Bonmot von Karl Kraus, eher die Krankheit wäre, für deren Heilung sie sich hält) und wittert hinter jedem Witz ein verdrängtes Tabu, muss man so viele Gegenbeispiele gelten lassen, dass die psychoanalytische Erklärung nicht ausreichen kann.

Humor und Gesundheit

Dass Lachen sprichwörtlich „die beste Medizin" sein kann, vermutete schon Aristoteles, der es als „körperliche Übung von großem Wert für die Gesundheit" bezeichnet hat. Beim Lachen findet physiologisch tatsächlich sehr viel statt: Muskeln kontrahieren, der Herzschlag beschleunigt sich, Blutdruck, Atemfrequenz und Sauerstoffumsatz steigen, der Körper entspannt sich, Endorphine werden ausgeschüttet, die Häufigkeit des Stresshormons Cortisol im Blut sinkt, ebenso die Konzentration des Botenstoff-Proteins Chromogranin A im Speichel (ein Tumormarker). Auch die Schmerzempfindlichkeit ist vermindert, sowohl kurz- als auch längerfristig. Wer viel lacht, hat ein geringeres Depressionsrisiko.

Die heilende Kraft des Humors wird sogar von „Klinik-Clowns" in Krankenhäusern (nicht nur) bei Kindern eingesetzt, weil das Lachen die Selbstheilungskräfte anregt, die medizinische Therapie unterstützt sowie die Schmerztoleranz und Immunabwehr erhöht.

Walkie-Talkie und Gelächter

„Das Lachen ist eine Angel, an der sich schon viele gefangen haben", lautet ein italienisches Sprichwort. Doch wie fing der Mensch das Lachen ein? Diese Frage hat der Psychologe Robert Provine mit seiner Walkie-Talkie-Theorie zu beantworten versucht. „Die Evolution des aufrechten Gangs machte die Evolution der Sprachfähigkeit erst möglich", so seine These: Erst kommt das Gehen (englisch: *to walk*), dann das Sprechen (*to talk*). Das Lachen, das lange als eine Art bedeutungsloser Luxus-Reflex galt, sei ein „lebendes Fossil" dieser Entwicklung, das uns manches lehren könne: von einem tieferen Verständnis des Ursprungs der menschlichen Sprache bis hin zur Frage, warum die Versuche, mit Schimpansen verbal zu kommunizieren, nur begrenzt erfolgreich sind.

Wir lachen anders als unsere nahen Verwandten, zeigten Provines Messungen mit Hilfe der akustischen Spektroskopie. Auch Schimpansen johlen und brüllen in heiterer Ausgelassenheit, necken sich, genießen Situationen und machen dabei ein charakteristisches Spielgesicht. Aber ein lachender Schimpanse wird sich niemals wie ein lachender Mensch anhören – egal, wie lange man ihn kitzelt. Denn im „Gegensatz zu Schimpansen lachen wir Menschen wie wir sprechen", so Provine. Und Schimpansen können aus anatomischen Gründen ihre Atmung und ihren Vokaltrakt nicht so nutzen, dass komplexe Laute entstehen.

> *Es ist leicht, das Leben schwer zu nehmen. Und es ist schwer, das Leben leicht zu nehmen.*
>
> Erich Kästner

Humor und Gelächter sind, so kann man aus dem Vorangegangenen schließen, Produkte der Evolution; Sozialisation und Kultur haben jedoch auch eine wichtige Bedeutung.

Von Arthur Schopenhauer stammt der Aphorismus: „Je mehr der Mensch des ganzen Ernstes fähig ist, desto herzlicher kann er lachen." Es ist eine Herausforderung, die Entstehung des Lachens mit ganzem Ernst zu erforschen. Dabei geht es nicht nur um eine Lehre vom Menschen, sondern auch ganz praktisch um eine lebensphilosophische Pointe: „Es ist leicht, das Leben schwer zu nehmen. Und es ist schwer, das Leben leicht zu nehmen", konstatierte Erich Kästner. Worauf mit Oscar Wilde gekontert werden kann: „Das Leben ist zu wichtig, um ernst genommen zu werden."

Rüdiger Vaas ist Biologe, Philosoph und Redakteur beim Monatsmagazin *bild der wissenschaft*. Zuletzt erschienen von ihm die Bücher *Jenseits von Einsteins Universum* und *Einfach Hawking!*

Zur Vertiefung empfohlen:

– Martin, Rod A.: The Psychology of Humor. An Integrative Approach. Elsevier Academic Press, Burlington 2007

Daniel Strassberg

Die verbotene Lust am Unsinn

Wie Sigmund Freud zum Witz kam

Die Psychoanalyse befasst sich vor allem mit dem Innenleben des Menschen. Erst der Vorwurf, dass seine Traumschilderungen zu witzig seien, gab Sigmund Freud den Anlass, sich mit dem zu beschäftigen, was sich zwischen zwei Menschen abspielt. Denn Witze brauchen Zuhörer.

Der Witz beschäftigte Sigmund Freud aus Anlass einer ärgerlichen Bemerkung seines engsten Freundes Wilhelm Fliess zur Traumdeutung: „Der erste Leser und Kritiker dieses Buches hat mir den Einwand gemacht, den die späteren wahrscheinlich wiederholen werden, ‚daß der Träumer oft zu witzig erscheine'." Freud zufolge, liegt die Witzigkeit der Träume jedoch nicht in der Person des Träumenden begründet, er selbst empfand sich im realen Leben nicht als ausgesprochen witzigen Menschen, sondern „an den eigentümlichen psychologischen Bedingungen, unter denen der Traum gearbeitet wird ... Der Traum wird witzig, weil ihm der gerade und nächste Weg zum Ausdruck seiner Gedanken gesperrt ist; er wird es notgedrungen." Statt beleidigt auf die Kritik zu reagieren, begann er, die Theorie des Witzigen und des Komischen mit der Technik der Traumarbeit zu vergleichen und darüber nachzudenken, was „witzig sein" psychoanalytisch bedeuten kann.

Freuds Witz

Zugegeben: Ich habe bei der Lektüre von Sigmund Freuds Buch *Der Witz und seine Beziehung zum Unbewussten* von 1905 nur einmal richtig laut lachen können. Der Witz geht so: „Das Leben ist eine Kettenbrück', sagt der eine. – Wieso? fragt der andere. – Weiß ich? lautet die Antwort." (Freud 1905, Seite 155) Ansonsten liest sich das Buch wie die Witzsammlung eines Buchhalters mit einem leichten Einschlag ins Asperger-Syndrom. Vielleicht sind die Witze einfach auch nur verstaubt.

Und dennoch ist das Buch ein Solitär in Freuds 20-bändigem Werk, dessen Wert nicht überschätzt werden kann. Es ist nämlich, sieht man von den Abschnitten über Suggestion ab, die einzige Stelle, an der zur Sprache kommt, was sich zwischen zwei Menschen zuträgt. Ansonsten befasst sich die Psychoanalyse vor allem mit dem Innenleben des Menschen. Wenn reale Beziehungen überhaupt thematisiert werden, so nur als Projektionen innerer Konflikte oder als Sedimente längst vergangener Beziehungen. Doch ein Witz kann beim besten Willen nicht als bloß innerer Vorgang verstanden werden. Ein Witz braucht Zuhörer. Wer über seine eigenen Witze lacht, wirkt leicht peinlich und verhindert, dass die Zuhörer lachen können.

Die Macht der Sprache

Kennen Sie den? Trifft einer auf eine Gruppe junger Männer, die sich Zahlen zurufen und dann herzlich lachen. Der Fremde fragt erstaunt, was sie hier denn tun, und bekommt zur Antwort, dass sie sich Witze erzählten, dass sie diese aber schon so gut kennen würden, dass sie sie nummeriert hätten und deshalb nur noch die Nummern zu nennen bräuchten. Der Neue möchte auch dazugehören und ruft: 41! Totenstille, keine Reaktion. Beschämt fragt er, ob denn 41 keine Witznummer sei. „Doch schon", antwortet einer, „aber du hast ihn miserabel erzählt."

Sprache wird gewöhnlich als Technik verstanden, mit der Informationen ausgetauscht werden oder etwas benannt wird. Doch Sprache kann weit mehr als das. Sie kann Wirkung erzielen. Worte beeinflussen nicht nur den Geist, sie können auch den Stoffwechsel verändern: Wird jemand beleidigt, sinkt seine Stimmung, der Blutdruck und die Atemfrequenz erhöhen

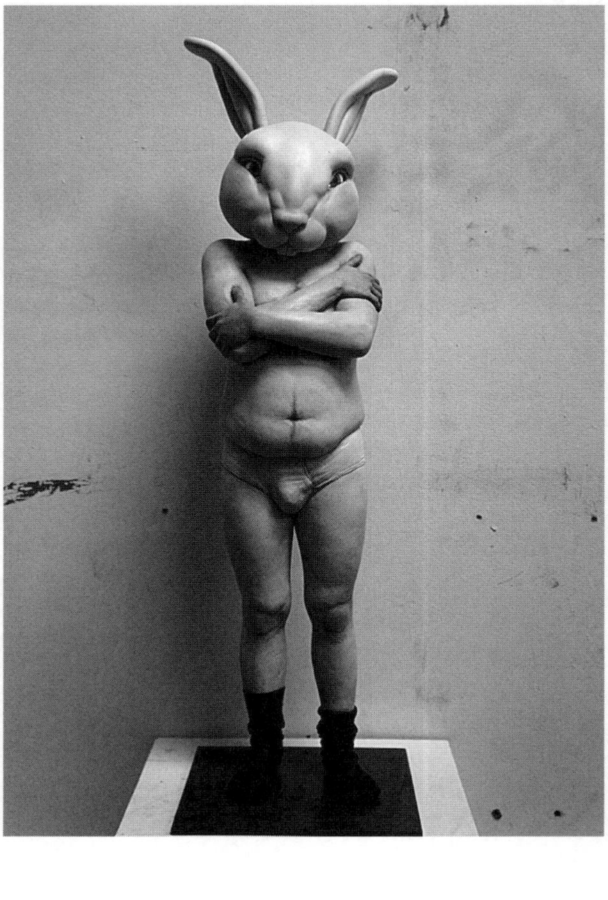

Abbildung:
Hold me tight
Samuel Salcedo, 2013;
Polyurethanharz, bemalt, 66x20x20 cm

Samuel Salcedo wird vertreten durch die Galerie Robert Drees, Hannover: www.galerie-robert-drees.de

sich, die Gesichtskapillaren werden erweitert und die Feinmotorik ist durch den erhöhten Adrenalinspiegel eingeschränkt. Ähnliches geschieht, wenn jemand einen (guten) Witz hört: Man lacht, die Stimmung verändert sich, Blutdruck und Puls erhöhen sich, Tränen steigen einem in die Augen und man ringt nach Atem. All das sind Reaktionen, die man nicht kontrollieren kann, und die bestimmt nicht auf neue Informationen zurückzuführen sind.

Gelten die meisten Werke Freuds der bewussten oder unbewussten Bedeutung der Sprache, befasst sich das Buch über den Witz mit ihrer Wirkung sowie mit der Frage, in welchem Verhältnis Wirkung und Bedeutung stehen.

Das Innenleben des Menschen ist in Freuds Sicht ein veritabler Kriegsschauplatz: Das Über-Ich (Gewissen) kämpft gegen das Es (die Triebe), das Ich gegen beide. Manchmal geht aus den Kämpfen ein eindeutiger Sieger hervor (Neurose), manchmal resultiert ein schlechter Kompromiss (auch Neurose), manchmal ein dauerhafter Frieden (Charakter). Der ökonomische Gesichtspunkt der Psychoanalyse untersucht die Kräfteverhältnisse, die Bedingungen also, die Kämpfe entscheiden; und Worte sind in diesem Krieg die wirksamsten Waffen.

Worte sind aber auch das Mittel, den Krieg zu beenden. Weil sich das psychoanalytische Heilverfahren ganz auf das Wort verlässt, nannte Freuds erste Patientin, Bertha Pappenheim, es eine *talking cure*, eine Redekur. Die therapeutische Deutung greift also in die inneren Kämpfe ein, um die Kräfteverhältnisse nachhaltig zu beeinflussen. Wie aber Bedeutungen Kräfteverhältnisse ändern können, ist das größte Rätsel der Psychoanalyse. Die weit verbreitete Ansicht, die Deutung wirke alleine aufgrund ihres Informationsgehalts, also als bloß intellektuelle Einsicht, ist naiv. Sonst könnte man Freuds *Gesammelte Werke* lesen und wäre geheilt. Doch die Deutung braucht, genau wie der Witz, eine Interaktion zwischen zwei Menschen, um der Einsicht überhaupt den Weg frei zu räumen. Der Witz eignet sich deshalb besonders gut als Modell für die psychoanalytische Praxis.

Beide, therapeutische Deutung und Witz, müssen überraschen, wenn sie Wirkung erzielen wollen. Wenn Freud über den Witz schreibt, er sei „kurzlebig" und könne nicht wiederholt werden, weil „es im Wesen einer Überraschung oder Überrumpelung liegt, kein zweites Mal zu gelingen" (Freud, 1905c, Seite 172), so gilt dies auch für dessen Deutung. Der Witz schlägt, wie die therapeutische Deutung, beim zweiten Mal nicht ein, weil er schon verstanden ist. Die Wirkung der Worte kommt also *vor* dem Verstehen zum Tragen, ja, das ausschließlich rationale Verstehen verhindert sogar Wirkung. Die Wirkung der Sprache kann also nicht dem Verstehen der Worte entspringen. Gleichzeitig spricht Freud dem reinen Blödsinn, den sogenannten Aufsitzern, bei denen es gar nichts zu verstehen gibt, die Würde des Witzes ab. So müssen Witz und Deutung auf einem bestimmten Verhältnis von Verstehen und Nicht-Verstehen, von Sinn und Unsinn beruhen.

Unsinn ist essenzieller Teil menschlicher Kommunikation.

Der Witz und das Unbewusste

Die Lust, die der Zuhörer des Witzes empfindet, entsteht nach Freud dadurch, dass das Bewusstsein für die kurze Zeit des Witzes nach den Gesetzen des Unbewussten funktioniert. Normalerweise ist Unsinn von der Zensur des Ichs mit einem Verbot belegt. Dies bedeutet eine Ersparnis an psychischer Energie, denn vernünftiges Sprechen ist gegenüber dem assoziativen Unsinn des Unbewussten mit mehr Aufwand verbunden. Die so frei gewordene Energie kann abgeführt und als Lust empfunden werden. Der Erzähler kann diese Lust nicht erleben, weil ihm der Unsinn Unlust bereitet. Wenn Erwachsene Unsinn reden, sind sie „Kandidaten für das Hospital" (Immanuel Kant). Der Erzähler braucht die frei gewordene Energie des Zuhörers zur Überwindung der Zensur des Verbots seines Bewusstseins, der Hörer aber, der selbst keine Hemmung zu überwinden hat, kann ohne Aufwand an der Energieersparnis teilhaben und die gewonnene Lust ungehindert im Lachen abführen. Für den Erzähler bedeutet das Lachen des Hörers eine nachträgliche Legitimation seiner Übertretung. Nur das Lachen des Anderen kann die Angst verhindern, die das Eindringen des Unbewussten ins Bewusstsein in aller Regel auslöst. Die Lust am Unsinn hat ihren Ursprung in der kindlichen Lust am Wortspiel, beim Kind ist sie allerdings noch nicht verboten. „Die Psychogenese des Witzes hat uns belehrt, dass die Lust des Witzes aus dem Spiel mit Worten oder aus der Entfesselung des Unsinns stammt." (Freud, 1905c, Seite 147)

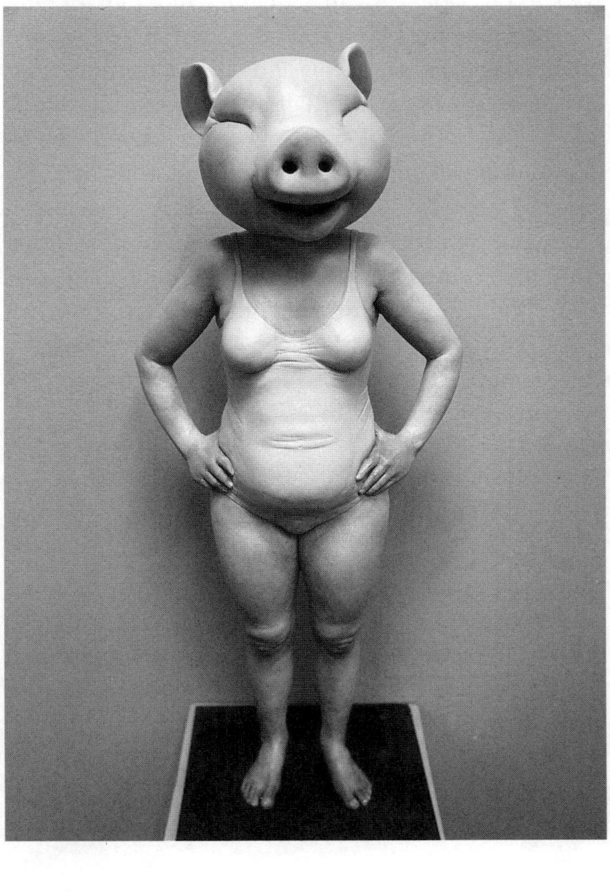

Abbildung:
Peppa Pig
Samuel Salcedo, 2014; Polyurethanharz, bemalt, 55x25x20 cm

Samuel Salcedo wird vertreten durch die Galerie Robert Drees, Hannover: www.galerie-robert-drees.de

Aphorismenschneise • Aphorismensch

Für die Diktatur ist Klugheit,
für die Demokratie Dummheit
die größte Gefahr.

Wie viel leichter ist es, Sprachen zu
erlernen, als in erfülltes Schweigen
hineinzuwachsen!

Ohne Idealisten stünden Realisten
ziemlich schlecht da.

Den Charakter eines Menschen erkennt
man weniger an der Wahl seiner Freunde
als an der seiner Feinde.

Wer unter Einsamkeit leidet,
ist nicht tief genug gestürzt.
Erst am Boden gibt es Hoffnung.

Thomas Berger

Freud führt an dieser Stelle eine verbotene Lust ein, die bemerkenswerterweise nicht sexueller Natur ist: die Lust am Unsinn. Weshalb aber ist nun beim Witz der Unsinn erlaubt? Dieser Frage geht Freud anhand des obszönen Witzes, der Zote nach. Diese ist ja nicht aufgrund ihres Unsinns, sondern aufgrund ihres sehr spezifischen Inhalts lustvoll. Freud schreibt: „Man weiß, was unter der ‚Zote' verstanden wird: die beabsichtigte Hervorhebung sexueller Tatsachen und Verhältnisse durch die Rede. Indes, diese Definition ist nicht stichhaltiger als andere Definitionen. Ein Vortrag über die Anatomie der Sexualorgane oder über die Physiologie der Zeugung braucht trotz dieser Definition nicht einen einzigen Berührungspunkt mit der Zote gemein zu haben. Es gehört noch dazu, daß die Zote an eine bestimmte Person gerichtet werde, von der man sexuell erregt wird, und die durch das Abhören der Zote von der Erregung des Redenden Kenntnis bekommen und dadurch selbst erregt werden soll. Anstatt dieser Erregung mag sie auch in Scham oder Verlegenheit gebracht werden, was nur eine Reaktion gegen diese Erregung und auf diesem Umwege ein Eingeständnis derselben bedeutet. Die Zote ist also ursprünglich an das Weib gerichtet und einem Verführungsversuch gleichzusetzen. Wenn sich dann ein Mann in Männergesellschaft mit dem Erzählen oder Anhören von Zoten vergnügt, so ist die ursprüngliche Situation, die infolge sozialer Hemmnisse nicht verwirklicht werden kann, dabei mitvorgestellt. Wer über die gehörte Zote lacht, lacht wie ein Zuschauer bei einer sexuellen Aggression ... Die Zote ist wie eine Entblößung der sexuell differenten Person, an die sie gerichtet ist ... Es ist nicht zu bezweifeln, daß die Lust, das Sexuelle entblößt zu sehen, das ursprüngliche Motiv der Zote ist." (Freud, 1905c, Seite 105)

Das Lachen des Zuhörers einer Zote entspringt nun nicht mehr der Unsinnslust, sondern der „mühelose(n) Befriedigung (der) eigenen Libido". Ganz so mühelos ist sie allerdings nicht. Im Gegensatz zur direkten Abfuhr der regressiven Unsinnslust im Lachen, das heißt der Lust am Rückfall auf eine primitivere Stufe des Trieblebens, ist die sexuelle Lust eine gehemmte und aufgeschobene, eigentlich ein Ersatz für eine sexuelle Handlung.

Wie verhält sich nun diese Art von Witz zum Witz als Unsinn? Der Witz, schreibt Freud, habe „einen Kern an Spiellust und eine Hülle an Aufhebungslust" (Freud, 1905c, Seite 155). Der Kern der Spiellust sei eigentlich eine Lust am Unsinn. Um diese Lust zu legitimieren, muss der Witz den Unsinn sekundär in einen sinnvollen Gedanken kleiden. Dieser sinnvolle Gedanke ist der sexuelle oder aggressive Inhalt, der für sich alleine auch verboten wäre. Der verbotene Gedanke hebt aber die Stimmung des Zuhörers und mildert so seine Kritik gegen den Unsinnsgehalt des Witzes. Der sinnreiche, sexuelle oder aggressive, Gedanke des Witzes schützt also den Unsinn gegen die Kritik. Dadurch, dass diese Lust sich jetzt Bahn brechen kann und die Stimmung hebt, wird nun andererseits der tendenziöse, sinnreiche Gedanke der Kritik entzogen und der Zugang zum Bewusstsein erleichtert: „(Die Witzeslust) hat gleichsam als Verlockungsprämie gedient; mit Hilfe eines dargebotenen kleinen Betrages von Lust ist ein sehr großer, sonst schwer zu erreichender, gewonnen worden." (Freud, 1905c, Seite 153) Der Kern der Spiellust und die Hülle an Aufhebungslust stehen in einem „verwickelten Auslösungsverhältnis" (Freud, 1905c, Seite 151) zueinander: Eine verbotene Lust, die Lust am Unsinn, findet als blinder Passagier einer anderen Lust, der Lust am verbotenen Inhalt, Zugang zum Bewussten – und vice versa.

Dieses Auslösungsverhältnis von Kern und Hülle des Witzes beschreibt eine Logik jenseits von Gegensatz und Dialektik, eine Logik auch jenseits des ausgeschlossenen Dritten. Das heißt: Sinn und Unsinn widersprechen sich nicht und ergeben in der Aufhebung auch keinen „höheren" Sinn, sondern der (verbotene) Sinn umhüllt einen unsinnigen Kern. Die doppelte Übertretung bewirkt nicht, wie zu erwarten wäre, eine stärkere Hemmung, sondern eine Aufhebung der Hemmung.

Sinn und Unsinn

Die Pointe von Freuds Erklärung des Witzes: Der Unsinn spielt im Witz, ja in der menschlichen Kommunikation überhaupt, eine entscheidende Rolle. Auf den ersten Blick ist dies wenig überraschend, legitimiert Freud doch die Psychoanalyse überhaupt mit ihrer Fähigkeit, den scheinbar unsinnigen Äußerungen des Unbewussten Sinn zu geben: „Die Berechtigung, ein unbewußtes Seelisches anzunehmen und mit dieser

Annahme wissenschaftlich zu arbeiten, wird uns von vielen Seiten bestritten. Wir können dagegen anführen, dass die Annahme des Unbewußten notwendig und legitim ist ... Alle bewussten Akte blieben zusammenhanglos und unverständlich, wenn wir den Anspruch festhalten wollen, dass wir auch alles durchs Bewusstsein erfahren müssen, was an seelischen Akten in uns vorgeht, (aber sie) ordnen sich in einen aufzeigbaren Zusammenhang ein, wenn wir die erschlossenen unbewußten Akte interpolieren. Gewinn an Sinn und Zusammenhang ist aber ein vollberechtigtes Motiv, das uns über die unmittelbare Erfahrung hinaus führen darf." (Freud 1915, Seite 264–265)

Doch genau an dieses Versprechen der Psychoanalyse, nämlich Sinn und Zusammenhang dort herzustellen, wo scheinbar Unsinn herrscht, hält sich Freud im Witz nicht. Der unsinnige Kern wird nicht aufgelöst, sondern nur verhüllt. Auch der Traum hat einen unsinnigen Kern, der nicht aufgelöst werden kann, behauptet Freud an anderer Stelle: „In den bestgedeuteten Träumen muß man oft eine Stelle im Dunkel lassen, weil man bei der Deutung merkt, daß dort ein Knäuel von Traumgedanken anhebt, der sich nicht entwirren will, aber auch zum Trauminhalt keine weiteren Beiträge geliefert hat. Dies ist dann der Nabel des Traums, die Stelle, an der er dem Unerkannten aufsitzt. Die Traumgedanken, auf die man bei der Deutung gerät, müssen ja ganz allgemein ohne Abschluß bleiben und nach allen Seiten hin in die netzartige Verstrickung unserer Gedankenwelt auslaufen. Aus einer dichteren Stelle dieses Geflechts erhebt sich dann der Traumwunsch wie der Pilz aus seinem Mycelium." (Freud 1900a, Seite 530)

Wie also muss Sprache beschaffen sein, dass keine Irrtümer mehr möglich sind, dass sie zu keiner „Verhexung des Verstandes" (Ludwig Wittgenstein) mehr führt? Seit Platon in seinem Dialog *Kratylos* diese Frage aufgeworfen hat, drehen sich fast dreitausend Jahre Sprachphilosophie um sie. Sie findet auch Niederschlag in all den Kommunkationstrainings, die eine klare und einfache Sprache als oberstes Lernziel haben. Natürlich gab es und gibt es auch Verfechter der Mehrdeutigkeit und der poetischen oder rhetorischen Verzierung, aber dass da einer kommt und den Unsinn als essenziellen Teil, als Kern gar menschlicher Kommunikation bezeichnet, ist schon unerhört.

Wie rechtfertigt Freud diese Behauptung? Es reicht nicht, scheint uns Freud sagen zu wollen, eine wahre und klare Sprache zu führen. Sprache muss auch etwas bewirken, und sie wirkt nur, wenn sie emotional berührt, wenn sie Lust bereitet und „die Stimmung hebt". Doch vielleicht geht es um mehr, als bloß um die gehobene Stimmung, vielleicht ermöglicht erst das kleine Quantum Unsinn eine Antwort. Vielleicht erlaubt erst die Unvollständigkeit, ja die Undurchdringlichkeit einer Ansprache dem Angesprochenen eine Teilnahme und eine Anteilnahme und damit ein Gespräch im vollen Sinne des Wortes. Wer alles sagt, bleibt wirkungslos. Dies wusste schon Aristoteles, als er dem Redner empfahl, besser mit Wahrscheinlichkeiten als mit Wahrheiten zu operieren. Die reine Wahrheit ist nicht zum Lachen.

Dr. med. Dr. phil. Daniel Strassberg ist Psychoanalytiker und Philosoph in Zürich. Er lehrt Philosophie für Mediziner und Psychotherapeuten und an der ETH Zürich.

Literatur:

- Freud, Sigmund: Gesammelte Werke in achtzehn Bänden mit einem Nachtragsband. Herausgegeben von Anna Freud, Marie Bonaparte, E. Bibring, W. Hoffer, E. Kris und O. Osakower. Fischer, Frankfurt am Main 1978. Im Text zitiert mit: (Freud, Erscheinungsjahr des jeweiligen Bandes, Seitenzahl).
- Strassberg, Daniel: Der Kern und die Hülle. Überlegungen zur Ökonomie der Deutung. In: Zeitschrift für psychoanalytische Theorie und Praxis, Jahrgang XVII, 2002, 3, Seite 267ff.

Abbildung: **Braghettone Sostenuto.** Gerard Mas, 2006; Carrara-Marmor, Piercing und Kordell, 45x35x27 cm.
Gerard Mas wird vertreten durch die Galerie Robert Drees, Hannover: www.galerie-robert-drees.de

Ralf Simon

Die Befreiung des Lachens von der Moral

Das unpassende Lachen und die Humanisierung einer ursprünglichen Ausdrucksform

Die Ursprünge des Lachens reichen bis tief in die Abgründe der Entwicklungsgeschichte der Menschheit. Im Lachen bricht sich etwas Urwüchsiges Bahn, das unsere kulturelle Existenz in Frage stellt, unsere Domestizierung von Gewalt unterläuft und die Souveränität unseres Bewusstseins untergräbt.

Im richtigen Moment zu lachen, ist eine kulturelle Leistung. In der älteren ethnologischen Literatur ist die oft zitierte Szene von dem Wilden zu finden, der als Sieger eines Kampfes seinen Fuß in den Nacken des am Boden liegenden Gegners stemmt und lacht. Es handelt sich um einen unmittelbaren Akt der Erregungsabfuhr; das Lachen ist an eine die Existenz gefährdende Situation gebunden und noch weit entfernt von einem souveränen Sich-Erheben über den Anlass. Sigmund Freud hingegen leitet das Lachen aus einer Wiederkehr des Verdrängten her, die den davon Betroffenen derart peinlich bedrängt, dass er sich mit dem Lachen von dieser Zumutung befreien möchte. Eine weitere Vermutung bezieht das Lachen auf einen Rückfall in eine seltsame Aktualisierung von Daseinszuständen, in denen wir in frühkindlichen Wahrnehmungsweisen noch diesseits symbolischer Artikulationsmöglichkeiten befangen sind. Lachen erscheint dann als somatische Äußerung, die den ganzen Körper von seiner Mitte her in Aufruhr versetzt. Alle diese Überlegungen verbinden das Lachen mit archaischen Zuständen, datieren es zurück auf gewaltsame Szenarien oder vorsprachliche beziehungsweise vorbewusste Dimensionen. Im Lachen scheint demnach etwas aufzutauchen, das unsere kulturelle Existenz in Frage stellt, unsere Domestizierung von Gewalt unterläuft und die Souveränität unseres Bewusstseins untergräbt. So gesehen, ist Lachen immer unpassend.

Die Humanisierung des Lachens

Man kann sich die Problemlage mithilfe Gotthold Ephraim Lessings vergegenwärtigen. Vor die Frage gestellt, wie ein Lustspiel zu schreiben sei, das die humanen Errungenschaften der Aufklärung nicht unterschreitet, stellt sich Lessing dem Problem, dass Lachen meist auf Kosten anderer geht, also faktisch ein Verlachen ist. Sich selbst zu vergnügen, indem ein anderer beschämt wird, ist aber eines aufgeklärten und mit empfindsamer Herzensbildung versehenen Menschen unwürdig. „Die Komödie will durch Lachen bessern; aber nicht eben durch Verlachen", formuliert er im 29. Stück der *Hamburgischen Dramaturgie*. Der Ausweg aus dem Problem weist in die Richtung einer gebildeten Geselligkeit: „Wir können über einen Menschen lachen, bei Gelegenheit seiner lachen, ohne ihn im geringsten zu verlachen", heißt es im 28. Stück. Lessing unterstellt einen geselligen Kreis von gebildeten Menschen, die in der Lage sind, ein Laster nicht einem besonderen Menschen, sondern anlässlich eines solchen allgemein der menschlichen Verfasstheit, also auch sich selbst zuzuschreiben und darüber gemeinsam zu lachen. Solches Lachen, dem mit der Referenz die giftige Spitze genommen ist, wäre ein wohltemperiertes Lachen, in dem das Eingeständnis der eigenen Schwachheit enthalten ist. Nicht umsonst plädiert Lessing für das weinerliche Lustspiel anstelle der aggressiv verlachenden Posse.

Man kann an Lessings kulturgeschichtlich schon sehr spätem Versuch, das Lachen zu humanisieren, ablesen, welches Ausmaß von kultureller Arbeit nötig war, um von der Erregungsabfuhr zur Kompatibilität von Lachen und Empfindsamkeit zu gelangen. Die radikale These deutet sich an, dass das Lachen, so wie wir es weithin verstehen, immer schon sekundär passend gemachtes, also eigentlich unpassendes Lachen ist. Es wurde in einer herkulischen Arbeit (so nennt Jean Pauls Schulmeisterlein Wutz seine *ars semper gaudendi*, das heißt „die Kunst stets zu lachen") von seinem ursprünglichen Ort verschoben und der Komik zugeschrieben.

Eigentlich hat Lachen mit Komik nichts zu tun. Die Wiederkehr des Verdrängten, der Rückfall in die kindliche Sphäre jenseits der Fähigkeit, abstrakte Zeichen zu bilden und zu verstehen, oder die Befreiung vom Druck einer tödlichen Gefahr sind alles andere als lustige Umstände. Das in ihnen sich Bahn brechende Lachen dennoch der Komik zuzuschreiben, ist ein besonders sophistischer Trick (siehe Erläuterung), gleichsam eine an Friedrich Nietzsche gemahnende Kulturrhetorik. Das Lachen wird einem weithin als harmlos verstandenen Genre eingemeindet. Im Komischen, in der heiteren Geselligkeit der Witze, ist es so weit von seinem Ort entfernt, dass kaum ein Weg zurück in die an sich verstörende Dimension des Lachens denkbar scheint.

Lessings Reflexionen über das Lachen gehen noch von der aristotelischen Vorstellung aus, dass es an sich unschädliche Fehler – oder später: Laster – wären, die durch Lächerlichmachung einer Therapie zu unterziehen seien (*Poetik*, Kapitel 5). Das Lachen wurde also moralisch eingebunden. Die entscheidende Wende ist die Umschaltung von der aristotelischen Unschädlichkeitsklausel zur Kontrasttheorie des Lachens. Sie findet in Jean Pauls *Vorschule der Ästhetik* (1804) statt. Wenn nunmehr das Komische aus dem Nichtzueinanderpassen subjektiver Urteilsbildung zu objektiven Gegebenheiten entspringt oder aus der Komik der schiefen Situation mit ihren widerspenstigen und mit eigener Tücke begabten Dingen, dann ist das dadurch sich formierende Lachen moralbefreit. Gelacht wird über den Zustand der Erkenntniskräfte, als ob sich die Erwartung einer erhellenden Erkenntnis in Nichts auflösen würde (frei nach Immanuel Kant). Ein solches Lachen arbeitet intensiv an der Depotenzierung menschlicher Souveränität – ganz im Gegensatz zu demjenigen Lachen, welches Laster mit der Absicht ihrer Besserung lächerlich macht.

Jean Pauls Theoriebild ist der Vogel Merops, der falsch herum seine „Himmelfahrt" antritt: „Dieser Gaukler trinkt, auf dem Kopfe tanzend, den Nektar hinaufwärts. Wenn der Mensch, wie die alte Theologie tat, aus der überirdischen Welt auf die irdische herunterschauet: so zieht diese klein und eitel dahin; wenn er mit der kleinen, wie der Humor tut, die unendliche ausmisset und verknüpft: so entsteht jenes Lachen, worin noch ein Schmerz und eine Größe ist." (*Vorschule der Ästhetik*, §33) Die Himmelfahrt und ihr Lachen sind besonders aufschlussreich, wenn man die mehrfache Perspektivik dieses Theoriebildes bedenkt. Der Blick zurück auf die Erde ist ein Blick in die fortlaufende Katastrophe, in die Nichtigkeit der Dinge, deren Unverhältnis zur Idealität zum schmerzhaften Lachen führt. Lachen ist also körpergewordenes Beobachtungswissen, es hat mit Reflexion zu tun, mit einem Sich-Erheben, aber zugleich einem Sich-Niederbeugen, deshalb spricht Jean Paul auch vom umgekehrt Erhabenen. Am lustigsten ist das Bild aber, wenn man es versuchsweise aus der Perspektive Gottes zu denken unternimmt. Der sieht nämlich nur den Hintern der Erhabenheit, denn Merops blickt ja nach unten, während er nach oben fliegt. Es handelt sich um einen noch seltsameren Engel der Geschichte, als es der von Paul Klee ist. Was Jean Paul hier zu denken aufgibt, ist ein Humor, dessen Erkenntnistheorie aus der Einsicht in die Falschheit der Welt die Schlussfolgerung zieht, dass an ihr nichts zu reparieren, sondern alles nur zu verlachen ist. Dieses Lachen ist nicht gesellig wie bei Lessing, sondern eine so einsame Sache, wie die Himmelfahrt es ist (ist sie jemals als gesellige Veranstaltung gedacht worden?). Ein solches Lachen glaubt nicht an die Therapierbarkeit von Fehlern und Lastern. Es ist keinesfalls lustig, sondern voller Schmerz. Ihm fehlt die orgiastische Energie, die Michail Bachtin dem karnevalesken Lachen zuspricht. Das Lachen bei Jean Paul ist eine humoristische Geste, nicht umsonst kommt er ein paar Sätze später auf den Melancholiker zu sprechen.

Kann man bestimmen, ‚wo' dieses Lachen ist, wo also sein Ort sein könnte? Der Vogel Merops setzt es so in Szene wie der Luftschiffer Giannozzo im *Komischen Anhang* zum Roman *Titan*: Der Ort dieses Lachens ist irgendwo zwischen Himmel und Erde, in diesem Sinne also überall, gleichermaßen passend wie unpassend. Somit reicht das Lachen auch recht tief hinunter in verschiedene Abgründe, fixe Ideen (Fixlein nennt sich auch eine Figur Jean Pauls) und ganze Wahnsysteme. Man lese etwa folgende aparte Gebrauchsanleitung zum Produzieren philosophischer Systeme:

„Dies sind die wenigen Fäden, woraus ich ein ganzes auf den folgenden Blättern abgedrucktes System zusammengesponnen, weil ich nicht anders kann, als es für die unnachlaßliche Schuldigkeit eines ieden großen Gelehrten halten, gleich der Gartenspinne auf gerade wol einen Faden in die Luft zu hofiren – dann zu passen bis der *Wind* ihn an irgend einen *wirklichen* Gegenstand anpicht – dann noch einen zu hofiren und mit ihm den ersten zu durchkreuzen – dann sich beide zu Nutze zu machen und selbst als das Weberschif hinzuschiessen und den Eintrag einzuweben – und so fortzufahren am Bau des wahren Luftschlosses bis die Gartenspinne das System oder der Gelehrte das Gespinnst fertig hat." (JP II/2, 349)

Man weiß schon an dieser Stelle aus dem Frühwerk Jean Pauls nicht so recht, ob diese Beschreibung besser auf ein Zwangssystem oder eine Philosophie wie zum Beispiel die von Kant zutrifft. Aber nun kommt noch hinzu, dass jemand dies alles auch noch aussprechen muss. Der Zuchthausprediger Frohauf Süptitz, der im letzten Roman Jean Pauls auftritt, hat damit, wie er der

Gattin erklärt, seine rechte Mühe: „Ach meine geliebteste, werteste Gattin! Wäre dir doch ein Gatte beschert, der zehnmal weniger dächte! – Aber es steht nicht in meiner Macht, sondern ich denke viel. – So durchdacht' ich denn auch, bevor ich den Jubilarius anredete, schleunigst, was es heißt: reden (anreden vollends), und ich erstaunte über die dabei zusammenarbeitenden Tätigkeiten des Menschen: erstlich, daß man die bloße *reine* Gedankenreihe des Menschen Gott weiß wie weit in die Länge vorausspinnen und dann das Gespinst mit Bewußtsein anschauen muß – zweitens, daß man jedes Glied der Kette in sein Wort umsetzen – drittens wieder diese Worte durch eine grammatische Syntaxis in eine Sprachkette zusammenhaken muß (unter allen diesen Funktionen setzt das Selbstbewußtsein unaufhörlich sein vielfaches Anschauen fort) – und viertens, daß der Redner, nachdem alles dies bloß innerlich gemacht worden, nun die gedachte innere Kette in eine hörbare umzuarbeiten und aus dem Munde Silbe nach Silbe zu holen hat – und fünftens, daß er unter dem Aussprechen eines Komma oder Semikolon oder Kolon gar nicht auf dieses horchen oder sehen darf, weil er jetzo schon das nächste Komma innen zu bearbeiten und fertig zu machen hat, um es sofort außen an das herausgerollte anzusetzen, so daß man freilich eigentlich nicht weiß, was man sagt, sondern bloß, was man sagen wollte. – Wahrlich, ich begreife bei solchen Umständen kaum, wie ein Mensch nur halb vernünftig spricht." (JP I/6, 1021)

Jean Pauls Humor agiert weniger auf der Ebene von Witzen, als vielmehr systembezogen. Angesichts einer misslungenen Schöpfung ist eine jede Weltsicht so schief, dass ihr Zwangscharakter zukommt und Verlachen noch die beste Reaktion ist. Ergo: Passender war Lachen nie, sofern man annimmt, dass das Korrelat des Lachens, die Welt und ihre mentalen Repräsentationen per se unpassend sind. Unter dieser Prämisse gibt es bei Jean Paul auch wunderbare Szenarien des Gelingens, Passgenauigkeiten des Falschen gewissermaßen. Zu Beginn der *Flegeljahre* wird sieben hoffnungsfrohen Erben ein Testament eröffnet. Sie hören erstaunt, dass derjenige das Haus zugesprochen bekommt, der innerhalb der nächsten halben Stunde eine Träne über den Verstorbenen zu vergießen imstande ist. Die anwesenden, recht trockenen Philister versuchen also, zur Träne zu kommen, stellen sich das Klistieren vor, rührende Literatur, Brechmittel für Hunde oder der Kirchenrat eine gelungene Erweichungs-Rede. Ein gewisser Flitte aus Elsass versucht es umgekehrt und lacht über die trockene Weingesellschaft, in der Hoffnung, es wäre das Lachen, das ihm eine Träne schenkt, aber leider muss er sich belehren lassen, dass Freudentränen nicht gelten, worauf Flitte aus Trotz entgegnet, „er lache nur zum Spaß, nicht aus ernstern Absichten" (JP I/4, 586). Erfolgreich ist schließlich der Frühprediger Flachs, er „hielt sich Kabels Wohltaten und die schlechten Röcke und grauen Haare seiner Zuhörerinnen des Frühgottesdienstes, den Lazarus mit seinen Hunden und seinen eigenen langen Sarg in der Eile vor, ferner das Köpfen so mancher Menschen, Werthers Leiden, ein kleines Schlachtfeld und sich selber, wie er sich da so erbärmlich um den Testaments-Artikel in seinen jungen Jahren abquäle und abringe – noch drei Stöße hatt' er zu tun mit dem Pumpenstiefel, so hatte er sein Wasser und Haus ... ‚Ich glaube, meine verehrtesten Herren', sagte Flachs, betrübt aufstehend und überfließend umhersehend, ‚ich weine' – setzte sich darauf nieder und ließ es vergnügter laufen; er war nun auf dem Trocknen." (JP I/4, 586 f.)

Der Leser lacht wohl. Lustig ist es aber nicht, eher beschämend im doppelten Sinne, für die Verlachten nicht weniger als für die Verlachenden. Kommt vielleicht eine dritte Dimension hinzu? Lacht der Humorist über diesen Kasus als über ein Exempel für den niederschmetternden Heilszustand der Welt? Dass Jean Paul kaum kurze Witze erzählt, hat seinen Grund nicht allein in den sprachlichen Selbstreferenzen, die ihren raumgreifenden Rhythmus brauchen. Wichtiger ist, dass Jean Paul schiefe Universen konstruiert, Situationskomiken aus der Logik von zwanghaft durchgehaltenen Scheinrationalitäten. Das Lachen, das hier stattfindet, ist an diesen Zwangscharakter gebunden, tief in ihn verstrickt. Jean Paul bringt das unheimliche Kunststück fertig, den lachenden Rezipienten in eine peinliche Situation zu bringen. Wenn der Leser nicht selbst ein Jean Paul oder Arno Schmidt lesender Humorist ist, dann muss sich in ihm etwas sträuben. Denn Weltverneinung ist die unterstellte gemeinsame Basis dieses Lachens, das nur dadurch passend geworden ist. Wo noch ein Rest an Affirmation vorhanden ist, muss sich im Lachen über diese Testamentsszene eine Gegenkraft zur Geltung bringen, die sich im Rückschlag gegen das Lachen wendet und es disqualifiziert.

Man lacht aufgrund besseren Wissens.

In Jean Pauls Lachtheorie ist dieser Tatbestand recht komplex als Staffelung von Kontrasten entfaltet (*Vorschule der Ästhetik*, §28). Nötig sei ein objektiver Kontrast als Widerspruch zwischen Mittel und Absicht, etwas zu erreichen. So lässt er Sancho Pansa die Nacht über einem Abgrund schwebend zubringen, die Hände auf der einen Seiten abstützend, die Füße auf der anderen. Erst in der Morgendämmerung sieht er, dass unter ihm keine Schlucht klafft, sondern nur ein seichter Graben. Zu diesem objektiven Kontrast muss ein subjektiver hinzukommen, in dem wir Sancho Pansa unsere Einsicht unterschieben, aber nicht so, dass Sancho Pansa sie bekäme (er stünde auf und ginge

Sophistik
Philosophische Strömung des 5.–4. Jahrhunderts v. Chr. Sophisten wie Protagoras, Gorgias oder Hippias von Ellis wirkten vor allem als Wanderlehrer und Redner vor Gericht, sozusagen als Aufklärer der Antike. Indem sie gegen eine vom Menschen unabhängig bestehende absolute Wahrheit und entsprechend gegen immer gültige, dem menschlichen Denken übergeordnete Werte opponierten, stellten sie sich gegen Denker wie Platon. Dieser charakterisiert sie als Wortverdreher, weil sie sich mehr auf die Überredung durch rhetorische Mittel statt auf Überzeugung mittels Argumenten verstünden.

weg), sondern so, dass wir uns mit der besseren Einsicht lachend an seine Stelle versetzen. Diese beiden ineinander verhakten Kontraste müssen einen dritten bilden, nämlich den sinnlichen Kontrast, der uns den objektiven Widerspruch bildlich vor Augen führt. Wir lachen also eigentlich nicht über Sancho Pansa, sondern über unseren eigenen „Selbst-Trug" (JP I/4, 110), resultierend daraus, dass wir humoristisch, also mit besserem Wissen, die Verkörperung des Sancho Pansa einnehmen.

Das ist eine scharfsinnige Analyse. Sie macht deutlich, dass das moralbefreite Lachen eine starke Investition des Lachenden impliziert. Unter Jean Paul'schen Prämissen: Wer über die schrägen Szenarien dieses Autors lacht, bejaht die objektiv misslichen Lagen als Exempel umfassender Negativität und übersetzt sie in eine sinnliche Verkörperung. Tatsächlich kann man ja in vielen Lachsituationen beobachten, dass die Lachenden eine Anverwandlung an den Gegenstand des Lachens vollziehen und sich damit dem Objektiven ähnlich machen. Dieses Sich-ähnlich-Machen verweist auf die Abgründe im Lachen als Zugleich von Sich-Erheben und Sich-Negieren.

Wenn Jean Paul mit seiner Analyse der drei Kontraste richtig liegt, dann macht er den derart Lachenden zum konstitutiven Mitakteur. Radikal gedacht, bräuchte man, um zum Lachen zu kommen, nicht einmal einen komischen objektiven Kontrast: Man könnte jede Alltagssituation nehmen, ihr einen kontrafaktischen subjektiven Kontrast verleihen und die resultierende Situation als zwanghaftes System sinnlich verkörpern. Ohne die Mittäterschaft des Lachenden am Werk der Negativität aber ist dieses Lachen nicht zu haben. Jean Pauls Lachtheorie impliziert einen Lachenden, dessen Weltsicht ziemlich schwarz ist. Nur die subjektive Zutat produziert das närrische Weltverlachen und nur, wer so weit gekommen ist, kann sein Lachen passend finden. Alle anderen, also die seichteren und menschenfreundlichen Gemüter, halten Jean-Paul-Lektüren auf die Dauer nicht aus.

Die ganze Peinlichkeit des Lachens

Es ist von Jean Pauls Lachtheorie nur ein kleiner Schritt zu der Szene, in der das Lachen selbst zwanghaft wird,

Abbildung: **Oveja Versallesca.** Gerard Mas, 2006; Carrara-Marmor, 42,5x50x21 cm.
Gerard Mas wird vertreten durch die Galerie Robert Drees, Hannover: www.galerie-robert-drees.de

und das Unpassende (der Welt oder des Lachens?) als solches zum thematischen Gegenstand gerät. Zweifelsohne gibt es auch einen Zwangscharakter des Lachens, der die ganze Peinlichkeit (der Welt oder des Lachens?) sogar soweit versinnlicht, dass auch noch der subjektive Kontrast objektiv wird.

Franz Kafka schildert in den Briefen an seine Verlobte Felice Bauer eine solche Situation, und er tut dies, indem er sich anfangs in die Tradition des Närrischen stellt (Brief vom 8./9.1.1913): „Ich kann auch lachen, Felice, zweifle nicht daran, ich bin sogar als grosser Lacher bekannt, doch war ich in dieser Hinsicht früher viel närrischer als jetzt." Kafka beschreibt eine Situation, in der ihm und zwei seiner Kollegen eine berufliche Beförderung zuteil wird, er deshalb im Zimmer des Präsidenten seiner Institution steht und sich dessen Rede und die Dankesrede eines der Kollegen anhört, während er einen unwillkürlich aufbrechenden Lachreiz zu unterdrücken versucht. Vergeblich: „Als er aber seine Rede anfieng, wieder diese übliche, längst vorher bekannte, kaiserlich schematische, von schweren Brusttönen begleitete, ganz und gar sinnlose und unbegründete Rede, als mein Kollege durch Seitenblicke mich, der ich mich ja gerade zu beherrschen suchte, warnen wollte und mich gerade dadurch lebhaft an den Genuss des frühern Lachens erinnerte, konnte ich mich nicht mehr halten und alle Hoffnung schwand mir, dass ich mich jemals würde halten können. Zuerst lachte ich nur zu den kleinen hie und da eingestreuten zarten Spässchen des Präsidenten; während es aber Gesetz ist, dass man zu solchen Spässchen nur gerade in Respekt das Gesicht verzieht, lachte ich schon aus vollem Halse, ich sah wie meine Kollegen aus Furcht vor Ansteckung erschraken, ich hatte mit ihnen mehr Mitleid als mit mir, aber ich konnte mir nicht helfen, dabei suchte ich mich nicht etwa abzuwenden oder die Hand vorzuhalten, sondern starrte immerzu dem Präsidenten in meiner Hilflosigkeit ins Gesicht, unfähig das Gesicht wegzuwenden, wahrscheinlich in einer gefühlsmässigen Annahme, dass nichts besser, alles nur schlechter werden könne und dass es daher am besten sei, jede Veränderung zu vermeiden. Natürlich lachte ich dann, da ich nun schon einmal im Gange war, nicht mehr bloss über die gegenwärtigen Spässchen, sondern auch über die vergangenen und die zukünftigen und über alle zusammen und kein Mensch wusste mehr, worüber ich eigentlich lache; eine allgemeine Verlegenheit fieng an, nur der Präsident war noch verhältnismässig unbeteiligt, als grosser Mann, der an Vielerlei in der Welt gewöhnt ist und dem übrigens die Möglichkeit der Respektlosigkeit vor seiner Person gar nicht eingehn kann ... Als er also jetzt mit schwingenden Handbewegungen etwas (schon im Allgemeinen und hier insbesondere) Läppisches daherredete, wurde es mir zu viel, die Welt, die ich bisher immerhin im Schein vor den Augen gehabt hatte, vergieng mir völlig und ich stimmte ein so lautes rücksichtsloses Lachen an, wie es vielleicht in dieser Herzlichkeit nur Volksschülern in ihren Schulbänken gegeben ist. Alles verstummte und nun war ich endlich mit meinem Lachen anerkannter Mittelpunkt. Dabei schlotterten mir natürlich vor Angst die Knie, während ich lachte, und meine Collegen konnten nun ihrerseits nach Belieben mitlachen, die Grässlichkeit meines solange vorbereiteten und geübten Lachens erreichten sie ja doch nicht und blieben vergleichsweise unbemerkt. Mit der rechten Hand meine Brust schlagend, zum Teil im Bewusstsein meiner Sünde (in Erinnerung an den Versöhnungstag) zum Teil um das viele verhaltene Lachen aus der Brust herauszutreiben, brachte ich vielerlei Entschuldigungen für mein Lachen vor, die vielleicht alle sehr überzeugend waren, aber infolge neuen immer dazwischenfahrenden Lachens gänzlich unverstanden blieben. Nun war natürlich selbst der Präsident beirrt und nur in dem solchen Leuten schon mit allen seinen Hilfsmitteln eingeborenen Gefühl alles möglichst abzurunden, fand er irgend eine Phrase, die meinem Heulen irgend eine menschliche Erklärung gab, ich glaube eine Beziehung zu einem Spass, den er vor langer Zeit gemacht hatte. Dann entliess er uns eilig. Unbesiegt, mit grossem Lachen, aber totunglücklich stolperte ich als erster aus dem Saal." (Kafka, Briefe 1913–März 1914, 26–29)

Unpassendes Lachen negiert das Lachen als solches.

Diese Szene ist weder lustig, noch ist man angehalten, über sie zu lachen. Indem Kafka den das Lachen initiierenden subjektiven Kontrast mit auf die Textbühne stellt, also dargestelltes unpassendes Lachen erzeugt, wird der Rezipient arbeitslos. Er hat selbst nichts mehr zu investieren, sondern schaut nur zu. Dass der Rezipient in diesem Fall eine Frau ist, führt zu der aufschlussreichen Drehung, dass in diesem thematisch gewordenen unpassenden Lachen die Verlobte kaltgestellt ist und das Lachen so zur männlichen Angelegenheit wird. Kafka beschreibt den Zwangscharakter der Lachattacke nicht nur als peinlich unpassend, viel peinlicher ist, dass er sich in seinem Brief in einer Weise exhibitioniert, die Felice Bauer zur ohnmächtigen Zeugin eines bizarren Schauspiels degradiert. Und wenn man dennoch über Kafkas Text lachen muss? Mit Jean Paul wäre gleichwohl darauf zu insistieren, dass Lachen nur erzeugt werden kann, wenn der subjektive Kontrast aktiv eingebracht wird. Denn über die Absurdität von Kafkas dargestelltem Lachen kann nur der lachen, dem es gelingt, die Situation durch einen subjektiven Kontrast zu beleben. Dies setzt allerdings einen fortgeschrittenen „humoristischen" Leser voraus, der gar nicht mehr anders kann, als jede Situation, und sei sie auch noch so ernst, zu verlachen.

Prof. Dr. Ralf Simon ist Ordinarius für Neuere deutsche Literaturwissenschaft an der Universität Basel.

Literatur:

- Kafka, Franz: Briefe 1913 – März 1914. Herausgegeben von Hans-Gerd Koch. Fischer, Frankfurt am Main 1999, Seite 26–29
- Paul, Jean: Sämtliche Werke **(JP)**. Herausgegeben von Norbert Miller. Wissenschaftliche Buchgesellschaft, Darmstadt 2000

Worüber Philosophen lachen

Mit dem Mikrofon in der Redaktionssitzung

Anleitung zum Philosophieren
Man beginnt mit etwas, das zu simpel ist, um es zu behaupten, und endet mit etwas, das zu paradox ist, um es zu glauben.

„Die Ergebnisse der Philosophie sind die Entdeckung irgendeines schlichten Unsinns und Beulen, die sich der Verstand beim Anrennen an die Grenze der Sprache geholt hat. Sie, die Beulen, lassen uns den Wert der Entdeckung erkennen." Ludwig Wittgenstein

Descartes reloaded: Ich denke, also (ver-)zweifle ich.

Was ist Dialektik? Man fängt an zu verstehen, wenn man nicht mehr versteht, was man vorher verstanden hat.

„Mama, wenn ich erwachsen bin, will ich Philosoph werden." „Entscheide dich, beides zusammen geht nicht!"

Physiker suchen in einem dunklen Raum mit verbundenen Augen eine schwarze Katze. Philosophen suchen in einem dunklen Raum mit verbundenen Augen eine schwarze Katze, die gar nicht da ist. Theologen suchen in einem dunklen Raum mit verbundenen Augen eine schwarze Katze, die gar nicht da ist und rufen trotzdem: „Hurra, ich habe sie!"

Zwei Philosophen gehen stundenlang schweigend nebeneinander her ...

Als Gott die Welt erschaffen hatte, schuf er zur Vollendung des Ganzen den Philosophieprofessor – und er sah, dass es gut war. Dann kam der Teufel und schuf den Kollegen des Philosophieprofessors. Und das Elend (nicht nur) der Philosophie nahm seinen Lauf.

Gott der Philosophen:
„Du denkst, also bin ich."

Philosophenmathematik
„Wenn man von 10 Äpfeln 10 wegnimmt, wie viele bleiben dann übrig?" „Keiner." „Falsch, alle 10! Sie wurden ja nur weggenommen, nicht aufgegessen. Aber wie viele bleiben übrig, wenn man alle 10 isst?" „Keiner." „Falsch: Keiner kann nicht übrig bleiben, da er ja keiner ist. Es bleiben alle übrig, nur nirgends!"

o, so, viel, Sophie
(frei nach Ernst Jandl)

„Was ist der Unterschied zwischen Sein und Nichtsein?"
„Keiner! Sie sind identisch: Das Sein ist, und das Nichtsein ist."

What is Mind? No Matter.
What is Body? Never Mind.

Walter Benjamin hat einmal einen Satz geschrieben, den sogar Theodor W. Adorno nicht verstanden hat.

Abbilddung:
Ohne Titel
Jan Tomaschoff

Die goldenen Regeln der Philosophie
1. Für jede Philosophie gibt es eine gleichwertige, dieser entgegengesetzte Philosophie.
2. Beide sind falsch.

„Ich denke, also bin ich Single."
Unbekannte Philosophin

Treffen sich zwei Solipsisten...

Die Arzthelferin informiert den Psychiater: „Im Wartezimmer sitzt ein Exhibitionist!" Darauf der Psychiater: „Das wird wieder der alte Kant mit seinem Ding an sich sein! Er wird mir vorjammern, dass er mit diesem keine Anerkennung gefunden habe."

Wahlspruch eines Solipsisten:
Ich denke, also bist du!

Philosophie ist die systematische Verdrehung einer dafür eigens zu diesem Zweck erfundenen Terminologie.

Berufsaussichten
Wie wird man einen Philosophen los, der vor der Haustür steht? Man bezahlt die Pizza.

„Mit jedem Schritt, den die Philosophie nach vorn tut, streift sie eine Haut ab, und mit dieser kleiden sich die Narren." Sören Kierkegaard

Frage: Wie viele Philosophen braucht man, um eine kaputte Glühbirne auszuwechseln?
Existenzialist: Zwei: Einer betrauert die Dunkelheit, während der zweite etwas anderes als Licht definiert.
Analytischer Philosoph: Keinen. Es handelt sich um ein Pseudo-Problem. Eine Glühbirne glüht, um Licht abzustrahlen. Strahlt sie kein Licht mehr ab, ist es keine Glühbirne mehr.
Heraklitianer: Keinen – es ist sowieso niemals dieselbe Glühbirne.
Fatalist: Keinen. Die neue geht ohnehin wieder kaputt.
Wahrscheinlichkeitstheoretiker: Einen, aber das ist nur eine grobe Schätzung.
Epikureer: Keinen! Ich nutze die Dunkelheit.
Hegelianer: Keinen! Die Glühbirne ist ein dialektischer Pol zwischen „hell" und „dunkel", der sich ohnehin irgendwann zu einem schwachen Leuchten synthetisiert.
Erfahrungswert: 42! Einer wechselt die Glühbirne und die anderen 41 diskutieren darüber, ob das sinnvoll ist.

„Gott schuf den Menschen nach seinem Bilde, sagt die Bibel, die Philosophen machen es gerade umgekehrt, sie schaffen Gott nach dem ihrigen." Georg Christoph Lichtenberg

Aus einem Brief des Bildungsministers an die Fakultät für Physik: „Warum brauchen Sie immer so viel Geld für Labore? Mathematiker brauchen nur Geld für Stifte, Papier und Papierkörbe. Philosophen brauchen noch nicht einmal Papierkörbe."

Philosoph: Problemeerfinder für bereits vorhandene Lösungen.

Jean-Paul Sartre sitzt in einem französischen Café und korrigiert seinen Entwurf von *Das Sein und das Nichts*. Als er eine Schale Kaffee ohne Sahne bestellt, antwortet die Kellnerin: „Monsieur, wir haben keine Sahne. Wie wäre es mit einem Kaffee ohne Milch?"

„Warum neigen Philosophen dazu, lieber Gegenfragen zu stellen, anstatt auf Fragen zu antworten?" Philosoph: „Warum sollten Philosophen das nicht tun?"

Philosophen suchen nach der nackten Wahrheit, finden aber keine ungeschminkte.

Der Barmixer fragt René Descartes, ob er noch einen Drink möchte. Daraufhin Descartes ohne zu überlegen: „Ich denke nicht!"

Abbildung: **Halconero.** Gerard Mas, 2006; Lindenholz, partiell bemalt, Bronze und Leder, 145x46,5x36 cm.
Gerard Mas wird vertreten durch die Galerie Robert Drees, Hannover: www.galerie-robert-drees.de

Friedrich Dieckmann

Lachen ist gesund

Um herauszufinden, was es mit dem Lachen auf sich hat, sollte man das *Rückläufige Wörterbuch* zu Rate ziehen[1], dort findet man zwischen *verhundertfachen* und *machen* in rückwärtsalphabetischer Reihenfolge zehn Variationen des Grundverbs. Davon haben vier: *belachen, hohnlachen, verlachen, auslachen*, intentional negativen Charakter, zwei: *kranklachen, totlachen* bezeichnen psychische Extreme, drei sind positivkommunikativen Charakters: *anlachen, zulachen, mitlachen*, und eines, *auflachen*, erweist sich als wertneutral. Aber ist dies alles ein Gegenstand der Philosophie?

I

Lachen ist ein Affekt, eine affektive Reaktion, es gehört, was die Anlässe des Lachens betrifft, in die Psychologie, und was die Zwerchfellerschütterung anbelangt, in die Physiologie; hat es eine Stelle im philosophischen Feld? Doch warum sollten die Detonationen des Unernsts von jener Ergründungslust verschont bleiben, die, wie die Spiellust der Literatur, keine Grenze kennt und von dieser zuletzt nur durch den Sprachgestus zu unterscheiden ist? Da der Witz, als die unvermittelte Ad-absurdum-Führung eines scheinlogischen Sinns, wie alle Kapriolen des Verstandes unstreitig in die Zuständigkeit der Philosophie gehört, kann man dessen affektive Folge, das Lachen, nicht von ihr ausschließen.

Wir klopfen auf den Busch und werden fündig an unerwarteter Stelle, bei Immanuel Kant. Das nimmt nicht wunder bei einem Junggesellen, der es im Alter als den Inbegriff des Wohllebens bezeichnete, in einem Kreis von mindestens vier und höchstens zehn Gästen an der Tafel zu sitzen; das kann man nicht, ohne Witze zu machen. Dennoch verblüfft es, wie zwanglos der Kritiker der reinen Vernunft in seiner *Kritik der Urteilskraft* zum Lob der unreinen Vernunft gelangt. In einer Anmerkung zur „Deduktion der reinen ästhetischen Urteile" kommt er auf das Vergnügen zu sprechen und setzt es in drei Arten des Spiels, die jeweils „eine Munterkeit des Gemüts" erzeugen: das Glücksspiel, das Tonspiel und das Gedankenspiel. Ohne Spiel, befindet der Autor, könne sich beinahe keine Abendgesellschaft unterhalten; die Befriedigung, die die Spiele bereiten, setzt er ohne weiteres ins Physische: „Das beförderte Lebensgeschäft im Körper, der Affekt, der die Eingeweide und das Zwerchfell bewegt, mit einem Wort das Gefühl der Gesundheit ... machen das Vergnügen aus, welches man daran findet, daß man dem Körper auch durch die Seele beikommen und diese zum Arzt für jene brauchen kann."[2] Lachen ist gesund – wer hätte gedacht, diese Weisheit bei Kant ausgeführt zu finden!

Man kann diesen Physiologen der Erheiterung nicht für besonders musikalisch ansehen, aber vom Gedankenspiel des Witzes versteht er etwas. „Es muß in allem, was ein lebhaftes, erschütterndes Lachen erregen soll, etwas Widersinniges sein", befindet er: „Das Lachen ist ein Affekt aus der plötzlichen Verwandlung einer gespannten Erwartung in nichts." Dergleichen bringe, „als bloßes Spiel der Vorstellungen ein Gleichgewicht der Lebenskräfte im Körper" hervor, und er verfehlt nicht, ein paar Witze zum Besten zu geben, die dies belegen. So die Geschichte von dem Kaufmann, der bei der Rückkehr aus Indien in einen Sturm gerät, der ihn nötigt, die ganze Ladung über Bord zu werfen. Zu Hause klagt der Gerettete, ihm sei „die Perücke über Nacht grau geworden". Kant schließt an Voltaire an, wenn er findet, „der Himmel habe uns zum Gegengewicht gegen die vielen Mühseligkeiten des Lebens zwei Dinge gegeben: die Hoffnung und den Schlaf"; er setzt hinzu: „Er hätte noch das Lachen dazu rechnen können."[2]

> *Hoffnung, Schlaf und Lachen sind Gegengewichte zu den Mühseligkeiten des Lebens.*
>
> Immanuel Kant

Hegel, schon in jungen Jahren wegen seiner bedächtigen Art von seinen Freunden „der Alte" genannt, ist in Hinsicht des Lachens ganz unergiebig. Es kommt in seiner Ästhetik nur als Störung dessen vor, was er „das Ideal" nennt, so in dem Lachchor aus Webers *Freischütz* (er meint das chorische Auslachen des fehlschießenden Max in der Eingangsszene) und in einem Duett aus *Oberon*, „in welchem einem angst und bange für die Kehle und Brust der Sängerin werden kann". Genehmigt wird dagegen „das unauslöschliche Göttergelächter im Homer, das aus der seligen Ruhe der Götter entspringt und nur Heiterkeit und nicht abstrakte Ausgelassenheit ist".[3]

II

Auf dem Felde des Lachens deutlich überlegen zeigt sich Hegels Fundamentalwidersacher, Arthur Schopenhauer; im zweiten Band seiner *Parerga und Paralipomena* findet sich das Schönste, was je über das Lachen gesagt worden ist. Es bricht in Betrachtungen *Zur Metaphysik des Schönen* aus dem Hinweis hervor, dass die Betrachtung eines schönen und beweglichen menschlichen Antlitzes in Kunst oder Natur eine tiefere Einsicht in das Wesen des Menschen gebe als alle Worte. Dann heißt es: „Beiläufig sei hier bemerkt, daß, was für eine schöne Gegend der aus den Wolken plötzlich hervorbrechende Sonnenblick, für ein schönes Gesicht der Eintritt seines Lachens ist. Daher *ridete, puellae, ridete!*"[4] Lacht, Mädchen, lacht!

Gründlicher war Schopenhauer im Ersten Buch der *Welt als Wille und Vorstellung* auf das Lachen eingegangen, das er als ein „sehr merkwürdiges Phänomen" bezeichnete, „welches, eben wie die Vernunft, der menschlichen Natur ausschließlich eigen" sei. Es entstehe „jedesmal aus nichts anderem als aus der plötzlich wahrgenommenen Inkongruenz zwischen einem Begriff und den realen Objekten, die durch ihn, in irgendeiner Beziehung, gedacht worden waren, und es ist eben selbst nur der Ausdruck dieser Inkongruenz". Es entstehe „auf Anlaß einer paradoxen und daher unerwarteten Subsumtion; gleichviel ob diese durch Worte oder Taten sich ausspricht". „Demnach ist jedes Lächerliche entweder ein witziger Einfall oder eine närrische Handlung."[5]

Erst im zweiten Band seines Hauptwerks entwirft er eine Theorie des Komischen, das er das Lächerliche nennt; er lässt sich sogar dazu herab, ein paar Witze zu erzählen, die aber großenteils nur komische Vergleiche, humoristische Redewendungen sind. Eine Ausnahme bildet die Geschichte von dem Berliner Schauspieler Unzelmann aus der repressionsbedrängten Restaurationszeit: „Nachdem auf dem Berliner Theater alles Improvisieren streng untersagt worden war, hatte er zu Pferde auf der Bühne zu erscheinen, wobei, als er gerade auf dem Proscenio war, das Pferd Mist fallen ließ, wodurch das Publikum schon zum Lachen bewogen wurde, jedoch sehr viel mehr, als Unzelmann zum Pferde sagte: ‚Was machst denn du, weißt du nicht, daß uns das Improvisieren verboten ist?'"[5] Auch die Geschichte von den Wachsoldaten, die mit einem soeben eingelieferten Arrestanten Karten spielen und ihn, als sie ihn auf einer Mogelei ertappen, zur Strafe hinauswerfen, ist reines Biedermeier.

„Das Lachen sei ein vergnüglicher Zustand", konstatiert der Denker des Pessimismus; er weiß auch, warum. Bei dem „plötzlich hervortretenden Widerstreit zwischen dem Angeschauten und dem Gedachten" behalte „das Angeschaute allemal unzweifelhaftes Recht": „Dieser Sieg der anschauenden Erkenntnis über das Denken erfreut uns. Denn das Anschauen ist die ursprüngliche, von der tierischen Natur unzertrennliche Erkenntnisweise, in der sich alles, was dem Willen unmittelbares Genügen gibt, darstellt; es ist das Medium der Gegenwart, des Genusses und der Fröhlichkeit ... Vom Denken gilt das Gegenteil: es ist die zweite Potenz des Erkennens, ... deren Begriffe ... sich oft der Befriedigung unserer unmittelbaren Wünsche entgegenstellen, indem sie, als das Medium der Vergangenheit, der Zukunft und des Ernstes, das Vehikel unserer Befürchtungen, unserer Reue und aller unserer Sorgen abgeben. Diese strenge, unermüdliche, überlästige Hofmeisterin Vernunft jetzt einmal der Unzulänglichkeit überführt zu sehen, muß uns daher ergötzlich sein. Deshalb also ist die Miene des Lachens der der Freude sehr nahe verwandt."[5]

Der Witz ist die unvermittelte Ad-absurdum-Führung eines scheinlogischen Sinns.

Bertolt Brecht wäre entzückt gewesen, wenn er die Stelle gekannt hätte, und Johann Nestroy, Schopenhauers Zeitgenosse (hat er ihn jemals spielen sehen?), erst recht. Der Philosoph kommt dem Lachen auch physiologisch auf den Grund, er erkennt es, wie das Weinen, als eine „entschieden unwillkürliche Bewegung". „Wir können sie nämlich so wenig wie das Gähnen oder das Niesen durch bloßen Vorsatz zu Wege bringen, sondern eben wie von diesen nur eine schlechte, sogleich erkannte Nachahmung." Sein Realismus ist fundamental: „Daß Lachen und Weinen auf bloßen *stimulus mentalis* eintreten, haben sie mit der Erektion, welche den Reflexbewegungen beigezählt wird, gemein: jedoch kann das Lachen auch ganz physisch, durch Kitzeln, erregt werden."[4]

Dass das Lachen „ein Vorrecht und charakteristisches Merkmal des Menschen" sei, hat Schopenhauer mehr als einmal geäußert, in seiner „Theorie des Lächerlichen" stellt er es in Frage. „Auch sein (des Menschen) einziger Freund, der Hund" habe „einen analogen, ihm allein eigenen und charakteristischen Akt vor allen andern Tieren voraus, nämlich das so ausdrucksvolle, wohlwollende und grundehrliche Wedeln. Wie vorteilhaft sticht doch diese ihm von der Natur eingegebene Begrüßung ab gegen die Bücklinge und grinsenden Höflichkeitsbezeugungen der Menschen, deren Versicherung inniger Freundschaft und Ergebenheit es an Zuverlässigkeit ... übertrifft." Die Menschen haben noch immer keinen Schwanz zum Wedeln, aber die Bücklinge haben sie immerhin abgeschafft.

Aphorismenschneise • Aphorismenschn

Über Einsamkeit zu philosophieren, ist nutzlos. Man muss ihre werbenden Blicke erwidern, um sie kennenzulernen.

Ein Spatz in der Hand ist besser als eine Taube auf dem Dach – das einigende Band aller spießbürgerlich Gesinnten.

Der Rechtsstaat setzt der Überwachung Grenzen, Nachbarn überschreiten sie.

Unfreiheit schärft den Sinn für Freiheit. Freiheit hingegen schwächt ihn.

Es gibt kaum eine Lebenslage, die durch den Gang über einen Friedhof nicht an Qualität gewinnt.

Thomas Berger

III

Wäre es um Friedrich Nietzsche besser bestellt gewesen, wenn er einen Hund gehabt hätte? Auf der Grenze zwischen Philosophie und Poesie stilisiert sich der Erfinder des Jugendstils zum kynischen Propheten, der das Lachen als Verlachen übt und sich dabei in eine so schwindelerregende Selbstverliebtheit hineinsteigert, dass er ausruft: „Diese Krone des Lachenden, diese Rosenkranz-Krone: ich selber setzte mir diese Krone auf, ich selber sprach heilig mein Gelächter ... Zarathustra der Wahrsager, Zarathustra der Wahrlacher, kein Ungeduldiger, kein Unbedingter, einer, der Sprünge und Seitensprünge liebt; ich selber setzte mir diese Krone auf!"[6] Schopenhauers Hund wäre an dieser Stelle in Gebell ausgebrochen. Besser trifft es der Autor in *Jenseits von Gut und Böse*, wo er Thomas Hobbes opponiert, der das Lachen als „ein arges Gebresten der menschliche Natur" bezeichnet hatte. Nietzsche stellt ihm „eine Rangordnung der Philosophen" gegenüber „je nach dem Range ihres Lachens, bis hinauf zu denen, die des *goldnen* Gelächters fähig sind".[6] Hätte er Schopenhauer die Krone gegeben? Oder lieber Diogenes von Sinope in beziehungsweise vor seiner Tonne, der, als der große Alexander sich herabließ, ihn nach einem Wunsch zu fragen, nur sagte: „Geh mir aus der Sonne!" Aber natürlich hätte Nietzsche sich selbst diese Krone gegeben, eben die Rosenkranz-Krone.

Sicher ist: nicht die Philosophen sind, trotz Schopenhauer, die Fachleute des Lachens, sondern jene Dichter, die „lachend das Wahre sagen"[7], speziell die Komödiendichter, wobei wir nicht wissen, ob diese selbst viel gelacht haben. Es kam darauf an, das Publikum zum Lachen zu bringen, und das war ein ernsthaftes Geschäft. Haben Nestroy oder Karl Valentin im Privatleben viel gelacht? Auf der Bühne durften sie es keineswegs; die Komik, die sie erzeugten, beruhte auf dem unerschütterlichen Ernst, mit dem ihre Helden Geschäfte betrieben, die sie und andere in aussichtslose Verwicklungen stürzten; nicht selten spielten sie diese selbst auf der Bühne. Man lese nur *Der Affe und der Bräutigam*, Nestroys Posse, die einen komischen Taumel aus einer Konstellation entfaltet, bei der ein dem adligen Mädchen aufgedrungener ältlicher Bräutigam sich in ein täuschend ähnliches Affenkostüm hüllt, weil er gehört hat, dieses Tier fehle noch in der Menagerie der jugendlichen Tierliebhaberin; von deren Liebhaber, den er für einen gefährlichen Zauberer hält, weil dieser ein paar Taschenspielertricks vorgeführt hat, wird er mit strafandrohener Beschwörung dazu verdammt, sich nicht als Mensch zu erkennen zu geben. Diesem falschen Affen kommt ein echter Affe in die Quere, der dem Käfig eines reisenden Tierhändlers entsprungen ist, und erzeugt fantastische Verwicklungen; ständig wird der falsche Affe für die Untaten des echten verantwortlich gemacht. Beide Affen wurden von einem um die Mitte des 19. Jahrhunderts berühmten Affendarsteller gespielt, und der Erfolg des Stücks auf dem Wiener Theater war überwältigend; Nestroy selbst spielte darin mit komischem, keineswegs ironischem Ernst einen räsonnierenden Hausknecht. Es wäre dem Philosophen des Komischen nicht leicht gewesen, den theoretischen Schlüssel für das hier erzeugte Vergnügen zu finden; vermutlich hätte er die Verkleidungsgefangenschaft als eine konkret gewordene Abstraktion aufgefasst, deren Bestrafung infolge der Konfrontation mit der Natur-Erscheinung als eine das Zwerchfell in Bewegung setzende Genugtuung wahrgenommen wird. Das funktioniert auch beim Lesen.

Aus der Philosophie ist die Ergründung des Lachens neuerdings in das Reich laboratorischer Messkunst übergegangen. In Versuchsstationen werden Affenkinder zum Lachen und gekitzelte Ratten zu piepsenden Freudenbekundungen gebracht, dem Menschen aber wird an Muskeln und Nerven nachgewiesen, dass das Lachen ein weite Gehirnareale ergreifender und eine Vielzahl von Muskeln beanspruchender Vorgang sei, der bei der Menschwerdung affenähnlicher Vorfahren eine geselligkeitsfördernde Rolle gespielt habe. Man sieht diese Urmenschen förmlich abends nach der Mammutjagd beim Feuer sitzen und sich über den Jäger den Bauch halten, dessen Wurfspieß das Tier verfehlt hat. Anstatt die Bedrängten in die Komödie zu schicken, die es nicht mehr gibt, werden sie heute in psychologischen Therapiestuben dadurch zum Lachen gebracht, dass einer damit anfängt und alle andern einstimmen, schon um nicht für ungesellig zu gelten. Vielleicht gelingt es auf diesen Wegen, einen spezifischen Beitrag zu dem zu leisten, was vielerorts im Gange ist: die Rückentwicklung des Menschen zum Herdenwesen. Loriot, so scheint es, war unser letzter Humorist; nach ihm ist die Komik unmittelbar in die Wirklichkeit übergegangen. Aber dort ist sie nicht mehr zum Lachen.

Friedrich Dieckmann lebt als Schriftsteller in Berlin-Treptow.

Anmerkungen:

1. Mater, Erich: Rückläufiges Wörterbuch der deutschen Gegenwartssprache. VEB Bibliographisches Institut, Leipzig 1965, Seite 365
2. Kant, Immanuel: Kritik der Urteilskraft. Werkausgabe Band X. Herausgegeben von Wilhelm Weischedel. Suhrkamp Verlag, Frankfurt am Main 1974, Seite 272, 275
3. Hegel, Georg Wilhelm Friedrich: Vorlesungen über die Ästhetik I. Werke 13. Herausgegeben von Eva Moldenhauer und Karl Markus Michel. Suhrkamp Verlag, Frankfurt am Main 1986, Seite 210
4. Schopenhauer, Arthur: Parerga und Paralipomena. Zweiter Band. Haffmans Verlag, Zürich 1988, Seite 369, 147
5. Schopenhauer, Arthur: Die Welt als Wille und Vorstellung. Erster Band. Haffmans Verlag, Zürich 1988, Seite 102f.; Zweiter Band, Seite 110, 116
6. Nietzsche, Friedrich: Werke in drei Bänden. Zweiter Band. Herausgegeben von Karl Schlechta. Carl Hanser Verlag, München 1955, Seite 530, 753
7. „Ridentem verum dicere" (Ovid, Sermones I), in genauer Übersetzung: Das lachende Wahre sagen.

Klaus Theweleit

Das Lachen der Täter

Ein Psychogramm der Tötungslust

Sammelt man „Belege" für die Lust am Töten nur „zufälliger Opfer" oder auch „politischer Gegner", so türmt sich ein schrecklicher Tatsachenberg auf. Eine analytische Beschreibung des körperlichen Vorgangs, der sich im Lächeln oder im Lachausstoß der Killer ausdrückt, ist in der „Theoriebildung" der Täterforschung aber kaum je versucht worden; womit sie dieses Prädikat schwerlich verdient. Daher die Frage: Wie kommt es zu dieser *Verkehrung* einer „normalerweise" doch Sympathie oder Teilnahme ausdrückenden menschlichen Gesichtsbewegung?

22. Juli 2011 auf der kleinen norwegischen Insel Utøya: Anders Behring Breivik aus Oslo (32) tobt sich aus. Dort, wo die AUF, die Jugendorganisation der „Arbeiterpartei" Norwegens, ihr jährliches Sommercamp abhält, erschießt er binnen einer Stunde 69 Menschen; meist jugendliche Sozialdemokraten.

Als am 16. April 2012 der Prozess gegen Breivik in Oslo beginnt, stellt er sich der Welt nicht als Individuum, sondern als Mitglied einer übergeordneten internationalen Bruderschaft vor: der *Knight Templars*, einer Tempelritter-Organisation, in deren Namen er sein Massaker verübte. Emma Martinovic (18), eine der Überlebenden, die dem Töter durch einen Sprung ins Wasser entkam, erzählt, wie das Gelächter des Killers sie begleitete beim panischen Fortschwimmen von der Insel.

Das Buch *Das Lachen der Täter: Breivik u.a. Psychogramm der Tötungslust* setzt ein mit zwei Filmszenen. Da steht einer in Schwarz, auf einem Holzpodest vor einem Haus, Colt in der Hand. Unten ein Farmer, der ihm „im Weg steht", unbewaffnet. Der Revolvermann weiß, er wird den Typen da unten gleich umlegen. Er verzieht den Mund zu einem Lächeln und drückt ab. Es ist Jack Palance in *Shane*, Western von George Stevens, 1953. „Shane", Alan Ladd, *the good guy*, wird die schändliche Tat später rächen.

Der Killer steht und lacht, wenn alle anderen liegen.

Die zweite Szene ist Ausdruck einer hochkarätigen theoretischen Einsicht: der Wahrnehmung vom „Lachen des Killers" als modellhaftem *Emblem*. Der italienische Regisseur Sergio Leone funktionierte 1968 den „modellhaft Guten" des amerikanischen Western, Henry Fonda, um zu einem Killer, der aus gut einem Meter Entfernung einen ca. 9-jährigen Jungen erschießt und darüber in ein strahlend blauäugiges Grinsen ausbricht. *Spiel mir das Lied vom Tod. – The Killer Smiles.*

Der Killer Anders Behring Breivik hatte sich, um Vertrauen zu erheischen und ungehindert auf die Insel zu kommen, eines ähnlichen Drehs bedient: Er war in einer Polizeiuniform erschienen. Dadurch war es ihm möglich, den Jugendlichen, die keinerlei Arg verspürten und ihn für ihren Freund und Helfer hielten, aus einem halben Meter Entfernung in den Kopf zu schießen. Breivik lachte dabei, er tobte sich aus. Es war offenbar ein hohes Vergnügen für ihn und ein großer Sieg im Kampf gegen den norwegischen „Kulturmarxismus", den er, der *Tempelritter* Anders Behring Breivik, auf sein Panier, das heißt in sein 1500-seitiges Internet-Manifest, geschrieben hat.

The Killer Smiles. Zwar hat er auch andere Vergnügungen. Aber diese ist seine größte. In George Stevens' Film *Shane* – einem sogenannten Kultwestern – kann der *good guy* noch demonstrieren, wie man einen Ort gutwilliger und arbeitswilliger Familien (= eine Gesellschaft, ein Land, einen Staat) vom „Bösen" befreit, ebenfalls mit der Waffe in der Hand, um dann selber, keinen Dank einfordernd (und schon gar keine Herrschaftsansprüche stellend), in der Weite des von der Kamera in den Blick gefassten Horizonts zu entschwinden.

Shane war der bevorzugte Film, den die Dulles-Brüder, John Foster Dulles (1888–1959) und Allan Dulles (1893–1969), in ihren Funktionen als US-Außenminister beziehungsweise CIA-Chef während ihrer Amtszeit ausländischen Staatsbesuchern in Washington vorzuspielen pflegten; abends, nach den Verhandlungen zur Entspannung. *Shane* wurde somit in die Rolle eines Zentralagenten des *Kalten Kriegs* katapultiert: Der Gute zeigte den Staatsgästen aus aller Welt, wie man „das Böse" (aller Welt) mit *guter Waffe* beseitigt.[1] „Böse Länder" sind, auf dem ersten Höhepunkt des Kalten Kriegs, Länder (aller Welt), die mit dem „Kommunismus" liebäugeln oder auch nur mit demokratischen Staatsformen, die sie aber *unabhängig* von den USA entwickeln möchten. Den von den Dulles-Brüdern koordinierten Under-Cover-Militäroperationen fallen in diesen Jahren die werdenden Demokratien Guatemala, Indonesien und Kongo zum Opfer; komplett gedeckt vom (angeblich) immer „golfspielenden" Präsidenten Eisenhower. An Fidel Castro und Ho Chi Minh scheiterten die Killeragenten. Und alle ihre Botschafter oder sie selber mussten *Shane* ansehen in Sondervorführungen des Capitols; Arm in Arm (für die Presse) mit den gutgelaunten Dulles-

Brüdern. „In die Kamera lächeln!" *The Killer's Smile.* Arm in Arm mit den zu Tötenden: die Höflichkeitsform politischer Massaker fürs diplomatische Parkett.

Die Kommentatoren, die versuchen, aus der Lektüre von Breiviks Manifest eine Ferndiagnose („Schizophrenie", „Borderliner", „Narziss" usw.) zu stellen oder gar seine Taten zu „verstehen", sie hätten, läge dieser Typ bei ihnen auf der Behandlungscouch, in etlichen Punkten vermutlich sogar recht. Aber Anders Behring Breivik legt sich nicht auf eine Couch, auch wird man ihn sonst in keinem Behandlungszimmer antreffen, und zwar *prinzipiell* nicht. Man „versteht" von diesem Typ wenig oder gar nichts, wenn man ihn mit dem Typus „Patient" verwechselt. Wer das tut, unterstreicht nur, dass er der Rede dieses Mördertyps mit seinem Postulat vom „höheren Tötungsrecht" allen Realitätsgehalt abspricht; ihn für „psychisch krank" erklärt; sein Reden und Handeln somit nicht *ernst nimmt*. Wie viele Leute aber muss man umlegen, um „ernst" genommen zu werden?

So wenig wie Himmler oder Hitler oder ein anderer dieser Mörder „höheren Rechts" Patienten gewesen sind, ist Breivik ein Patient; er ist ein *Weltretter*! Er, oder seinesgleichen, ist angetreten, *uns zu heilen*. Er ist nicht der Patient, er ist der Arzt! Wir sind in seinen Augen Kranke; Leute, die der „Heilung" bedürfen, und zwar nach einer Therapie, die er uns verordnet.

„Er habe ‚aus Güte, nicht aus Boshaftigkeit' gehandelt, trägt Breivik ungerührt vor, und damit man sein Manifest liest – er würde ‚es wieder tun' ... Anwälte, Richter, Journalisten, Gerichtspsychiater, Zuschauer ... Alle Zuhörer im Saal haben Probleme mit seinem Lächeln. Diesem Lächeln, das manchmal das Infame verkörpert und andere Male Breivik dazu dient, seine Person zu entdämonisieren."[2]

Nach den Gründen für sein Dauerlächeln gefragt, antwortete er, er lächle über die Psychiater, die ihn für unzurechnungsfähig erklärt haben. Natürlich: Wenn – unbeirrt von der Monstrosität seiner Tat – „Diagnosen" wie Schizophrenie etc. aus aufgeklärten Zeitungsspalten oder von gerichtlichen Experten auf ihn niederrieseln, „kann er nur lachen": „Das war ja zu erwarten, dass man mich als unzurechnungsfähig hinstellen würde. Ich bin aber *nicht* krank. Ich bin *großartig*. Die Zeit wird kommen, da werdet ihr mir ein Denkmal setzen." Anders Behring smiles.

Tonje Brenna konnte hören, wie der Schütze jubelte, sobald er jemanden getroffen hatte. „Er schrie wie ein Fußballfan, wenn ein Tor fiel." Ein „Tempelritter", Exekutor mit „höherem Berechtigungsausweis", kennt keine mildernden Umstände, weder bei 14-jährigen Jugendlichen noch bei einer „kulturmarxistisch" tätigen Stiefmutter, deren „Hinrichtung" durch Tempelritter-Kollegen er für gerechtfertigt hielte.

Gewöhnlich würden Soldaten in Kriegen ihre Verbrechen eher verheimlichen. Wie wir schon gesehen haben, stimmt dies für den Typus von Killern, mit dem wir es hier zu tun haben, generell nicht. Sie sind vielmehr unbedingt auf das Ausstellen ihrer Taten aus. Auch der IS brüstet sich mit Massakern. Und es sind nicht etwa ihre Gegner, sondern die Killer selbst, die Bilder von Massakern an irakischen und syrischen Soldaten verbreiten. Dschihadisten richten beliebige Gefangene ohne jede Art von Verhandlung willkürlich hin und führen das Köpfen ihrer Opfer durch Halsabschneiden im „Netz", bevorzugt auf Youtube, der Weltöffentlichkeit stolz vor. *Der Killer grinst*. Er feiert seinen Körper als neu geboren.

Der zur vollen Größe erwachte „soldatische Mann" ist *immer* selbstgeboren durch Gewalt; durch verschiedenste Arten seiner Körperzurichtung („Drill") als Teil der übergeordneten Ganzheits-Organisation; ausgerichtet auf die Tötung anderen Lebens. Seine Aktion richtet sich auf die Herstellung einer *Weltordnung*, wie er sie für notwendig erachtet. Notwendig für sich selbst – zur Herstellung des eigenen körperlichen Gleichgewichts – und für die sie umgebende „Kultur" (Rasse, Religion etc.), die in einen Zustand gebracht werden müssen, die den eigenen „Spannungsausgleich", die „Homöostase", garantiert. Dieser Vorgang läuft zwar im eigenen Körper ab, ist aber auch überpersonal; ist körperlich-politischer Ausdruck des Agierens in Einrichtungen Mann-dominierter, kriegerischer Organisationen und Gesellschaften, deren Teil sie werden wollen und in der Ausführung ihrer Gewaltakte geworden sein werden, sobald diese „gelingen". Nach dem exzessiven Lachen – dem Ausbruchs- oder Durchbruchslachen beim Morden auf Utøya – schaltet er um auf „entspanntes Lächeln" vor Gericht. Er hat seinen Teil erledigt. Er ist im Lot.

Eine Geste Ratko Mladic' vor dem UN-Tribunal in Den Haag löste große Empörung bei den Zuschauern aus. Mit der Handkante strich er an seinem Hals entlang und schaute dabei Munira Subasic an, die im Zuschauerraum des Gerichtssaals saß. Sie ist eine der überlebenden Mütter von Srebrenica, die 22 Angehörige bei dem Massaker im Juli 1995 verloren hat. Mladic, der ehemalige Befehlshaber der bosnisch-serbischen Armee, lächelte sie an.

Der IS filmte die Enthauptung des zum Islam konvertierten Journalisten James Wright Foley, den die Killer dafür in den orangefarbenen Overall der Guantánamo-Inhaftierten gesteckt hatten. Haha. Der „Islamexperte" Olivier Roy erkennt eine weltweite Übereinstimmung in solchen Tötungsvorgängen, die mit „Religion" nichts zu tun hätten: „Das Köpfen des IS, diese Hinrichtungen, man kennt das von den mexikanischen Drogenkartellen, es hat genau die gleiche Optik. Das Opfer kniet, jemand schneidet ihm ganz gelassen die Kehle durch, alle reden durcheinander und lachen, spielen Fußball mit dem Kopf. Und die mexikanischen Drogenkartelle haben ganz bestimmt nichts mit dem Islam zu tun."[3] Die gemeinsame „Religion" scheint eher die Übereinstimmung im Gelächter zu sein.

Rigoberta Menchú, Quiche-Indiofrau, stellt den *Schaucharakter* der Gewalttaten in ihren Berichten von der

Folter durch Regierungstrupps – die sogenannten *Death-Squads* – im Guatemala der 80er-Jahre ins Zentrum ihrer Darstellung; die bewusste öffentliche Inszenierung der Folter; den Vorgang, der enthüllt, dass die Arbeit des Folterers grundsätzlich zwei Seiten hat: Sie vernichtet die Gefolterten und belebt die Folterer: „Minuten später trafen drei Armeelastwagen mit den Gefolterten ein ... Wir sahen die entstellten Gesichter ... Allen Gefolterten gemeinsam war, dass sie keine Fingernägel mehr hatten und dass man ihnen Teile der Fußsohlen abgeschnitten hatte, sie waren barfuß." Der Anführer der Soldaten setzt an zu einer stundenlangen Rede. Eine „Performance", in heutigem Sprachgebrauch; eine kalkulierte Mischung aus Vorlesung, Theater und Verbrechensvollzug. „Dann befahl der Offizier, die nackten geschwollenen Misshandelten an eine Stelle zu bringen, von der aus das ganze Volk sie sehen konnte ... sie fingen an, die Gefolterten mit Benzin zu übergießen ... sie zündeten jeden Einzelnen an. Viele riefen um Hilfe ... Einige schrien, andere sprangen und hatten keine Stimmen mehr. Das Feuer nahm ihnen sofort den Atem." Die zu Zuschauern dieses Mordtheaters verdammten Dorfbewohner – fast alle unbewaffnet, nur wenige hatten ihre Macheten dabei – geraten außer sich vor Zorn und Entsetzen: „Die Armee merkte, dass die Leute kochten, und der Hauptmann gab Befehl zum Rückzug. Die Soldaten zogen sich mit den Waffen in der Hand zurück und brüllten Parolen wie auf einer Fiesta. Ihnen machte es Spaß. Sie lachten und riefen: ‚Viva la Patria! Viva Guatemala! Es lebe der Präsident! Es lebe die Armee! Es lebe Lucas!'"[4] Die erlaubte Übertretung ins Verbrecherische wirkt als emotive Befreiung. Und dies wird gefeiert mit exzessivem Gelächter. Es ist Fiesta; ihre Art Fiesta.

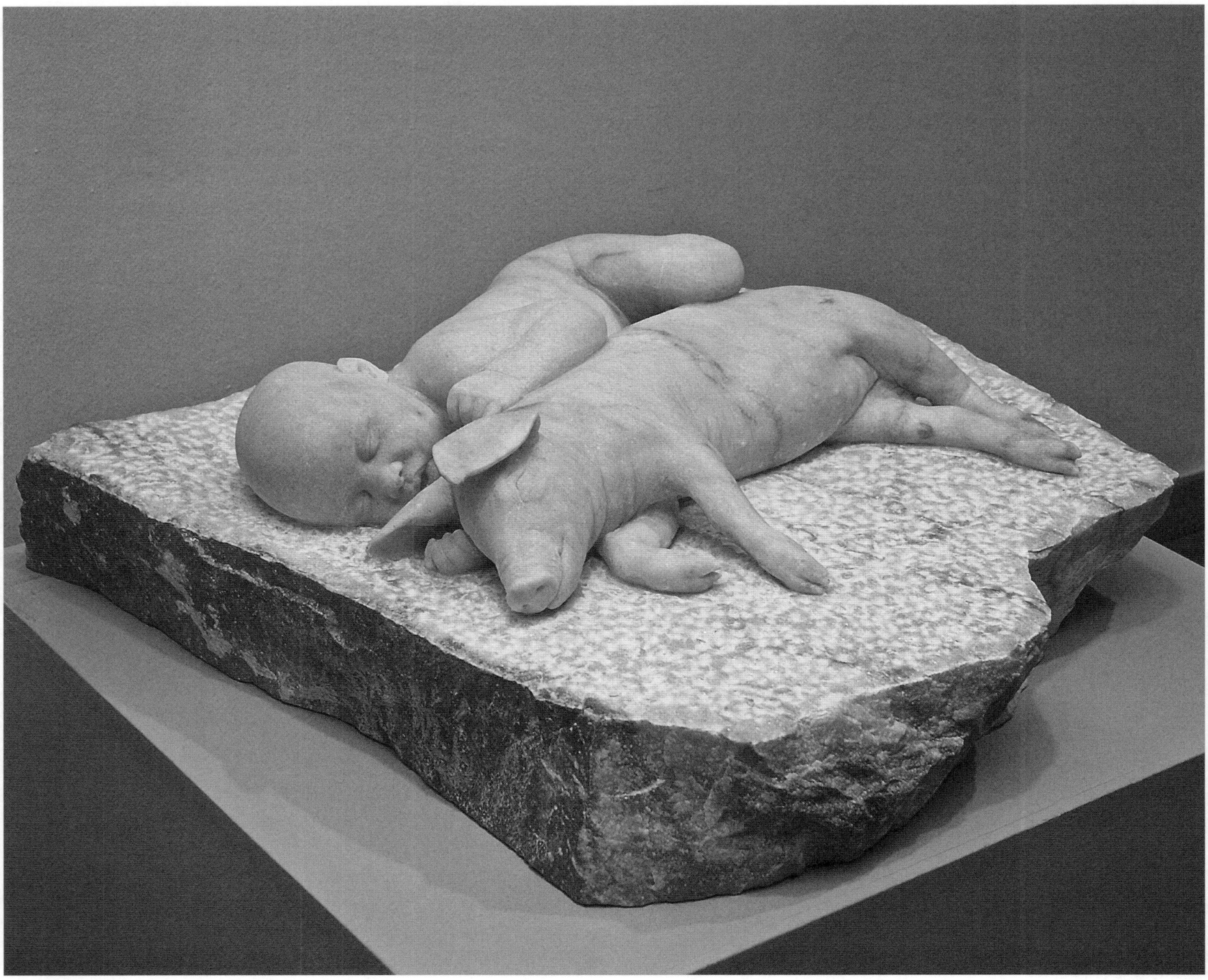

Abbildung: **Antroporcino.** Gerard Mas, 2007; portugiesischer Marmor (rosa), 25x60x68 cm.
Gerard Mas wird vertreten durch die Galerie Robert Drees, Hannover: www.galerie-robert-drees.de

Der Syrienexperte Ghiath Bilal erläuterte, dass eine gewisse Selfie-Gewaltkultur immer dort hervorbreche, wo Leute enthemmt seien: „Das war damals bei den US-Soldaten, die mit Leichenteilen posierten, genauso ... Mit dem einzigen Unterschied, dass es bei IS System hat."[5]

Man muss allerdings nicht bis zu ISIS in den Irak und in die Folterzellen amerikanischer Besatzer gehen, um auf das Phänomen einer „gewissen Selfie-Gewaltkultur" zu treffen. Der Psychoanalytiker Siegfried Zepf verweist auf das sogenannte *Happy Slapping*, das in den letzten Jahren zunehmend auf europäischen wie amerikanischen Schulhöfen zu beobachten ist. Schüler mit einer „narzisstischen Identität", deren Differenz zu anderen Menschen von der Umgebung nicht „anerkannt" wird[6], „müssen diese Differenz selber eintragen und sichtbar werden lassen": „Dies kann geschehen, indem andere kleiner gemacht, gedemütigt, als minderwertig und unterlegen deklariert werden. Neuerdings bietet sich dafür das ‚Happy Slapping' an. ‚Happy Slapping' beschreibt einen grundlosen Angriff von meist Jugendlichen auf ein Opfer, wobei das Opfer mitunter bis zur Bewusstlosigkeit geschlagen oder auch getötet wird, und die Täter sich nicht weiter um das Opfer kümmern. Üblicherweise wird der Angriff von einem Komplizen mit der Kamera seines Handys gefilmt. Die Aufnahmen werden anschließend ins Web gestellt und/oder über Handy verbreitet. Das ‚Medium', so Durrer (2006, Seite 22) ist hier ‚nicht mehr nur Grundlage für die Dokumentation, sondern auch Ausgangsbasis und fester Bestandteil der Aggressivität.'"[5]

„Fröhliches Zuhaun", veranstaltet, um mit dem Handy gefilmt und ausgestellt zu werden. Die Darsteller demonstrieren lustige Mienen, das *happy* im *slapping* ist der angestrebte Ausdruck.

Die intendierte Wirkung der Bilder nach außen beschäftigt jede(n). Weniger oder gar nicht beachtet wird ihre Funktion für die IS-Leute selber: Machtzuwachs, Feiercharakter, Jubel des Terrors zur eigenen Körperstabilisierung. Ihre Mordtaten sollen ihre Macht zeigen, Anhänger rekrutieren, Nicht-Anhänger verschrecken und den Spaßfaktor hochhalten. Ausgestellte Freude ist doppelte Freude. Gesendete Freude ist vervielfachte Freude.

Ruanda. Völkermord an den Tutsi. Was man selbst verbrach, wird umstandslos den Gegnern zugeschrieben. Die perfekte Umkehrung des Geschehens betreibt Valérie Bemeriki, Moderatorin des beliebten Radiosenders RTLM. Sie lacht nicht laut, während sie ihre Version der Apokalypse, "verursacht durch die Tutsi", über den Sender schickt. Das Gelächter brodelt inwendig – da sie doch weiß, dass all der Horror, den sie hier beschwört, von den eigenen Leuten, den mordenden Hutu, angerichtet wird und weiter angerichtet werden soll: „Sie haben eure Frauen vergewaltigt, sie haben eure Kinder vergewaltigt. Und jetzt planen sie, uns mit der Unterstützung der Amerikaner und der Belgier endgültig auszurotten ... Ja, die Kakerlaken haben Gott vergewaltigt!" Und bald wird sich ein Hörer melden, telefonisch, bei RTLM: „Habt ihr gehört, was Valérie gesagt hat: Sie haben Gott vergewaltigt!!" „Und das Mittelmeer mit Hutu-Leichen verstopft!"[7] Treffender (= mörderischer) können Witze, die zur vollkommenen Auslöschung eines Bevölkerungsteils aufrufen, nicht sein.

Es erinnert an die in der Naziliteratur gebräuchliche Behauptung, die teuflische Erotik der jüdischen Frau würde „die Wasser der Flüsse flussaufwärts fließen lassen", also: die Schöpfung auf den Kopf stellen. Der Clou: Alle wissen, dass solche Behauptungen nicht stimmen. Das ist ihr „Sinn". Das „Postfaktische" gibt es schon etwas länger; so zum Beispiel im Kern aller Weltreligionen. Sie machen Witze mit der Gesetzmäßigkeit der Dinge; diese ist in solchen Behauptungen aufgehoben. Die *Physik* ist ausgehebelt. Wenn die aber nicht mehr stimmt, fehlt auch allen anderen Gesetzen die Grundlage. Und dieser Zustand spricht deutlich: Ihr dürft hier tun, was immer ihr wollt. Kein Gesetz wird euch hindern. Im Gegenteil: Hier ergehen Befehle. Der „Witz" solcher Rede führt nicht nur direkt ins erlaubte Morden; er wird *programmatisch*; die scherzenden Radiostimmen füllen den Äther mit der geforderten Totalität der Auslöschung („Also füllt die Gewässer mit Leichen, bis die Wasser wieder richtig fließen, stromabwärts"). Die Gesichter an den Radioapparaten: lächelnd.

Das Gelächter füllt die Leere mit „Irgendetwas", das erleichtert.

Gesellschaftliche Vakuen, wo und wie auch immer sie entstanden sind, erzeugen in der Regel Massaker. Hass geht auf Tötung. Hass will Gelächter. Der Sieger lacht.

Der erlaubte Mord ist nicht der *Ausnahmefall*, er ist der den meisten Gesellschaften zugrundeliegende *Normalfall*, der nur nicht ständig gilt. Der *Normalfall* des Tötens muss *ausgerufen* werden. Er ist dann sogleich und ohne alle Hemmungen da. Es ist daher ganz „selbstverständlich", dass es *immer* „ganz normale Männer" sind, die die Ermordungsorgien durchführen; das Erreichen der Homöostase, das heißt des Spannungsausgleichs eines fragmentierten und von Fragmentierungsängsten bedrohten Körpers durchs Töten. Die Trennwand, die wir zwischen „ganz normalen Männern" und „wilden Monster-Massenmördern" ziehen, ist eine reine Selbstschutzwand. Dort, wo die Schleusen einmal geöffnet sind, gehört das Morden und das Massenmorden zum Typus „ganz normaler Mann" dazu. Und was ist auch „Normalität"? Vielleicht gibt es sie ja ebenso wenig wie „Banalität". Es gibt Typen, die sich am Töten beteiligen, und wenn es erlaubt oder gar vorgeschrieben ist, mit besonderem Vergnügen. Und es gibt ebenso Typen, die tun das nicht. Beide sind „ganz normal", beide sind „banal". Sie erfüllen das *Grundgesetz* ihrer jeweiligen Gesellschaftsgebilde oder „Kulturen"; sei das der Ostkongo, Afghanistan, Indien, das zerfallende Jugoslawien, Argentinien, Guatemala, Ruanda, Syrien, Irak, die Gefängnisse und

Straflager der britischen wie der amerikanischen Armee oder ihrer Geheimdienste; seien es Deutschland und Österreich, die bis vor siebzig Jahren einen Spitzenplatz in den *erlaubten* Ermordungs- und Ausrottungsaktionen einnahmen – exzessiv lachend; dann entspannt lächelnd.

Zur Homöostase gehört das Schauspiel des Tötens, kulminierend im exzessiven Gelächter der Ausübung *höchster Macht*. Die Entladung *äußert* sich in Rauschgefühlen. Der Rausch ist *zum Brüllen*. Das Gelächter ist das *orgiastische Gefühl* der Killer. Der Killer tobt (sich aus).

Töten ist das zentrale Mittel dieser Körper zum Erreichen des Spannungsausgleichs. Dieses Erreichen ruft ein Glücksgefühl hervor; also lachen sie dabei; nur das Töten erleichtert sie so, wie andere Menschen etwa der Liebesakt oder das Anhören einer geliebten Musik. Körperlich energetisch sind das „vergleichbare" Vorgänge. Der Unterschied liegt in der grundlegenden Differenz der Körperorganisation.

Schulmädchen in Wien. „I love al-Qaida. So fing es an, mit kleinen Sprüchen in der Schule und albernen Mails. Dann zogen die Wiener Mädchen Sabina und Samra in den Heiligen Krieg. Eine Spurensuche."[8] Ihr Dauergekicher ist der Selbstausdruck jener, die nicht wissen, wohin und zu wem sie gehören. Die Leere, in der sie leben, lautet auf Hahahahahahahahahahahaha, endlos, im Kreis. Das Gelächter, als körperlich-muskulärer sowie auch psychischer Akt, hat die Funktion, die Leere augenblicklich zu füllen; sie anzufüllen mit *Irgendetwas*, das sofort spürbar und erleichternd ist. Hahahaha. Es hat, das scheint offensichtlich, die Funktion, die Wahrnehmung dieser Leere zu verhindern. Sie würde traurig machen. Gelacht wird, ganz buchstäblich, um nicht zu weinen. Um nicht zu schreien. Um nicht zu implodieren in die innere Leere hinein, in der es hallt: Ich weiß nichts, ich bin nichts, ich habe keinen Ort, ich habe niemanden, an den oder die ich mich wirklich halten kann; Nichts, das mich hält, ich falle; ich ziehe Hotpants an wie alle, die auch ihre Beine zeigen (ohne dass dies etwa sexuell gemeint wäre; sondern damit ich aussehe wie alle Mädchen in den Werbeanzeigen; die aussehen, als wären sie *Jemand*, die wüssten, warum und wozu sie auf der Welt sind). Das Lachen füllt; aber es füllt nicht über Jahre; über die Lehren und Leeren der Pubertät hinweg; es füllt nicht den Abgrund zwischen den Geschlechtern; es füllt nicht den Abgrund zwischen Ich und Welt; die „abgrundtiefe Fremdheit zwischen Welt und Ich", von der die Poeten und Philosophen der Moderne sprechen; die Fremdheit, die sie mit ihren Worten überbrücken oder zu überbrücken suchen. Einigen gelingt es.

Gelacht wird, ganz buchstäblich, um nicht zu weinen.

Was jedenfalls nicht hilft – und niemandem dauerhaft hilft –, ist das Angebot, das in den westlichen Ländern flächendeckend heute gemacht wird: das Hotpants-Angebot, die Angebote in Warenform, die einen neuen Körper und neue Existenzformen versprechen; die *Zugehörigkeit* versprechen. Stellt sich heraus, dass dieses Versprechen nicht nur ein falsches, sondern in seiner Grundstruktur sogar ein bewusst verlogenes Versprechen ist, kann der Abgrund für eine Weile vielleicht gefüllt werden mit einem vielfach geteilten und vielfach widerhallenden Hahahahahahahahahaha; der Illusion einer Zugehörigkeit; der Illusion einer gemeinsamen, geteilten Welt. Aber was, wenn diese Illusion zerfällt: das Hahahahaha verbindet eben tatsächlich körperlich nicht. Es wird zum Ausdruck höchster Einsamkeit; es ist die Eruption dieser Einsamkeit. Die Einsamen lachen (sich tot). Und das Gelächter (das leere) der Schulhofareale findet sich wieder beim Andocken an das (gefüllte) Gelächter der Töter beim Töten. Das leere Gelächter derer, die nichts zu lachen haben, ist eine Tragödie.

Klar ist: Die Mörder der Tutsi hatten ihren Spaß. An diesem „Spaß", an ihrem Lachen beim Killen, fällt auf, dass es für sie keinen Unterschied zu machen scheint, ob jemand, mit dem sie dabei zu tun haben, lebendig oder tot ist. Der Unterschied also, bei dem „normalerweise" (wenn es diese Norm überhaupt geben sollte) „das Lachen aufhört". Genau das scheint ihnen egal zu sein. Oder vielmehr: Die Überschreitung dieser „Grenze" bringt sie zum Lachen. Leute vom Leben zum Tod zu bringen, ist offenkundig lustig.

Der „Nachbar", der fröhlich die Beine der Mädchen abschneidet und sich daran freut, dass die Mutter (vor Kummer) sterben wird, auch ohne dass er sie umbringt, ist offenbar in einem Zustand, in dem es ihn nicht behelligt, dass er Tod und Mord unter die Menschen bringt, mit denen er da umspringt. Er macht seine „Arbeit", Tutsi-Töten, und erwartet dafür Lob und Leben; eigenes *gesteigertes* Leben, dessen er sich erfreut. Nicht anders als Breivik, der aus 40 cm in ein ängstliches Mädchengesicht schießt und lacht. Da liegt sie nun, haha. Ich lebe. Hahaha. Oder die guatemaltekischen Soldaten, die „Fiesta" schreien und jubeln, während vor ihren Augen andere Menschen, die sie mit Benzin übergossen haben, verbrennen.

Jedes Alltagslachen hat tötende Anteile wie auch zivilisierende, dazwischen seine unzähligen Übergänge; es existiert vor allem in Mischformen. In der Formel „Wer zuletzt lacht, lacht am besten" lacht sowohl das harmloseste Alltagsvergnügen wie auch, am anderen Ende, die canettische Figur des „Überlebenden": Der Mensch am Ü-Pol, der noch steht und lacht, wenn alle anderen liegen. Der noch ganz ist, wo die anderen zerstückelt sind.

Das Lachen der Killer ballt sich ganz auf die Gewaltseite; das *vernichtende* Lachen. Die zivilisierenden Anteile sind gekappt, sie fehlen; beziehungsweise waren nie da. Dies Lachen unter „blinde, verstockte Natur" zu verbuchen (Adorno/Horkheimer), verbietet sich allerdings.

Von „blinder Natur" kann schwerlich geredet werden, wo das Mobiltelefon in der einen Hand liegt und die Kalaschnikow in der anderen; von „verstockter" schon eher. Die *verstockte* Seite lacht; sie lacht auch aus Überforderung. Die zivilere Form des „Sich-Totlachens" als Abfuhrvorgang psychischer Spannungen steht ihr nicht zur Verfügung. Die „Verstockten" lachen nicht sich, sie lachen andere tot.[9]

Dieses Lachen schließt die gleichzeitige Existenz jeder anderen Emotion aus. Das gilt, mit Einschränkungen, auch für viele zivilere Formen des Gelächters, insbesondere des Gruppenlachens. Wer lacht, empfindet nichts als eben die Wonnen seines Gelächters. Über alles andere lacht er sich hinweg. Solches Lachen lässt kein Mitgefühl zu und richtet sich gegen das Fühlen überhaupt. Der körperliche Ausnahmezustand des Lachens trägt Züge exzessiver körperlicher Berauschung, insbesondere wenn er nicht durch Kitzeln hervorgebracht wird; durch eine äußere körperliche Stimulation also, welche das Lachen *reflexhaft* hervorbringt. Ein gekitzeltes Kind kann sich des Lachens nicht erwehren.[10] Der rasend lachende Killer wird nicht gekitzelt. Er „kitzelt" im Übermaß die anderen, die darin, ohne zu lachen, ihren Geist aufgeben.

Die Psyche und Physis der lachenden Killer ist vollkommen absorbiert von dem mordenden Akt. Beispielsweise waren viele der von den Freikorpssoldaten gefeierten Morde an aufständischen ArbeiterInnen nach dem Ersten Weltkrieg, wie auch die Morde an Rosa Luxemburg und Karl Liebknecht, als „Lustmorde" begangen worden, gefeiert und entsprechend ausgestellt.

Es ist kennzeichnend für die Körper der lachend Tötenden, dass sie keinerlei Emotion für irgendwen oder irgendwas außerhalb ihrer selbst aufbringen können. Das zivilisierende Lachen geht anders. Sigmund Freud, fünffacher Vater, schreibt: „Zu dem vor und seit Darwin ausführlich behandelten, aber immer noch nicht endgültig aufgeklärten Thema der physiologischen Aufklärung des Lachens, möchte ich einen einzigen Beitrag liefern. Meines Wissens tritt die für das Lächeln bezeichnende Grimasse der Mundwinkelverziehung zuerst beim befriedigten und übersättigten Säugling auf, wenn er eingeschläfert die Brust fahren lässt."[11] „Selig lächelnd wie ein satter Säugling" – schöner ist der Ausdruck vollkommener Entspanntheit beim Eintritt ins Stadium „des Glücks" nicht zu beschreiben.

Phylogenetisch, so die heutige Forschung, sei die muskuläre Lachbewegung wohl aus dem *Zähnefletschen* entstanden. Das üblicherweise dem Biss vorausgehende Fletschen wird sozusagen ausgebremst und in eine Lächel- oder Lachbewegung überführt. Das Gegenüber wird „umarmt", nicht getötet.

Weder die Fähigkeit zur Unterscheidung zwischen tot/lebendig ist bei den lachend tötenden Mördern hinreichend ausgebildet noch die Fähigkeit, zwischen Subjekt/Objekt unterscheiden zu können. Im Rausch des Tötens wird nicht ein „Opfer" erledigt, es werden eigene Körperteile, die als überflüssig und störend empfunden werden, operativ entfernt: durch Hinrichtung, durch Abschneiden von Gliedern, durch Schuss oder Granatenwurf. Das Hochgefühl der Erleichterung, das Hochgefühl des Festlichen, das so viele der Killer sowohl beim Tötungsakt wie auch bei seinem Nachspielen für die Augen ihrer „Autoritäten" empfinden, verfestigt die Annahme, es handle sich bei ihrem Gelächter um das Begleitempfinden zur eigenen Körperkomplettierung; die Begleiteruption zur eigenen Selbstgeburt; um die Geburtswehen des eigenen kompletten Männer-Selbst in der Eigengruppe.

Dies alles sind nicht etwa nur wissenschaftliche oder journalistische oder politische Probleme. Keinem Politiker, keinem Analytiker, keiner Journalistin kann es gelingen, eine dauerhafte Lösung herbeizuführen. Lösen müssen *wir alle* diese Probleme im Alltag, so schlecht, so selten uns das auch gelingen mag.

Klaus Theweleit war Lehrbeauftragter am Institut für Soziologie der Universität Freiburg und Professor für Kunst und Theorie an der Staatlichen Akademie der Bildenden Künste Karlsruhe. Er lebt als freier Schriftsteller in Freiburg im Breisgau.

Der Text wurde von der Redaktion in Zusammenarbeit mit Prof. Theweleit anhand seines Buchs *Das Lachen der Täter: Breivik u. a. Psychogramm der Tötungslust* (Residenz Verlag, 2015) zusammengestellt.

Anmerkungen:

1. Kinzer, Stephen: The Brothers. John Foster Dulles, Allen Dulles, and Their Secret World War. New York 2013, Seite 137f.
2. Hoel, Per Anders: Die Tageszeitung. 19. April 2012
3. Roy, Oliver: Hauptsache, Held sein. SPIEGEL-Gespräch. Der Spiegel. Ausgabe 4, 17. Januar 2015
4. Burgos, Elisabeth: Rigoberta Menchú. Leben in Guatemala. Göttingen 1989, Seite 175–178
5. Vergleiche Resch, Christoph: Die Tageszeitung. 18. August 2014
6. Ich glaube nicht, dass „narzisstische Identität" ein zutreffender Terminus für den Zustand dieser Schüler ist. Siehe hierzu: Das Lachen der Täter, Seite 46
7. Vergleiche Rau, Milo: Hate Radio. Materialien, Dokumente, Theorie. Berlin 2014
8. Steinberger, Karin: Süddeutsche Zeitung. 11./12. Oktober 2014
9. Deutsche Version, 1. September 1939: Ab 5.45 Uhr wird zurückgelacht.
10. Obwohl das Lachen des Kindes, wie Rainer Stollmann zeigt, kein wirkliches Lachen ist, sondern über die Schmerzrezeptoren verläuft; also eine Gegenwehr ausdrückt; eine chancenlose allerdings. Siehe Stollmann, Rainer: Groteske Aufklärung. Studien zu Natur und Kultur des Lachens. Stuttgart 1997, Seite 57, 77f.
11. Freud, Sigmund: Der Witz und seine Beziehung zum Unbewussten. Frankfurt am Main 1962, Seite 118

Zur Vertiefung empfohlen:

– Theweleit, Klaus: Das Lachen der Täter: Breivik u.a. Psychogramm der Tötungslust. Residenz Verlag, 2015
– Theweleit, Klaus: Männerphantasien. Band 1: Frauen, Fluten, Körper, Geschichte (1977); Band 2: Männerkörper. Zur Psychoanalyse des weißen Terrors (1978). Als Taschenbuch bei den Verlagen Rowohlt und Piper (2000).
– Theweleit, Klaus: Der Knall. 11. September, das Verschwinden der Realität und ein Kriegsmodell. Verlag Stroemfeld/Roter Stern, 2002
– Theweleit, Klaus: Friendly Fire. Deadline-Texte. Verlag Stroemfeld/Roter Stern, 2005

Lexikon für den philosophischen Alltag

Clown

Die Bezeichnung für die komische Figur, wie sie vor allem im Zirkus anzutreffen ist, geht auf den englischen Begriff *clown* für „Bauer, Tölpel" zurück, der bereits in den Stücken von William Shakespeare zu finden ist, zum Beispiel für die Totengräber in *Hamlet*.

Anfangs wurden die Spaßmacher im Zirkus zumeist als Komiker oder Bajazzo (Pojatz) geführt, erst ab Mitte des 19. Jahrhunderts setzte sich die Bezeichnung Clown international durch. Der Clown – als eines der Bindeglieder zwischen Zirkus und Theater – hat viele Vorfahren: die Spaßmacher des antiken griechischen Komos und Darsteller der Satyrspiele, den römischen Mimus und die Figuren der Commedia dell'Arte, insbesondere Arlecchino, den Teufel im mittelalterlichen Mysterienspiel ebenso wie den Harlekin und den Hanswurst im Volkstheater und den Kasperle im Puppentheater. Als unmittelbare Vorgänger des Zirkusclowns sind der Pierrot des Pariser Seiltänzertheaters Funambules (zum Beispiel Jean-Gaspard Deburau) und die komische Figur der englischen Christmas Pantomimes, wie sie beispielsweise Joe Grimaldi verkörperte, anzusehen. Als zum Ende des 18. Jahrhunderts aus den Kunstreitertruppen der Zirkus hervorging, eroberte der Clown die Manege, anfangs oft als Komiker zu Pferde, dann mit eigenständigen Clownszenen.

Abbilddung: **Jean-Gaspard Deburau** 1796–1846

Im Zirkus hat der Clown die Funktion, die Zuschauer zwischen den aufregenden Nummern der Artisten und Dompteure durch Lachen zu entspannen. Für die Akrobaten dient der Clownauftritt häufig zur Überbrückung von Umbaupausen oder ist – wenn Clowns mit ihren Späßen die artistische Nummer begleiten, so wie es in den Anfängen häufiger der Fall war – die Möglichkeit einer kurzen Erholungspause in ihrer Darbietung. Längere Clownauftritte, Entrées genannt, sind eigenständige Nummern im Programm. Die Clownerie ist neben der Akrobatik und der Tierdressur ein Hauptbestandteil der Zirkusprogramme. Der Clown ist auch die einzige Zirkusfigur, die eine Aussage über ihre Zeit und die Gesellschaft treffen kann, insofern auch am stärksten dem Theater verwandt. Dabei gibt es nicht *den* Clown, sondern recht unterschiedliche Clowntypen: vom eleganten, überlegenen Weißclown bis zum tölpelhaften Dummen August, vom überdrehten Exzentriker bis zum eher tragischen, traurigen Trampclown. Das Gemeinsame ist ihr komischer Gegensatz zu den strahlenden Artisten, die scheinbar mühelos unglaubliche Leistungen vollbringen, während der Clown schon an den alltäglichsten Dingen scheitert – das aber grandios! Die kindliche Naivität des Clowns bildet das Gegengewicht zum scheinbar alles beherrschenden Verstand, seine Unlogik und sein Missachten aller Normen sind anarchisch und entzücken die Zuschauer, die sich deshalb gern mit ihm identifizieren. Im Gegensatz zu den „übermenschlichen" Artisten beherrscht der Clown nicht die Welt, sondern ist ihren Fährnissen ausgeliefert. Immer in der Gefahr des Scheiterns, ignoriert er jegliche Logik und findet ungewöhnliche Lösungen. Wenn der Clown den kostbaren Spiegel zerschlagen hat, spielt er eben das Spiegelbild des eitlen Weißclowns. Und natürlich verstrickt er sich bei all seinen Versuchen, den Tücken der Umwelt zu entgehen, in neue scheinbar ausweglose Situationen. Die Komik des Clowns, das Lachen über ihn entsteht aus dem Widerspruch zwischen seinem Wollen und den unverhältnismäßigen Mitteln, den skurrilen Requisiten und der kindlichen Unbefangenheit, mit der er Problemen begegnet. Natürlich gibt es auch das Lachen der Schadenfreude über die Begriffsstutzigkeit, die Dummheit des Clowns und über die Missgeschicke, einschließlich der Ohrfeigen seiner Partner, die er einstecken muss – wir, die Zuschauer, sind froh, dass es nicht uns trifft, sondern diesen ungeschickten Dummkopf. Und gleichzeitig freuen wir uns, dass er sich nicht entmutigen lässt und letztlich unbesiegbar bleibt. Wir können uns dieser Schadenfreude ohne schlechtes Gewissen hingeben, weil wir wissen, dass der Clown nicht wirklich leidet – das demonstriert er durch die Maßlosigkeit seines Leidens. Wenn er weint, spritzen Fontänen aus seinen Augen und das erlaubt uns, es komisch und nicht tragisch zu finden. Die Quälereien, die er erdulden muss, sind so offenkundig überzogen, dass wir sie als Spiel erkennen. Der nahezu gewalttätige Charakter vieler Clownszenen führt allerdings dazu, dass manche Kinder, die dies nicht als Spiel sehen, den Clowns sogar mit Angst oder aber Mitleid begegnen. Das ambivalente Verhalten der Zuschauer zwischen schadenfrohem Lachen und unbeschwertem Lachen über die Situationskomik findet seine Entsprechung auch im häufig zwiespältigen Charakter des Clowns: Er kann nicht nur harmlos-lustig sein, sondern auch boshaft und melancholisch bis zum Düsteren. Die meisten klassischen Clownszenen zeichnen sich durch derbe, rabiate Elemente aus.

Die verschiedenen Clownfiguren werden nach den verwendeten artistischen Mitteln als Sprech-, Akrobatik-, Musikal-, Dressur- oder Pantomimeclowns bezeichnet. Nach der Art ihres Auftretens unterscheidet man Entréeclowns, die größere Clownszenen spielen, Reprisenclowns, die zwischen den Nummern (oft mit Parodien auf die vorangegangenen Darbietungen) auftreten, und Pisten- oder Teppichclowns, die während eines Umbaus arbeiten. Unterschiedliche nationale Traditionen spielen oft eine Rolle. In Russland waren Satireclowns dominierend, die unmittelbar auf ihre Zeit und gesellschaftliche Ereignisse reagierten und darin dem satirischen und Agitprop-Theater beziehungsweise Kabarett nahe kamen. Bekannte Vertreter waren – noch im zaristischen Russland – die Brüder Anatoli und Wladimir Durow, das Duo Bim-Bom, später Karandasch. In den USA kam die Figur des Trampclowns als Abbild des Outlaws auf, verkörpert unter anderem von Emmett Kelly, Otto Griebling und Linon. Auch Charlie Chaplin wählte für seine Filmfiguren häufig das Vorbild des Trampclowns. Mitte des 19. Jahrhunderts entstand in England der Shakespearian Jester als gebildeter Clown, der zungenfertig längere Tiraden, zumeist mit Extempores (Darbietungen aus dem Stegreif) zu aktuellen Themen, und literarische Parodien vortrug und einen Gegenpol zum simplen Lustigmacher, dem *funny clown* darstellte. Als Exzentrikclowns werden jene Clowns bezeichnet, die ihre Darbietungen durch die Wahl ihrer Requisiten, ihres Kostüms oder ihrer Tricks betont exzentrisch gestalten – allerdings ist die Abgrenzung zu exzentrisch arbeitenden Akrobaten oder Jongleuren oft schwer zu treffen. Das Exzentrische ist ja eigentlich ein Wesensmerkmal der gesamten Clownerie. Am bekanntesten als Clowntypen sind der Weißclown und der Dumme August, die im Duo oder im Trio mit einem weiteren Clown oder August vor allem mit Entrées auftreten. Der tollpatschige Dumme August in seinem unpassenden, formlosen Kostüm war ursprünglich als Parodie auf die Respektsperson des Stallmeisters angelegt. Er ist der Gegenpart zum hochmütigen, herrischen Weißclown im glänzenden, paillettenbesetzten Kostüm, der ihn herum dirigiert und maßregelt, zum Vergnügen des Publikums aber letztlich der Bauernschläue des August unterliegt. Seit die Konstellation Weißclown – August Mitte des 19. Jahrhunderts erstmals in die Manege kam, hat es viele berühmte Duos und Trios gegeben. Zu den ersten gehörten Footitt und der dunkelhäutige Chocolat, später waren es Antonet und Beby, deren Ruhm erst von den Fratellinis übertroffen wurde. Heute wird der Weißclown oft durch den Sprechstallmeister, den Spielleiter ersetzt, der die Rolle als Stichwortgeber für den Clown beziehungsweise Dummen August übernimmt, wobei der Gegensatz von überlegen, bestimmend einerseits und tölpelhaft, aber letztlich schlauer als sein Gegenüber andererseits bestehen bleibt. Auch die gespielten Reprisen und Entrées greifen oft auf das klassische Repertoire zurück. Viele berühmte Clowns lassen sich aber auch nicht auf diese Clowntypen festlegen, sondern entwickelten unverwechselbare Figuren, wie etwa Grock, Charlie Rivel, Dimitri, Oleg Popow, Pic oder Fumagalli.

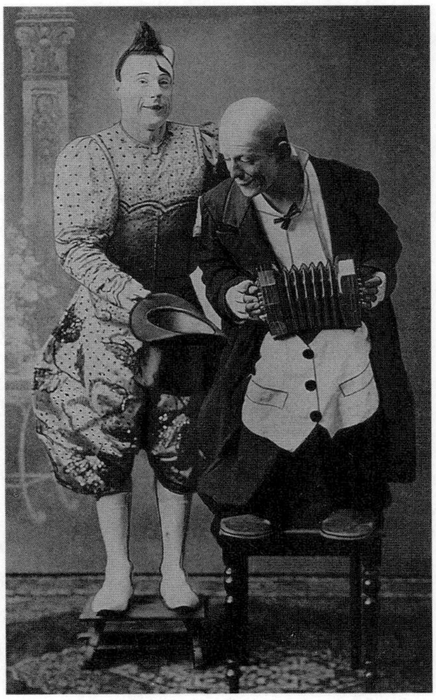

Abbilddung:
Antonet und Grock
1872–1935 und 1880–1959

In der Gegenwart hat sich vor allem der Pantomimeclown durchgesetzt, der als „modernere" Form der Clownerie gilt und zumeist auf ein traditionelles Clownkostüm und -maske verzichtet. Zu seinen Ursprüngen gehören der Pierrot von Deburau, aber auch Pantomimen wie Marcel Marceau.

Der Clown hat seit einigen Jahrzehnten den Sprung aus der Manege auf die Bühne geschafft und es gibt neben den Clowns, die sowohl im Zirkus wie auf der Varietébühne auftreten, ausgesprochene Theaterclowns, die eine spezielle Form der Clownerie entwickelt haben. Diese kommen in die Nähe der Comedien, so dass manchmal schwer Abgrenzungen zu treffen sind. Ein Boom der Theaterclowns setzte mit der Clownpower-Bewegung von Jango Edwards in den 70er-Jahren ein. Es gibt seitdem eine ganze Reihe herausragender Bühnenclowns, die ihre ganz eigenen Charaktere geschaffen haben.

Als Klinikclowns gehen Clowns (mit einer speziellen Ausbildung) in die Krankenhäuser, um hier vor allem die kleinen Patienten aufzumuntern und ihnen ein wenig die Angst und Fremdheit zu nehmen. Die Clowns ohne Grenzen reisen in Krisengebiete, um dort die von Kriegen oder Naturkatastrophen betroffenen Kinder mit ihren Auftritten abzulenken und aufzuheitern.

Ein Phänomen der neueren Zeit sind die sogenannten Horrorclowns, die mit furchterregenden Masken Menschen erschrecken wollen. Dass Clowns nicht nur harmlos-lustig sein können, haben aber schon die Anfänge der Clowns zum Ende des 18. und im 19. Jahrhundert gezeigt. Der Pierrot wie die Helden der Christmas Pantomimes traten mit ausgesprochen makabren und grausamen Späßen hervor und auch Pantomimengruppen wie die Hanlon-Lees zeichneten sich in ihren Szenen durch regelrechte Horrorspektakel aus.

In der Literatur, etwa bei Stephen King, wird diese düstere Seite des Clowns sehr gern hervorgehoben.

Die Clownfigur spielt nicht nur in der Literatur, sondern auch in anderen Künsten wie dem Theater, dem Film (nicht nur bei den frühen Stummfilmkomikern) und als Motiv in der bildenden Kunst eine besondere Rolle – weniger als Spaßmacher denn als zwiespältige bis tragische Figur.

Während im traditionellen Zirkus der Clown keine solch herausragende Rolle mehr spielt, nimmt seine Bedeutung in den theatermäßigen Formen des Neuen Zirkus wieder zu – dessen enger Verbindung zum Theater entsprechend. Wie der Zirkus insgesamt hat sich der Clown im Laufe der Zeit immer wieder verändert, gleichzeitig aber sein eigentliches Wesen und auch seine Funktion behalten. Das Lachen über und mit ihm ist immer noch ein befreiender Akt für die Zuschauer – sei es im Zirkus oder im Varieté oder Theater.

Gisela Winkler ist Zirkushistorikerin und Autorin. Zusammen mit ihrem Mann Dietmar Winkler betreibt sie in Berlin ein umfangreiches Zirkusarchiv. www.circusarchiv.de

Literatur:

- Barloewen, Constantin von: Zur Phänomenologie des Stolperns. Königstein 1981
- Borne, Roswitha von dem: Der Clown. Geschichte einer Gestalt. Stuttgart 1993
- Fried, Annette; Keller, Joachim: Identität und Humor. Eine Studie über den Clown. Frankfurt am Main 1991
- Manea, Norman: Über Clowns. München 1998
- Rémy, Tristan: Les Clowns. Paris 1945
- Rémy, Tristan (Hrsg.): Clownnummern. Köln 1964
- Turra, Mario: Das Lachen des Clowns. Berlin 1972
- Usinger, Fritz: Zur Metaphysik des Clowns. Offenbach 1952
- Winkler, Gisela: Von fliegenden Menschen und tanzenden Pferden. Die Künste der Artistik. Gransee 2015

Fun facts

Slang-Ausdruck aus der Internet-Sprache, dessen wörtliche Übersetzung ins Deutsche – „spaßige Tatsachen" – so ziemlich das Gegenteil von *funny* ist; ein deutsches Äquivalent wäre allenfalls „unnützes Wissen", was aber den Spaß-Aspekt nicht hinreichend hervorhebt. Laut *Urban Dictionary*, der einschlägigen Internet-Enzyklopädie für Slang-Begriffe, muss ein *fun fact* folgende Kriterien erfüllen: Er muss einen harten sachlichen Kern haben (*fact*) und dabei lustig (*fun*), einprägsam und von keinem direkten Nutzen sein; die größte Sünde ist es, ähnlich wie bei Witzen, den gleichen *fun fact* zweimal zu erzählen.

Das Internet ist voller *fun fact*-Seiten, zu allgemeinen Themen ebenso wie zu jedem beliebigen Spezialthema; eine relativ beliebig ausgewählte Hitliste der *most awesome* (Internet-Slang für „erstaunlich, großartig") *fun facts* verzeichnet auf Platz 1: „Man kann 150 Kilokalorien in der Stunde durch wiederholtes Schlagen des Kopfes an die Wand verbrennen." Das ist immerhin mäßig lustig und interessant vor allem deshalb, weil es die alte Erkenntnis bestätigt, dass Menschen lieber schön als klug sind. Aber nur sehr wenige Menschen werden sich wahrscheinlich dazu verleiten lassen, den Test auf den Nutzen solcher *facts* wirklich zu machen; der *fun fact* ist also auch hinreichend unnütz, der Spaß beschränkt sich aufs Lesen.

Philosophieträchtig wird der Begriff *fun fact* gerade durch die Paarung zweier so ungleicher Partner. Das Wort „Tatsache" kam im 18. Jahrhundert als Übersetzung von englisch *fact* (von lateinisch *faktum* für „das Geschehene, Gemachte") in die deutsche Sprache und ist gerade in der Philosophie gar nicht so einfach zu bestimmen: Zwischen Tatsachen, verstanden als Sachverhalte, die wahrgenommen werden können, und Tatsachen, verstanden als wissenschaftlich belegbare Aussagen, erstreckt sich ein weites und wüstes Feld unterschiedlicher Stufen und Formen des „Fürwahrhaltens" – unter diesem Begriff fasste beispielsweise Immanuel Kant die Sicherheitsgrade menschlicher Erkenntnis zwischen Glauben, Meinen und Wissen. (*fun fact*: „Der deutsche Philosoph Immanuel Kant, Erfinder des ‚kategorischen Imperativs' und Vertreter einer ziemlich strengen Morallehre, verdiente sich sein Philosophie-Studium durch die erfolgreiche Teilnahme an Billard-Turnieren.") Gottfried Wilhelm Leibniz unterschied zwischen „Tatsachenwahrheiten" und „Vernunftwahrheiten"; erstere sind für den Menschen unmittelbar gewiss in seinen Gefühlen oder Erfahrungen verbürgt, aber zufällig; letztere hingegen sind allgemein und notwendig wie das Gesetz der Identität. (*fun fact*: „Auf dem Grab des großen Universalgelehrten Leibniz ist ein Ornament eingraviert, das eine 1 innerhalb einer 0 zeigt und ihn damit als Erfinder der binären Zahlen würdigt.") *Fun facts* scheren sich eher wenig um solch subtile Differenzen, sondern präsentieren häufig (und gern zahlenbewehrt) wissenschaftliche Erkenntnisse im Alltagskontext, aber auch Anekdotisches, Historisches, Medizinisches in bunter Mischung.

„*Fun*" hingegen ist, wenn man nun doch ganz spaßfeindlich definieren will, eine lustvolle und vergnügliche Erfahrung, die sich bei bestimmten Aktivitäten spontan einstellt, also nicht planbar ist – worüber die Allgegenwart von *fun* in der modernen Unterhaltungsindustrie und in der Spaßgesellschaft gern hinwegtäuscht. („Haben wir schon angefangen, Spaß zu haben?") Und tatsächlich – Achtung, *fun fact!* – hat der Begriff sogar eine philosophische Dimension: „Neurophysiologen haben festgestellt, dass das Gehirn bei neuen und überraschenden Erfahrungen zur Belohnung Dopamin ausschüttet; diese neuen Erfahrungen werden zudem leichter im Gedächtnis verankert." Dass das menschliche Gehirn jedoch nur begrenzte

Speicherkapazitäten hat, ist gleichzeitig der Segen und der Fluch von *fun facts*. Das wusste schon der römische Stoiker Mark Aurel: „Nur auf *wenig* Dinge, heißt es, darf sich Deine Tätigkeit erstrecken, wenn Du Dich wohl befinden willst. Aber wäre es nicht besser, sie auf das *Notwendige* zu richten, auf das, was wir als Wesen, die auf das Leben in Gemeinschaft angewiesen sind, tun *sollen*? Denn das hieße nicht bloß das Vielerlei, sondern auch das Schlechte vermeiden und müßte uns also doppelt glücklich machen." (*fun fact* über Mark Aurel: „Mark Aurel ist der einzige tatsächliche Philosophenkönig in der Menschheitsgeschichte!") Und ganz ähnlich befürchtete auch der oben schon erwähnte Leibniz: „Aber erstaunlicherweise vergnügen sich die Menschen, während so viel Nützliches zu tun bleibt, fast immer nur mit dem, was schon getan ist, oder mit bloß Unnützlichem oder wenigstens mit dem, was am unbedeutendsten ist." Der Kern der philosophischen Kritik ist: Ordentliche Philosophie vermittelt nützliches Wissen; *fun facts* hingegen sind eine Art geistiges Schrottwichteln, bei dem man nie weiß, welche abgewirtschaftete Banalität man heute aus dem Sack ziehen wird. Andererseits, wer weiß: Vielleicht findet sich ja doch gerade in dem Unnützen, dem Banalen, dem Aussortierten ein kleines Goldkorn an Erkenntnis, dessen wahren Wert nur noch keiner erkannt hat? Waren nicht alle großen Erkenntnisse und Erfindungen der Menschheit zunächst einmal abwegige kleine Ideen in Menschenhirnen, die sich nicht recht hervorwagten?

Gesteigert stellt sich das Problem natürlich in Zeiten des Internets als gigantischem Wissensspeicher und grenzenlosem externalisierten Gedächtnis der Menschheit. Schon Kant befürchtete: „Die wissenswürdigen Dinge häufen sich zu unsern Zeiten. Bald wird unsere Fähigkeit zu schwach, und unsere Lebenszeit zu kurz sein, nur den nützlichsten Teil daraus zu fassen. Es bieten sich Reichtümer im Überflusse dar, welche einzunehmen wir manchen unnützen Plunder wieder wegwerfen müssen. Es wäre besser gewesen, sich niemals damit zu belästigen" – und das war vor gut zweihundert Jahren! Zudem muss der Einzelne die Massen an unsortierten Informationen auch verarbeiten können. Arthur Schopenhauer, immerhin nur noch knapp hundert Jahre von der Erfindung des Internets getrennt, stellte einen drastischen Vergleich an: „Allerdings bedarf der Geist der Nahrung, des Stoffes von außen. Aber wie nicht Alles, was wir essen, dem Organismus sofort einverleibt wird, sondern nur sofern es verdaut worden, wobei nur ein kleiner Teil davon wirklich assimiliert wird, das Übrige wieder abgeht, weshalb mehr essen als man assimilieren kann, unnütz, ja schädlich ist." Zu viel und zu wahlloses Konsumieren von *fun facts* macht also geistiges Bauchgrimmen und Schlimmeres; wenn man den Vergleich weiterdenkt, könnte ein noch größeres Gesundheitsrisiko allerdings Bulimie sein. (*Fun fact*: „Arthur Schopenhauer hielt sich zeitlebens Pudel, die er alle ‚Atman' nannte, was Sanskrit für ‚Atmen' oder ‚Weltseele' ist.")

Am Ende bleibt die Frage: Gibt es denn überhaupt unnützes Wissen? Ist nicht alles, was man in der ungesicherten Existenz des Menschen auf eine halbwegs sichere Basis stellen und mit Gründen, wenn auch schwachen, „für wahr halten" kann, ein Gewinn? Machen wir das Experiment anhand der oben bereits zitierten Liste der besten *fun facts ever*. *Fun fact*: „Frauen verbrauchen in fünf Jahren durchschnittlich so viel Zentimeter Lippenstift, wie ihrer Körpergröße entspricht" – o.k., alles ist eitel, Frauen besonders, und größere Frauen haben wahrscheinlich auch einen größeren Mund, aber der philosophische Mehrwert ist einigermaßen schwach, auch wenn es immer wieder aufschlussreich ist, wie viele vermeintliche „Vorurteile" doch eher ausgewachsene Urteile sind. *Fun fact*: „Cherophobia ist die krankhafte Angst vor Spaß" (Phobien sind ein Lieblingsthema bei *fun facts*) – philosophisch halbwegs interessant; erklärt vielleicht die Schriften einiger berüchtigter Spaßbremsen unter den Philosophen. *Fun fact*: „Der Erfinder der Frisbee-Scheibe wurde nach seinem Tod eingeäschert und seine sterblichen Reste wurden zum Bau neuer Frisbee-Scheiben verwendet" – Philosophie höchster Stufe: Zeigt es doch den Kreislauf alles Irdischen an einem besonders schönen Beispiel und versöhnt gewissermaßen mit dem Tod. Was kann man von Philosophie noch mehr erwarten? Und so sei zum Schluss noch einmal Leibniz zitiert, der gemeinhin als Rationalist gilt, aber immerhin im Rahmen seiner Überlegungen zum Unterschied zwischen „Tatsachenwahrheiten" und „Vernunftwahrheiten" Folgendes zugestand: „Übrigens bringen uns die faktischen Sätze oder Erfahrungen, wie der, daß das Opium schlaferregend ist, weiter, als die reinen Vernunftwahrheiten, die uns niemals einen Schritt über das Gebiet unserer deutlichen Vorstellungen hinaus machen lassen."

Dr. phil. habil. Jutta Heinz ist freie Autorin. www.jutta-heinz.de

Lachsack

von althochdeutsch *(h)lahhen* und gotisch *hlahjan* (verwandt mit altgriechisch *klossein* für „glucken"), „Ausdruck heiterer Gemütslage" und althochdeutsch *sac* von lateinisch *saccus* und altgriechisch *sakkos* für „Behältnis aus grobem Stoff"; ursprünglich „Lachsock", gehört zur Familie der „Scherzartikel"; heute ein Behältnis, aus dem bei Berührung ein langanhaltendes dröhnendes Gelächter erklingt, das zum Mitlachen animiert.

Das antike Griechenland gilt als Geburtsstätte der Demokratie und als Wiege der Weisheit. Große Denker und berühmte Philosophen, die wir noch heute wegen mancher hochfliegender Maxime verehren, waren dort beheimatet. Aber auch das größte Genie kann nicht 24 Stunden am Tag nur brillieren; manchmal

Die Kunst der Liebe besteht nicht darin, zu verstehen, sondern zu lieben.

Wer lange in den Spiegel schaut, ohne sich entsetzt abzuwenden, besitzt das lebenstaugliche Maß an Vergesslichkeit.

Anspruchsvoller als das Leben ist der Tod – er gibt sich mit ein paar Jahrzehnten nicht zufrieden.

In Zeiten des Glücks regeneriert sich das Unglück – und vice versa.

Thomas Berger

muss auch die hellste Leuchte ein albernes Späßchen machen dürfen. Oder? Der Vorsokratiker Xenophanes beispielsweise soll eine Schwäche für diese Art der Kurzweil besessen haben. Er beschrieb, wenn er sich mal von seinen eigentlichen Forschungsgegenständen, der Religionskritik und der Rationalität, erholte, in seinen Schriften kleine Artefakte, mit denen man harmlose Tricks und allerlei Schabernack durchführen konnte. Man darf also mit Fug und Recht behaupten, dass die Geburtsstunde des Scherzartikels auf die Antike zu datieren ist. Vielleicht sollte an dieser Stelle nicht unerwähnt bleiben, dass Xenophanes' Lehre einigen anderen kollegialen Geistesgrößen als nicht ganz schlüssig galt: Platon und Aristoteles hielten ihn gar für etwas schlicht, und Heraklit lästerte über ihn, er habe zwar viele Dinge gesehen, sie aber nicht verstanden. Dass die Vorliebe für Scherzartikel bereits seit der griechischen Antike eher einfältigen Gemütern zugeschrieben wird, ist allerdings ein Gerücht. Fest steht aber, dass diese Art des Frohsinns nach wie vor die Gemüter spaltet.

Humor ist eine ernste Sache. Das weiß jeder, der schon einmal einen norddeutschen Karnevalsumzug oder die selbstverfassten lyrischen Ergüsse auf der Feier zum 80. Geburtstag von Tante Dietlind erlebt hat. Bei dieser Art von Veranstaltungen, die eine zäh verteidigte Bastion des schlichten Humors bilden, versammelt sich unter großem Jubel regelmäßig die Familie der Scherzartikel. Und dort präsentiert er sich als der vornehmere Cousin des Furzkissens: der Lachsack. Er haust heutzutage hauptsächlich an dunklen Orten wie in Kramkisten oder im hinteren Teil von Schubladen. Tritt er aber doch einmal öffentlich auf, so ist dies stets spektakulär und zieht kurzfristig die alleinige Aufmerksamkeit der Menschen sowie ihrer domestizierten Haustiere um ihn herum auf sich (letztere verschwinden in der Regel so fix unterm Sofa, als wäre der Leibhaftige hinter ihnen her).

Seinen ersten öffentlichen Auftritt unter großem Hallo hatte der Lachsack gemeinsam mit seinem Erfinder Walther Thiele auf einer Erfindermesse in Brüssel im Jahr 1968. Thiele hatte einen Miniaturplattenspieler mit schallendem Gelächter bespielt, ihn schlicht in eine olle Socke gesteckt und sie mit einem Stück Kordel zugebunden (daher „Lachsock“). Da sich zunächst in Deutschland kein Hersteller fand, der den Lachsack in hoher Stückzahl produzieren wollte, ließ Thiele ihn sich im fernen Japan patentieren. Zuvor hatte aber in der Heimat noch ein „richtiges“ Lach-Casting stattgefunden, um dem Lachsack durch ein so herzhaftes wie ansteckendes Lachen Leben einzuhauchen. Mehr als einhundert Leute waren eingeladen worden, um den besten Lacher zu finden. Ein Finanzbeamter (!) aus Nürnberg hatte schließlich das perfekte Lachen. (Wer bei *youtube* den Begriff „Lachsack“ eingibt, hört und sieht das 68er Original.) Thiele bot dem Steuerfachmann als Bezahlung zwei Optionen an: entweder eine Einmalzahlung von 1000 DM oder anteilig zehn Pfennig pro verkauftem Artikel. So, und nun dürfen Sie raten: Für welche Option entscheidet sich ein Finanzbeamter?

Aber zurück zur Antike: Dort galt das Thema Lachen als eher schwierig, vor allem, wenn es mit einfältigen Scherzereien in Verbindung stand. Platon, der König der Philosophen, hat das Lachen in seinen Lehren stets als lasterhaft bekämpft. Er rief zur Mäßigung, Tapferkeit, Gerechtigkeit und dem Streben nach Weisheit auf; ausschweifende, exzessive Lachorgien im Verbund mit geistiger Dumpfheit stehen Platons Lehre von der Tugendhaftigkeit diametral entgegen. In seinen Schriften über den Idealstaat hat er dessen Hütern nahegelegt, gar nicht oder möglichst wenig zu lachen, weil kollektives Lachen stets Sündenbock-Mentalität besitzt und nicht vorhersehbare, aggressive Reaktionen hervorrufen kann. Ein Volk, das gemeinsam lacht, vergemeinschafte sich schamlos gegen schutzlose Einzelne. Der Zurückhaltende verliere dabei seine Scheu und die Kontrolle. Platon selbst soll übrigens nie gelacht haben. Aber ist seine Opposition gegen das, was er als Entfremdung des Humors in der demokratischen Gesellschaft bezeichnete, wirklich so abseitig?

Lachen ist eine, wenn nicht *die* spontane Geistesäußerung des Menschen; ein Lachsack aber ist geistlos und mechanisch: Man drückt drauf, Gelächter ertönt. Der Kleinbürger findet in ihm seine eigene geistige Leere, sein eigenes hohles Lachen wieder. Ein echtes Lachen, sofern es humorvoll gelacht wird, erfordert geistige Anstrengung und eine echte interaktive Resonanz auf den Anderen; das mechanisch-reproduzierbare und unechte Lachen reagiert auf Knopfdruck und ohne Rücksicht auf das Gegenüber. Jede Geistesanstrengung, zum Beispiel Kommunikation, wird so vermieden. Die eingebaute Kommunikationsunfähigkeit des Lachsacks rettet den geistigen Kleinbürger also vor allzu anstrengender Interaktivität. Der Lachsack ist Einzelgänger, das heißt, er ist auf die soziale Interaktion mit Artgenossen nicht angewiesen – ebenso wenig wie Twitter-, Whatsapp- oder Facebookbildchen auf eine echte kommunikative Auseinandersetzung ausgerichtet sind. Sie täuschen zwar geistigen Tiefgang vor, zerbröseln aber argumentativ schon bei der geringsten Kritik.

Dazu passt, was Theodor W. Adorno in seiner Kritik über die Kulturindustrie schreibt, nämlich dass das Lachen in ihr zum Instrument des Betrugs am Glück wird. Der sogenannte *Fun* sei ein „Stahlbad“, das von der Vergnügungsindustrie ständig bis zur Betäubung verordnet werde. Gelacht wird darüber, dass es eigentlich nichts mehr zu lachen gibt. Ein Gelächter aufzunehmen, um es reproduzieren zu können, bedeutet, die Einmaligkeit des Augenblicks zu überwinden, um des Gegenstands (des Lachens) endgültig habhaft zu werden. Die kathartische Wirkung des Lachens, das heißt die Befreiung von psychischen Konflikten und inneren Spannungen, soll konserviert, jederzeit verfügbar und wiederholbar gemacht werden. Wenn nun Humor auf diese industrielle Art konsumierbar, reproduzierbar, kontrollierbar und vor allem auch mechanisiert wird, dann bedeutet das doch, dass eine Gesellschaft offenbar einen geistlosen, mechanischen Anstoß braucht, anstatt sich echter, spiritueller Muße hinzugeben, die intellektuellen Fortgang verspricht. So gibt sich der Kleinbürger lieber dem so geistlosen wie unaufregenden Amüsement hin und unterwirft sich dem Diktat des Freizeit- beziehungsweise Amüsierbetriebs.

Doch der vorgebliche Wille zum Tiefsinn fehlt unserem kleinen Lachsack: Er ist absolut ehrlich, er gibt gar nicht erst vor, tiefsinnig zu sein. Inzwischen ist es auch etwas ruhiger geworden um ihn. Vielleicht mag das am digitalen Zeitalter liegen und daran, dass jedermann, sofern er ein Smartphone besitzt, mehr oder weniger lustige Klingeltöne oder besagte Bildchen aus den unendlichen Weiten des Internets herunterladen kann. Steht jedoch eine Feier an, auf der es weniger konventionell zugeht, verlässt der Lachsack auch heute noch fröhlich sein dunkles Domizil, in dem er die meiste Zeit des Jahres haust, um dort weitere Mitglieder seiner großen Familie zu treffen. Künstliche Fäkalien, Erbrochenes, Knallbonbons, Stinkbomben, Rußseife, aufklebbare Eiterpickel und so weiter geben sich die Ehre und sorgen mit ihrem unbedarften Charme für mehr oder weniger großes Aufsehen. Doch der unbestrittene Star der Familie ist und bleibt der Lachsack. Sein ehemals bescheidenes Äußeres hat er gegen eine glamourösere Garderobe eingetauscht. Geradezu divenhaft kommt er nun daher, trägt Kostüme in allen möglichen Farben und Formen, als Kartoffel, lachender Smiley oder auch gern als primäres Geschlechtsteil.

Aber häufig sind die lustigsten Spaßgranaten in ihrem Innersten große Melancholiker. So fragt sich womöglich auch unser Lachsack, ob denn Lachen als angeborenes Verhalten, möglicherweise sogar als *die* grundlegendste menschliche Kommunikationsform schlechthin, überhaupt noch Ermunterung gebrauchen kann oder ob es sich mittlerweile ausgelacht hat, angesichts der Weltlage zu Beginn des 21. Jahrhunderts.

Ach so, der Finanzbeamte. Inzwischen darf nicht nur in seiner fränkischen Heimat in jedem Keller ein Artgenosse des Lachsacks vermutet werden: Bisher wurde er weltweit über 120 Millionen Mal verkauft. Hätte sich der Finanzbeamte für die zweite Option entschieden, so besäße er heute ein Vermögen von über sechs Millionen Euro. Hat er aber nicht. Aber deshalb gleich die gute Laune verlieren? Einmal über die Augen wischen und tief durchatmen: Das wäre doch gelacht!

Monika Urbich studiert Germanistik und Geschichte an der Technischen Universität Braunschweig.

Lach-Yoga

von Sanskrit *Yoga* für „Anspannen“, „Anschirren (der Seele an Gott)“, als Bezeichnung für ein philosophisch-religiöses indisches Meditationssystem und althochdeutsch *(h)lahhen* und gotisch *hlahjan* für ein charakteristisches Heiterkeit anzeigendes Geräusch.

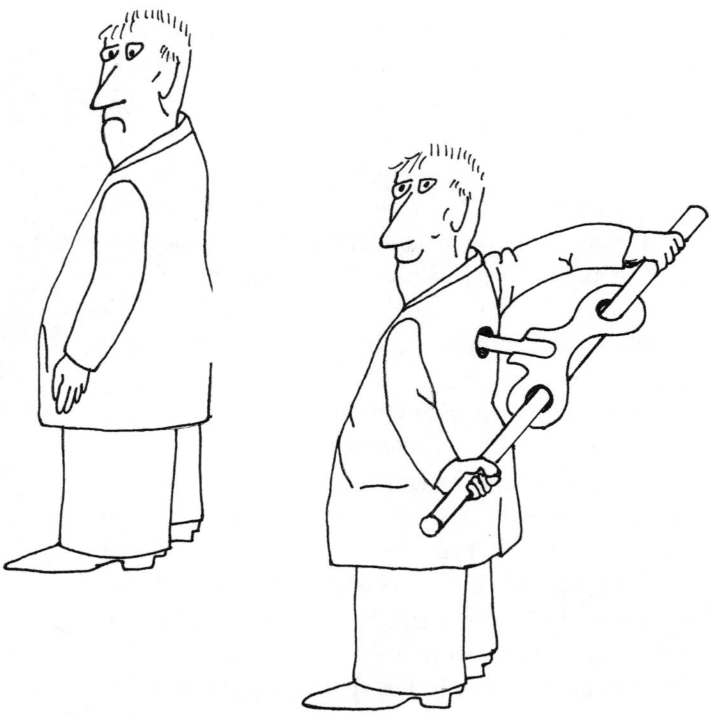

Die „Lachbewegung“ (Kataria 1999, Seite 32 f.), die sich Ende der 90er-Jahre weltweit zu etablieren begann, ist eng mit dem sogenannten Lach-Yoga (*Hasya-Yoga* oder auch Yogalachen genannt) verbunden. Es handelt sich um eine Form des Yoga, bei der das grundlose Lachen (*Hasya*) im Vordergrund steht. Das Lach-Yoga ist eine Mischung aus traditionellen Dehn-, Klatsch- und Atemübungen, die mit pantomimischen Lachspielen einhergehen (vergleiche Birklbauer 2008; Cubasch 2010; Emmelmann 2007; Kataria 1999). Dadurch sollen verschiedene Organsysteme aktiviert werden.

Lachen wird durch drei Komponenten eines neurologisch definierbaren Netzwerks gesteuert, die in unterschiedlichen Regionen des Gehirns verortet sind (vergleiche Wild 2009). Dazu gehört die *kognitive Komponente* im Stirnlappen und Hinterhauptlappen der linken Gehirnhälfte. Dort wird das Verstehen von verbalen Metaphern und Pointen ermöglicht. Die *emotionale Komponente*, die das Gefühl der Erheiterung entstehen lässt, wird durch den Mandelkernkomplex (Amygdala) bereitgestellt, der wiederum ein Teil des limbischen Systems ist. Im Hirnstamm befindet sich schließlich ein neuronales Kerngebiet, welches die *Motorik des Lachens* durch Aktivierung von Gesichtsmuskeln und Stimmbändern ermöglicht. Dieses „Lach-Netzwerk“ funktioniert insgesamt wie ein Schaltkreis mit gegenseitig voneinander abhängigen Elementen: Sobald eine der genannten Komponenten aktiviert wird, werden die anderen Komponenten in der Folge ebenfalls angeregt (vergleiche Titze 2016).

Eben diesen Wirkmechanismus macht man sich beim Lach-Yoga zunutze. Die Konzentration liegt zunächst ganz auf der Aktivierung der motorischen Komponente des Lachens (Lachatmung, Lachgeräusche, Lachmimik). Madan Kataria (1999, Seite 17 f.) stellt fest, dass es keinen kognitiven „Grund“ braucht, um ins Lachen zu kommen. Denn der Körper könne nicht zwischen einem künstlichen und einem echten Lachen unterscheiden. Was als künstliches Lachen beginne, entwickle sich gerade innerhalb einer Gruppe schnell zu einem spontanen Gelächter. Somit gilt der Grundsatz: „Tu erst einmal so, als würdest du lachen: Alles andere ergibt sich von selbst!“ (*„Fake it, then make it!“*)

Heiterkeit lässt sich, so gesehen, trainieren und sogar willentlich herbeiführen. Daher müssten diejenigen, die Lach-Yoga praktizieren, durchaus keine humorvollen Frohnaturen sein (Kataria 1999, Seite 107 ff.). Dies wird zu Beginn eines entsprechenden Lachtrainings von der anleitenden Person ausdrücklich festgestellt, und die Beteiligten werden nachgerade aufgefordert, zunächst nichts anderes zu versuchen, als die typischen Lachlaute lediglich nachzuahmen, und zwar so lange, bis das solcher Art willentlich erzeugte künstliche Lachen in echtes Lachen übergeht. Bei regelmäßiger Übung sei die Wahrscheinlichkeit hoch, allmählich einen authentischen Sinn für Humor zu entwickeln.

Der Ablauf

Im Grunde handelt es sich beim Lach-Yoga um eine neu konzipierte Methode, da nur noch die Atemtechnik (*Pranayama*) aus dem klassischen Yoga stammt (vergleiche Kataria 1999, Seite 86 ff.). Die Pranayama-Atmung beinhaltet ein tiefes Einatmen (durch die Nase) und ein langsames Ausatmen (durch den Mund). Dadurch soll zum einen die Sauerstoffzufuhr gefördert und zum anderen ein entspannender Effekt erreicht werden. Auf diese Atemübung folgt eine ritualisierte Aufwärm-Übung: Alle Teilnehmer intonieren (mit geöffnetem Mund und unisono) die authentischen Lachlaute, indem sie (bis zu zehn Mal) „Ho Ho – Ha Ha Ha“ skandieren und dabei rhythmisch in die Hände klatschen. (Nach Katarias Ansicht liegen in den Handflächen Akupressurpunkte, die durch rhythmisches Klatschen stimuliert werden.) Dieser Grundübung folgen jeweils diverse Lachübungen. Nach Katarias Angabe stellt sich bereits nach wenigen Minuten echtes Lachen reflexartig ein.

Eine Lach-Yoga-Session gliedert sich in drei Teile:
– Eine kurze Einführung, in der Bezug auf theoretische Grundlagen der Gelotologie (von altgriechisch *gelos* für „Lachen“ und *logos* für „Lehre“: physiologische Lachforschung) und des Yoga-Lachens genommen wird.
– Die Kernphase mit den verschiedenen Lach-Übungen. Sie wird eingeleitet durch rhythmisches Händeklatschen und das gemeinsame Skandieren von „Ho Ho – Ha Ha Ha“ (bis zu drei Mal). Dieses Händeklatschen erfolgt nach jeder einzelnen Übung beziehungsweise leitet entsprechend eine weitere ein.

– Die Yoga-Nidra-Phase mit entsprechenden Entspannungsübungen. Diese „Lachmeditation“ bezieht viele Körperteile mit ein.

Eine für Kataria besonders wichtige Übung ist das „Löwenlachen“, bei dem mit weit heraushängender Zunge und gespreizten Fingern gelacht wird. Diese Übung ist aus einer Yogaposition abgeleitet, die als *Simha Mudra* bekannt ist (vergleiche Emmelmann 2007, Seite 82). Mittlerweile gibt es Hunderte von Übungen, wie zum Beispiel das „Begrüßungslachen“[1], das „aufsteigende Lachen“[2], das „schwingende Lachen“[3], das „herzliche Lachen“[4] oder das „befreiende Lachen“[5] (vergleiche Kataria 1999, Seite 66f.). Alle Übungen umfassen bestimmte pantomimische Elemente unserer Alltagsroutine. Fast jeder Yoga-Lachtrainer erfindet neue Varianten, denn der Fantasie sind keine Grenzen gesetzt. Als wirkungsvoll erweist sich eine Übung aber erst dann, wenn sie ein prägendes komisches Element enthält.

Kataria betrachtet Lachen als Übungssache: „Wir lachen nicht, weil wir glücklich sind, sondern wir sind glücklich, weil wir lachen.“ (Kataria 1999, Seite 103; vergleiche Birklbauer 2008, Seite 18) Philosophisch gesprochen: Das Seiende (Lachen) bestimmt das Bewusstsein (Glücksgefühl).

Weil Lachen bekanntlich „ansteckend“ wirkt, werden die Lachübungen praktisch ausschließlich in Gruppen durchgeführt. In diesem gemeinsamen Lachen kann eine kollektive Heiterkeit entstehen, die auch von anderen Anlässen her bekannt ist, zum Beispiel Karnevalsveranstaltungen oder Kabarettaufführungen.

Die Verbreitung des Lach-Yoga

Weltweit verbreitet wurde Lach-Yoga von Madan Kataria, einem praktischen Arzt aus dem indischen Mumbai. Er verband einfache Yogatechniken mit spielfreudigen Lachübungen und entwickelte daraus eine Methode, die Menschen zum Lachen bringen soll. Ursprünglich wollte Kataria mit der von ihm als „Lach-Yoga“ bezeichneten Methode nur einen Beitrag zur Verbesserung der Volksgesundheit leisten. Möglichst viele Patienten in ganz Indien sollten sich kostenlos in entsprechenden „Lachclubs“ gesund lachen. Ob dieses Ziel in medizinischer Hinsicht erreicht wurde, ist ungeklärt. Doch in psychosozialer Hinsicht hat sich das Lach-Yoga als ungemein erfolgreich erwiesen. Gerade Menschen, die im Zuge der postmodernen Individualisierung „desozialisiert“ wurden, finden in einem Lachclub auf eine unkomplizierte Weise menschliche Nähe, spontane Lebensfreude und nicht zuletzt eine spielfreudige Selbstbestätigung (vergleiche Titze 2016).

1995 rief Kataria den ersten Lachclub ins Leben. 2007 gab es weltweit mehr als 5000 dieser Clubs. Auf den Welt-Lachtagen 1999 kamen in Mumbai rund 8000 Menschen und im Jahr 2001 in Kopenhagen über 10 000 Lachbegeisterte zusammen. Auf der ganzen Welt verbreitet sich diese Methode in beeindruckender Weise. In mehr als 10 000 Lachclubs wird in 100 Ländern inzwischen kollektiv gelacht (Titze 2008). Die ersten Aktivisten aus Deutschland, der Schweiz und Österreich wurden 1998 am Basler Kongress „Humor in der Therapie“ von einem Kataria-Schüler in die Methode des Lach-Yogas eingeführt. Unmittelbar danach entstand in Wiesbaden ein Lach-Yoga-Zentrum, in dem sich Lachbegeisterte (unter anderem von Kataria selbst) zu zertifizierten Lachtrainern ausbilden ließen. Inzwischen gibt es allein in Deutschland mehrere Lach-Yoga-Verbände, die eine durchaus ernsthafte Vereinspolitik betreiben.

Es gibt zahllose Anbieter, die zum Teil in verschiedenen Verbänden organisiert sind und Varianten des Lach-Yoga anbieten, die sich erheblich voneinander unterscheiden können – sowohl in methodischer als auch ideologischer Hinsicht. Auf diese Problematik macht Ilona Papousek (2008) besonders aufmerksam.

Dr. Michael Titze studierte Psychologie, Soziologie und Philosophie, arbeitet als Psychotherapeut und ist unter anderem Ehrenvorsitzender von HumorCare Deutschland-Österreich e.V.
www.michael-titze.de

Anmerkungen:

1. Beide Hände werden anderen Teilnehmern entgegen gestreckt. Wenn diese die Hände ergreifen, wird freundlich gelacht.
2. Der Mund bleibt geschlossen, die ausgestreckten Hände bewegen sich langsam von unten nach oben, dazu ertönt ein aufsteigender Summton, der schließlich in Lachen übergeht.
3. Die Teilnehmer bücken sich mit ausgestreckten Händen und berühren den Boden, als würden sie etwas pflücken. Dazu skandieren sie die gedehnten Vokale Aah, Ooh, Eeh, Uuh. Dann erheben sie sich und reißen die Arme lachend nach oben.
4. Der Blickkontakt wird mit einem Teilnehmer nach dem anderen hergestellt. Dabei werden die Arme im Lachen nach oben gestreckt.
5. Die Arme werden (mit durchgedrücktem Rücken) so hoch wie möglich nach oben geworfen. Dabei wird herzhaft gelacht.

Literatur:

– Birklbauer, Walter: Warum Lachyoga? Eine neurologische Perspektive. Books on Demand, Norderstedt 2008
– Cubasch, Peter: Lachen verbindet. Breuer & Wardin, Bergisch Gladbach 2010
– Emmelmann, Christoph: Das kleine Lachyoga Buch. dtv, München 2007
– Kataria, Madan: Laugh for no reason. Madhuri International, Mumbai 1999
– Papousek, Ilona: Heiterkeit und Gelassenheit trainieren mit Lachen. In: Effinger, Herbert (Hrsg.): Die Wahrheit zum Lachen bringen. Humor als Medium in der Sozialen Arbeit. Juventa Verlag, Weinheim 2008, Seite 87–105
– Titze, Michael: Als das Lachen zur Bewegung wurde. Die Nordelbische Zeitung, 04.05.2008, Seite 2
– Titze, Michael: Wie therapeutisch sind Lachgruppen? In: Wild, Barbara (Hrsg.): Humor in der Psychotherapie. Schattauer Verlag, Stuttgart 2014, Seite 268–289
– Wild, Barbara: Humor und Gehirn. Neurobiologische Aspekte. Zeitschrift für Gerontologie und Geriatrie 2009, Band 43(1), Seite 31–35

Stefan Baur

Bücherrätsel

Ein schönes Thema, das Lachen und der Humor – so sollte man meinen … doch dem Rätselfreund wird das Lachen heute eher vergehen! Nicht aus Bosheit wird an dieser Stelle nach einem ziemlich schwer zu erratenden Werk gefragt. Vielmehr ist die Auswahl an philosophischen Büchern, deren Autoren sich ernsthaft und vorrangig mit dem Lachen beschäftigen, erschreckend gering. In einem Artikel über die Philosophen und das Lachen heißt es treffend: „Anthropologen vom Mars müßten angesichts der relativ winzigen Menge einschlägiger philosophischer Texte zur Überzeugung gelangen, dass Humor ein vernachlässigbarer Aspekt des menschlichen Lebens ist."

Noch dazu galt das Lachen lange genug als niedrig, gemein und unwürdig. Von diesem aus antiken Quellen und frühchristlichem Denken gespeisten Argwohn gegenüber dem Humor zehrt noch heute beispielhaft Umberto Ecos mittelalterlicher Klosterkrimi *Der Name der Rose*: Der Finsterling des Romans vernichtet die letzte Ausgabe einer (fiktiven) wohlwollenden Abhandlung des Aristoteles über die Komik – nur um das Lachen nicht ernst nehmen zu müssen.

Im frühmodernen England führte Thomas Hobbes die ungnädige Betrachtung des Humors weiter: „Die Leidenschaft des Lachens ist nichts anderes als ein plötzliches Hochgefühl, das entsteht, wenn wir unverhofft in uns selbst eine Überlegenheit gegenüber der Schwäche eines anderen oder einer eigenen früheren Schwäche entdecken." Dieser Kostverächter des Lachens wird sogleich noch eine Rolle spielen, denn der Autor des heute zu erratenden Buchs beginnt seine Abhandlung mit einer scharfen Kritik an Hobbes …

Gesucht ist die Schrift eines weniger bekannten irischstämmigen Philosophen, der seine wichtigsten Werke verfasste, bevor er nach Glasgow auf einen Lehrstuhl für Moralphilosophie berufen wurde. Er blieb dort vor allem als inspirierender Lehrer von Adam Smith in Erinnerung und ist einer der ersten Vertreter der schottischen Aufklärung. Besonders die von ihm vertretene und mit geprägte Theorie des moralischen

Die einzige Chance, das Große Gericht unbeschadet zu überstehen, besteht darin, nicht auf einen gerechten Richter zu treffen.

Wer wir sind, hängt entscheidend davon ab, wem wir begegnen.

Wer die Dinge sprechen hören will, muss bereit sein zu schweigen.

Thomas Berger

Thomas Berger lebt als freier Autor in Kelkheim (Taunus). Unter anderem publizierte er *Worte in Stein. Aphorismen*, Edition Pauer, Kelkheim 2016, *Kuriose Begegnungen. Tierisches & Menschliches* sowie *Albert Camus. Absurdität und Glück*, beide edition federleicht, Frankfurt am Main 2015.

Empfindens als Grundlage unserer Wertvorstellungen begründete eine der Leitideen dieser großen Zeit der schottischen Philosophie.

Das zu erratende Werk selbst besteht aus drei Briefen zum Thema dieser Ausgabe, die zusammengenommen ein schmales Bändchen ergeben. Diese Briefe schrieb der Autor ursprünglich unter Pseudonym als Beiträge für eine Dubliner Zeitschrift, und zwar zu unterschiedlichen Anlässen.

Im ersten Teil geht es wie angedeutet darum, Hobbes' Beurteilung des Lachens aufgrund eines Gefühls der Überlegenheit zurückzuweisen. Recht überzeugend und mit wunderbar plastischen Beispielen legt der Autor dar, dass sich diese Auffassung nicht mit der tatsächlichen Praxis des Lachens verträgt: Denn erstens wird auch ohne jedes Überlegenheitsgefühl gelacht (etwa über eine Burleske) und umgekehrt keineswegs immer gelacht, wenn man Anlass zu Überlegenheitsgefühlen hat: „Es muß (nach Hobbes) für einen feinen Herrn ein sehr fröhlicher Zustand sein, wohlgekleidet in der Kutsche durch unsere Straßen zu fahren und dabei die vielen zerlumpten Bettler und die unter ihrer Last schwitzenden Gepäck- und Sänftenträger um sich herum zu betrachten."

Nur in wenigen Varianten, etwa der Schadenfreude und dem Spott, lässt der Autor Hobbes' Ansatz gelten. Seine eigene Vorstellung, was denn nun dem Lachen zugrunde liegt, entwickelt er im zweiten Brief der gesuchten Schrift, deren spannendstem Teil. Darin interessiert ihn, welche beobachtbaren Umstände uns zum Lachen bringen. Lachen aus anderen Gründen, etwa wenn jemand gekitzelt wird oder aus Erleichterung lacht, betrachtet er nicht weiter.

Es sind demzufolge beobachtete Missverhältnisse, die uns zum Lachen bringen – wenn beispielsweise eine anerkannte, tiefsinnige und ehrwürdige Schrift auf einen trivialen Gegenstand angewendet wird (er nennt Diogenes Laertius' Biografien mit ihren Anspielungen auf Homer). Oder wenn besonders berühmte, würdige und feierliche Charaktere oder Ausdrücke in albernen Umständen oder belanglosen Zusammenhängen auftauchen. „Don Quijote versorgt uns praktisch auf jeder Seite mit Beispielen", heißt es hierzu in der gesuchten Schrift. Selbst ein Aprilscherz bezieht demnach seine Komik aus Kontrasten solcher Art, so der Autor, auch wenn in diesem Fall weniger das Würdige mit dem Unwürdigen kontrastiert. Die Schrift steht damit am Beginn der heute am häufigsten vertretenen Theorie des Humors, der „Inkongruenz-These", was schon Arthur Schopenhauer auffiel, der unseren Autor ausdrücklich erwähnt.

Der dritte Essay handelt von der Nützlichkeit des Lachens, aber auch dem verkehrt angewendeten, unangemessenen Humor. Hier schlägt sich eine gewisse zeittypische Sittenstrenge des Pfarrerssohns nieder: Es ist ihm wichtig zu zeigen, dass das eben eingeführte Inkongruenz-Prinzip an Grenzen stößt, wenn es um allzu Heiliges geht. Besonders das Spotten nimmt dabei breiten Raum ein, ist doch hier die Grenze zwischen gutem Witz und bösem Spott nicht leicht theoretisch zu fassen, womöglich ohnehin nur eine Sache der sich stets wandelnden Sitten: „In der Hand eines klugen Menschen kann Spott wie jedes scharfe Werkzeug Gutes bewirken, doch Dummköpfe schneiden sich die Finger oder verletzen unaufmerksame Zuschauer."

Erhellendes über Schwierigkeiten, die die Satire bis heute begleiten, gibt es da also in schön geschnörkeltem alten Englisch zu lesen – aber wo nur genau und von wem?

Lösungen des Bücherrätsels der 39. Ausgabe

1. Das erste gesuchte Buch ist das 2001 erschienene *Étrangères à nous-mêmes* (deutsch: *Fremde sind wir uns selbst*) der bulgarisch-französischen Autorin Julia Kristeva. Die in Paris lehrende Kulturwissenschaftlerin und Psychoanalytikerin zieht darin einen weiten Bogen durch die Geistesgeschichte, um bei einem psychoanalytisch geprägten Verständnis von Fremdheit zu enden. Sie spielte in der Sokal-Affäre wie andere französische Autoren auch eine gewichtige Rolle. Gemeint ist die Auseinandersetzung über die (missbräuchliche) Verwendung naturwissenschaftlicher Erkenntnisse zur Begründung postmoderner geistes- und sozialwissenschaftlicher Theorien in den 1990er-Jahren, die durch einen, die elaborierte Sprache der Strukturalisten parodierenden Scheinbeitrag des amerikanischen Physikers Alan Sokal in der Zeitschrift *Social Text* ausgelöst worden war.

2. Das zweite Werk ist das vom amerikanischen Physiker und Wissenschaftsvermittler Carl Sagan herausgegebene *Murmurs of Earth – The Voyager Interstellar Record* (deutscher Titel: *Signale der Erde. Unser Planet stellt sich vor*) von 1978. Darin wird in Form von lose zusammenhängenden Artikeln der wichtigsten Beteiligten geschildert, wie die an den inzwischen interstellaren Voyager-Sonden untergebrachten vergoldeten Schallplatten und ihre Begleitsymbole konzipiert wurden. Sie sollen Außerirdischen Informationen über die Erde und die Menschheit liefern.

Dr. B. Reiter

Haben Sie Probleme philosophischer Art?

Das Dr. B. Reiter Team sorgt für Aufklärung!

Es gibt keine Frage, auf die das Dr. B. Reiter Team nicht die passende Antwort hätte. Wenden Sie sich vertrauensvoll an unsere Spezialisten für philosophische Aufklärung.

Sehr geehrter Herr Dr. B. Reiter,

ich habe an einer von der analytischen Sprachphilosophie geprägten Hochschule Philosophie und Germanistik studiert. In der 38. Ausgabe Ihres Journals wurde ein Text von Holm Tetens mit dem Titel „Ist der Glaube an Gott unvernünftig?" gedruckt. Anlässlich dessen möchte ich Sie fragen, ob Sie mir erklären können, warum viele analytisch und naturalistisch geprägte Philosophen mit zunehmendem Alter solche überholten metaphysischen Themen wieder aufgreifen und religiös werden.

E. Selters, Aachen

Sehr geehrte Frau Selters,

mit Ihrer Verwunderung stehen Sie nicht alleine da. Denn klassisch metaphysische Fragen nach den letzten Fundamenten und allgemeinsten Strukturen des Gegebenen, wie sie sich zum Beispiel im Zusammenhang mit Begriffen wie Gott, Sein, Seele oder Absolutem stellen, werden in der analytisch geprägten Philosophie in der Regel als unwissenschaftlich bezeichnet. Das Denken, der Geist etc. werden als Folge prinzipiell berechenbarer naturwissenschaftlicher Ursachen und Wirkungen verstanden. Auch wenn es immer wieder Versuche gibt, eine analytische Metaphysik zu begründen, so sehen sich die meisten analytischen Philosophen doch in der Tradition der Aufklärung, deren Vertreter es sich zur Aufgabe gemacht hatten, die Menschen von der Herrschaft des Mythos, von Religion, Aberglauben und Aristokratie mittels der Tätigkeit der Vernunft zu befreien. Immanuel Kant hat diesen aufklärerischen Impetus in folgendem Satz zusammengefasst: „Habe Mut, dich deines eigenen Verstandes zu bedienen." Doch „leider" sagen die einen und „Gott sei Dank" die anderen, folgt das Handeln und Empfinden der Menschen in den seltensten Fällen den Vorstellungen aufgeklärter oder analytischer Denker. Entsprechend ließe sich Ihre Frage schlicht mit einem Paradox beantworten: Gott sei Dank haben uns die analytischen Philosophen vor den Verfechtern der Jenseitigkeit bewahrt!

Der Hang alternder Philosophieprofessoren zum Jenseits lässt sich jedoch auch mit einem der Lehrsätze aus dem Hauptwerk des Gottvaters der analytischen Philosophie, Ludwig Wittgenstein, erklären. Heißt es doch am Ende von dessen bekanntestem Buch, dem *Tractatus logico-philosophicus* wörtlich: „Wir fühlen, daß selbst wenn alle möglichen wissenschaftlichen Fragen beantwortet sind, unsere Lebensprobleme noch gar nicht berührt sind." (Satz 6.52) Da auch das Sterben und die Angst vor dem Sterben zu den Problemen des Lebens zählen, lässt sich dieser Stoßseufzer des Mitbegründers der analytischen Schule unter Zuhilfenahme des Schlusssatzes des *Tractatus* „Worüber man nicht sprechen kann, darüber soll man schweigen" (Satz 7) wie folgt für den Hausgebrauch interpretieren: Für alles, worüber man sprechen kann, braucht man keine Philosophie, hierfür reichen die Naturwissenschaften aus. Philosophie braucht man gerade für die Dinge, über die man ansonsten nicht sprechen kann. Entsprechend ist das Studium der Philosophie das Erlernen einer Sprache für das Unsagbare. Ich wünsche Ihnen angenehme Stunden des nichtssagenden und genau deshalb so viel über das Wesen des Menschen aussagenden(?) Gesprächs!

Noch Fragen? Fragen Sie das Dr. B. Reiter Team!
Das Dr. B. Reiter Team beantwortet Ihre Fragen auch auf facebook.

Stefan Reusch

Die anonymen Melancholiker

Auf der Suche nach der verlorenen Mundwinkelkonstante

Abbilddung:
Ohne Titel
Jan Tomaschoff

Ich kenne viele Menschen, die sehen einfach besser aus, wenn sie ernst schauen. Ich kenne einige, die lächeln andauernd, und ich glaube es ihnen nicht. Ist aber mein Problem.

Klar. Gibt auch welche, die beim Kabarettbesuch nie lachen, und nachher mit Leichenbittermiene dem Künstler bescheinigen: „Ich habe mich königlich amüsiert, danke", und ich glaube es ihnen. Einige lachen echt und es klingt gespielt. Andere lachen aus, und es klingt wie Anlache. Manchem ist zum Kotzen zumute, und er lacht. Mancher findet Lachen zum Kotzen, hat aber weiß Gott Humor. Behauptet er.

Also: Weder über den, den es erreicht, noch über den, dem es entweicht, sagt das Lachen etwas aus. – Danke für Ihre Aufmerksamkeit.

Sie dürfen jetzt laut loslachen.

Oder wenn Sie lieber lautlos lachen – bitte gern, bitte jetzt! – ? –

Geht nicht? Tja. Lachen wollen geht nicht gut. Lachen ist eine (minder schwere) Form des Kontrollverlusts, so wie der Totschlag, der, im Unterschied zum geplanten Mord – – – was für ein blödes Beispiel.

Schnuppern wir nach Lachbarem erst mal vor der eigenen deutsch-rustikalen Haustür. Das Schnuppern wird zum Seufzen. Ausgelacht. Wir haben fertig. Da geht es den Südeuropäern unleugbar schlecht und uns sieht man das an. Weil, Fiesta und Siesta – das ist halt nicht unser Ding, wir sind bodenständig. Gucken aber aus der Wäsche, als seien wir am Boden, ständig.

Wir sind mit Angela Merkel auf der Suche nach der verlorenen Mundwinkelkonstante. Natürlich sind wir auch lustig, es macht nur keinen Spaß. Motto: Was brauchen wir Spaß, wir haben ja uns. Dabei waren wir doch mal Weltmeister der Herzen, jetzt sind wir Weltmeister der ... äh, nur noch Weltmeister. Die Deutschen wurden wieder, was sie sind: anonyme Melancholiker.

1526 ist bei Luther bereits der Ausdruck „das Lachen verbeißen" verbürgt (*Weimarer Ausgabe* 20, 128). Auch das Niesen und das Pupsen verbeißt man sich. Das Verbeißen – es ist eine Zivilisationsleistung. Beim Nichtverbeißen litte die Seriösität, die Glaubwürdigkeit, ja Würdigkeit, es litte, alles was man so hat, um zu verbergen, dass man sich nicht traut, letztlich: sich nicht vertraut.

Denn im Zulassen des Lachens (Niesens, Pupsens) gestatte ich mir den Kontrollverlust. (Der peinlichste Lach-Ort ist dabei nicht etwa am offenen Grab eines geliebten Menschen, sondern im warmen Bett eines zu liebenden.)

Was heißt „gestatte"? Kann ich anders?

Der Lachende hat ja keine Kontrolle, das Lachen bricht förmlich aus ihm heraus, er selbst lacht eigentlich gar nicht, er ist nur der Schauplatz, das Gefäß, aus dem es lacht – er ist kein Täter, er ist Tatwerkzeug. Da, wo er ganz nah bei sich ist – das sagt man heute so – ist er am wenigsten zurechnungsfähig. Da bleibt ihm nur zu hoffen, dass Lachen gesund ist.

Was aber möglicherweise unsinnig, mindestens aber unwichtig ist. (Auch unwichtig: Schmecken Sachen gut, obwohl sie gesund sind oder weil sie gesund sind? Lachdienliche Hinweise bitte gut bei sich behalten.)

Im Kontrollverlust ist der Mensch anarchisch. Und angstfrei. Nicht eigentlich er, der Mensch, ist angstfrei, sondern es, das Lachen, in ihm, im Aus-ihm-Herausbrechen. Kann der Mensch gar nix für. Dem Lachen ist nichts heilig. Es kennt keine Macht und keine Mächtigen. Es wägt nicht, es ist einseitig. Demjenigen, der kündet: „Ich habe weiß Gott Humor, aber ..." dem haut das ausgebrochene Lachen sein „aber" um die Ohren.

Natürlich sind wir lustig, es macht nur keinen Spaß.

Also sagt das Lachen doch etwas aus. Nur eben nicht über den Lachenden und den An- oder Ausgelachten, sondern nur über sich. Das Lachen ist der Vorschein von etwas Glimmendem, das mit ihm ausbrechen könnte.

Stefan Reusch ist freier Autor für Funk und Bühne. Zu hören ist er unter anderem auf SWR3 (*Reuschs rigoroser Rückblick*) und beim DLF (*Is' was? – Kulturrückblick*). Auf WDR5 moderiert er die Sendung *Spielart*. Zuletzt erschien von ihm das Buch *Zusammenstöße* (Entenfuß-Verlag, 2013) sowie das gleichnamige Hörbuch (MerkTon Verlag, 2014). www.stefanreusch.de

Volker Schürmann

Der lächelnde Exzentriker

Helmuth Plessner im Porträt

Helmuth Plessners Philosophie ist ein Lob der zwischenmenschlichen Distanz, die nicht in Gleichgültigkeit kippt. Lachen und Weinen sind für ihn „Äußerungsformen, über die im Vollsinn der Worte nur der Mensch verfügt". Der Philosoph der Bürgerlichkeit wendet sich gegen eine drohende Tyrannei direkter Beziehungen. Lachen und Weinen sind für ihn keine Reaktionen, sondern Antworten im gesellschaftlichen Verkehr.

Abbildung:
Helmuth Plessner
Transzendente Idee
Pepa Salas Vilar, 2017; Acryl auf Leinwand, 40 x 30 cm

pepasalasvilar.com

Nicht nur Bürger sind Bürger. Was im Deutschen allzu leicht verloren geht, kann im Französischen sehr leicht markiert werden: Nicht nur die Bürgerlichen (Bourgeois) sind Staats- beziehungsweise Weltbürger (Citoyens). Im Deutschen bleibt daher schillernd, was mit dem Namen „Bürgerliche Gesellschaft" bezeichnet wird. Früher war das, bei allem Respekt vor den bürgerlichen Revolutionen in den USA und in Frankreich, kritisch gemeint. Diagnostiziert wurde eine Herrschaftsform der Bürgerlichen über alle Staatsbürger, also über sich selbst, über den Klerus, den Adel, das Proletariat und das Lumpenproletariat; diagnostiziert wurde zudem eine strukturell angelegte Verschleierung dieser Herrschaftsform, da moderne Gesellschaften umgestellt haben von der direkten Gewalt des Stärkeren auf indirekte Herrschaft. Plessners Philosophie ist demgegenüber die Philosophie der Citoyens. Von ihr kann man lernen, was, ohne Leugnung konkreter Herrschaftsverhältnisse, republikanische Herrschaft aller über alle, also die Herrschaftsform der Citoyens über die Citoyens meinen kann.

Helmuth Plessner war ein Bürgersohn. Er kam am 4. September 1892 in der aufblühenden Kurstadt Wiesbaden mit „zauberhafter Umgebung" als Sohn eines Arztes und Leiters eines Privatsanatoriums und dessen Frau Elisabeth, geb. Eschmann, zur Welt. Er wurde in eine Welt hineingeboren, die ihm persönlich nach wenigen Wochen Volksschule Privatunterricht bescherte, weil man einen Keuchhusten geltend machen konnte. Sein Umfeld war „zur mondänen Sommerresidenz der ‚guten Gesellschaft' des wilhelminischen Kaiserreiches sowie der internationalen ‚high society'" aufgestiegen.[1] Man kann sich nicht vorstellen, dass dieses großbürgerliche Flair keinen Einfluss auf Plessners Philosophie gehabt haben soll. Allein, ein solcher Zusammenhang ist nicht zwingend, denn es gibt sie zuhauf, die Söhne aus gutem Hause, die „ne janz fiese Charakter"[2] entwickelt haben.

Mit den Bedeutungen und Nebenbedeutungen des Wortes Bürger lässt sich gut spielen. Man kann die Spießigkeit der Klein- gegen die Weltoffenheit der Großbürger ausspielen; man kann die Gebildetheit des Bildungsbürgers gegen dessen etwas zu hoch getragene oder gar gerümpfte Nase ausspielen; man kann die Stadtbürger gegen die Landeier ausspielen. Plessners Philosophie ist das Programm offener, gebildeter und in sich gebrochener Weltbürgerschaft, die jeden Überlegenheitsgestus unterläuft und deren Weltoffenheit gegen den Unterschied von Stadt und Land belanglos ist. Fast zu schön, um wahr zu sein.

Das gelingt Plessner im Kern durch einen einzigen Schachzug: Citoyens gelten ihm als Wesen, denen es wesentlich ist, in der Öffentlichkeit zu leben, und zwar auch dann noch, wenn sie sich ins Private zurückziehen. Plessner begreift die Verhältnisse zwischen den Bürgern moderner Gesellschaften als von Haus aus indirekte; die scheinbar direkten Beziehungen zwischen, sagen wir, Paul und Paula (und allen anderen) sind in modernen Gesellschaften prinzipiell dadurch vermittelt, dass sich Paul und Paula zwar in ihrer paulinischen Leiblichkeit[3], gleichwohl aber als sich wechselseitig anerkannte Personen gleicher Rechte begegnen. Oder kurz: Beziehungen zwischen Personen sind in modernen Gesellschaften dann und dadurch geschützte Beziehungen, dass sie im Medium der Öffentlichkeit lebendig sind.

der blaue reiter

Der Exzentriker in der Öffentlichkeit

Es ist dieser eine Grundzug, der sich durch alle Werke Plessners zieht. Plessner hat ihm zudem eine eigene Schrift gewidmet, nämlich die *Grenzen der Gemeinschaft* von 1924. Diese Schrift ist betont in der Form „leichter gehalten", weil sie sich auch an ein Nichtfachpublikum richten will. Sie ist ein Hohelied auf zwischenmenschliche Distanz, die nicht in Gleichgültigkeit kippt, sowie ein Loblied auf Takt und Diplomatie, auf die „Ernsthaftigkeit der Heiterkeit", auf den „Schwermut der Grazie" und auf „das Bedeutsame der verhüllenden, nichtssagenden Liebenswürdigkeit". Öffentlichkeit gilt als „das offene System des Verkehrs zwischen unverbundenen Menschen". Zugleich läutet er mit dieser Schrift eine Alarmglocke: Die Errungenschaft moderner Gesellschaften mit gelebten indirekten personalen Verhältnissen ist nichts, was einfach besteht, sondern ist etwas, das bewahrt und gegen leise und laute Anfeindungen, gegen drohende Tyrannei der Direktheit von Beziehungen, aufrecht erhalten werden muss – jedenfalls dann, wenn einem an dem Schutz personaler Beziehungen im Namen der Einmaligkeit jedes einzelnen Citoyens gelegen ist. Öffentlichkeit ist der seinerseits zu schützende Schutzraum, in dem sich Menschen als Würdige begegnen.

Auch diese eigentümliche Doppelheit von Beschreibung und Normativität (Richtungsweisung/Regelsetzung) zieht sich durch alle Werke Plessners. Hat man sich gerade auf nüchterne Analysen eingestellt, die in einer scheinbar lediglich feststellenden Ist-Aussage enden – „Öffentlichkeit *ist* das offene System usw." –, muss man sich zurücklehnen und will empört einwenden: Aber so ist es doch gerade nicht! Überall ist der Schutzraum beschädigt, und oft überblendet seine Fassade all die Entwürdigungen, die sich de facto in seinem Inneren abspielen. In dieser Lektüreerfahrung muss man Plessner Kredit geben. Man muss ihm zugestehen, dass es so nicht gemeint ist. Jene Ist-Aussage ist keine Behauptung zu faktischen Verhältnissen, sondern die Angabe des richtungsweisenden Prinzips, das selbst dann noch in Anspruch genommen werden muss, wenn Zerstörung und Blendwerk von Schutzräumen kritisiert werden. Daraus folgt für Plessner aber ganz und gar nicht, dass da eine sollte-sein-Aussage stehen müsste: „Öffentlichkeit sollte das offene System usw. sein." Nein, Plessner spielt keine Karten auf eine ideale Zukunft, sondern erinnert an eine Selbstverpflichtung, die sich Bürger moderner Gesellschaften wechselseitig gegeben haben und die daher im Hier und Jetzt gilt.

Anerkanntermaßen sind *Die Stufen des Organischen und der Mensch* von 1928 das Hauptwerk von Plessner. Manchmal verdichtet sich die öffentliche Wahrnehmung von Plessners Philosophie sogar geradezu formelhaft auf seine dort geprägte Wendung von der exzentrischen Positionalität, oder abkürzend: Exzentrizität des Menschen. Exzentrizität ist die zentrale und grundlegende Kategorie der Philosophie Plessners. In ihr gibt er jener Grundüberzeugung von der Öffentlichkeit als vermittelndem Medium personaler Verhältnisse einen philosophischen Ausdruck. Exzentrizität ist Distanz beziehungsweise Abständigkeit – eine Abständigkeit exzentrisch positionierter Wesen zu sich selbst, zu den mit ihnen zusammen lebenden Mitwesen und zu den Dingen und Atmosphären ihrer Außenwelt. Exzentriker werfen prinzipiell, im Unterschied zu Zentrikern, *in* all ihrem Tun einen Blick *auf* dieses Tun. Sie sehen sich, mit einer schönen Plessnerschen Formulierung, „mit anderen Augen", was man umwandeln kann und muss in die Formel, dass sie sich mit den Augen der Anderen sehen. Nicht: Sie können sich so sehen, sondern: Sie tun es. Exzentriker ziehen nicht gelegentlich den Joker des exzentrischen Blicks auf sich und belassen sich ansonsten in ihrer Zentrizität – nein, sie *sind* exzentrisch positioniert, sozusagen immer neben beziehungsweise außer sich. Darin können sie dann durchaus auch gelegentlich „exzentrisch" sein oder werden im Sinne dessen, was wir im Alltag unter Exzentrik verstehen. Das ist sogar eines ihrer Monopole: Nur Exzentriker können sich „exzentrisch" geben.

Plessner bringt die Verbundenheit unverbundener Menschen zum Ausdruck.

Wer aber ist oder welche Wesen sind denn nun exzentrisch positioniert? Plessner weigert sich an dieser Stelle zu sagen, dass Menschen derart positioniert sind. Stattdessen sagt er, dass es Personen sind, die exzentrisch positioniert seien, und dass die exzentrisch Positionierten Personen sind. Die Wissenschaft vom Menschen sei, Max Scheler folgend, eine Wissenschaft von der Person. Was nach einer leeren Tautologie klingt, will darauf hinaus, dass jener exzentrische Blick auf sich in allem Tun nichts ist, was man als beobachtbares Merkmal feststellen könnte. Wäre das gemeint, dann wären nur diejenigen Menschen auch Personen, denen dieses Merkmal zukommt; Säuglinge, Demente und Koma-Patienten würden durch dieses Raster fallen. Das aber ist nicht gemeint. Man darf sich vom tautologischen Aussehen – Exzentriker sind exzentrisch positioniert – nicht entnerven lassen, sondern muss an eben dieser Stelle Plessner Kredit geben. Exzentrizität ist das Prinzip, das in Anspruch genommen werden muss, um sich darüber verständigen zu können, *welche* konkreten Lebewesen derart positioniert sind. Oder etwas genauer: Man muss, so Plessner, die kategoriale Unterscheidung Exzentrizität|Zentrizität schon in Anspruch nehmen, um sich über die Gattungsunterschiede von Mensch und Tier verständigen zu können.

Nun muss man Plessner diesen Kredit selbstverständlich nicht einräumen, aber man verschenkt auch nichts – außer die in der Zeitrechnung nach Immanuel Kant unnötige Erfahrung, ansonsten in eine Sackgasse zu laufen. Denn seit und durch Kant können wir wissen, dass Erfahrungen nicht selber sagen, wie wir sie erfahren, geschweige wie wir sie angemessen erfahren sollen. Mit Kant bestehen alle unsere Erfahrungen immer auch dadurch, sie erfahrbar gemacht zu haben. Technischer ausgedrückt: An allen unseren Erfahrungen können und müssen wir den Erfahrungsgehalt von den Bedingungen der Möglichkeit dieses Erfahrungsgehalts unterscheiden. Bei Plessner heißt es: „Kategorien sind keine Begriffe, sondern ermöglichen sie." Deshalb gilt im obigen Fall: Der Erfahrungsgehalt des Unterschieds von Tier und Mensch ist kein bloßes Protokoll faktischer Unterschiede, sondern ist ermöglicht durch eine kategoriale Unterscheidung. Soweit trägt der Kredit. Dass diese kategoriale Unterscheidung die Unterscheidung Zentrizität|Exzentrizität sei, ist der Zins, den Plessner zahlt. Wer den Kredit an jemanden anderen vergibt, der bekommt andere Zinsen, zum Beispiel Heideggers Lehre vom Dasein.

Hätte Plessner seine Lektion Kant nicht gelernt, dann wären die *Stufen* ein anderes Buch geworden. Dann hätte er vermutlich die These vertreten, dass Exzentrizität ein Wesensmerkmal des Menschen (im Sinne der biologischen Gattung) sei, und so ist dieses Buch auch in der Tat vielfach gelesen worden. Aber das ist eine Sackgasse, denn dann stünde dieses Buch völlig ungeschützt vor der dann desaströsen Nachfrage, woher Plessner das denn wisse. Die Angabe von vermeintlichen Wesensmerkmalen des Gattungswesens Mensch geht in die Legionen, und Plessner hätte einfach noch eine weitere gegeben. Das wäre nur ein müdes Lächeln wert, denn wer glaubt, er könne das Auszeichnende des Menschen als beobachtbares Merkmal einfach feststellen, der erfährt sehr schnell, dass er Legionen von Göttern neben sich hat.

Lachen und Weinen sind Antworten.
Helmuth Plessner

Plessner ist nicht in diese Sackgasse gelaufen. Das macht die Lektüre der *Stufen* mühsam, denn man muss sie sowohl von vorne nach hinten als auch von hinten nach vorne lesen. In der Standardrichtung ist Exzentrizität das im 7. Kapitel formulierte Ergebnis des Stufengangs durch die Stufen des Organischen hindurch. Aber dieses Ergebnis spricht nicht für sich selbst, sondern ist nur durch und in einem spezifischen und nicht austauschbaren philosophischen Gang gewonnen worden. Die Strukturangaben zur Exzentrizität sind ihrerseits nur möglich, wenn man Exzentrizität bereits in Anspruch nimmt – insofern muss man hinten beginnen. Darauf konnte man freilich vorbereitet sein, denn bereits im Vorwort findet sich der dort noch kryptische Hinweis, Exzentrizität sei „Boden und Medium" der Philosophie.

Wer bereit ist, die *Stufen* in beide Richtungen zu lesen, der macht die durchaus beglückende Erfahrung, dass Plessner also noch in seinem Philosophieren die Abständigkeit zu seinem Philosophieren wahrt. Auch diese, wahrlich seltene, Charakteristik ist in einer eigenen Schrift dokumentiert, nämlich in *Macht und menschliche Natur* von 1931. Die zentrale Botschaft dieses kleinen, aber gewichtigen Buchs ist zweigeteilt und lautet: 1. Wenn wir nach dem Menschen fragen, haben wir schon im Ansatz der Frage eine Antwort gegeben, das heißt, wenn wir uns über das Menschsein im Unterschied zu Tieren, Göttern oder Sternen verständigen, haben wir schon ein kategoriales Prinzip in Anspruch genommen. 2. Wir könnten immer auch ein anderes Prinzip in Anspruch genommen haben: „Wir können, aber müssen den Menschen nicht als Exzentriker ansprechen." Diese Doppelheit hat eine für Plessners Philosophie alles entscheidende zweite Doppelheit zur Konsequenz: Exzentrizität ist eine Strukturangabe, die sich auch an Exzentrikern dingfest machen lassen muss. Wir könnten nicht einfach bei entsprechender Laune Steine zu Wesen erklären, die einen exzentrischen Blick auf sich werfen. Exzentriker müssen körperlich Tier bleiben, wie es Plessner in den *Stufen* ausdrückt. Deshalb ist auch Exzentrizität eine Form von Zentrizität; Exzentriker sind leibhaftige Wesen. Dennoch, und genauso entschieden, kann Exzentrizität nicht aus den empirischen Merkmalen von Exzentrikern abgeleitet werden – wir könnten den Menschen auch anders ansprechen.

Das Festhalten gerade an Exzentrizität ist ein Festhalten an einer Schutzfunktion, so Plessner. Dann, und nur dann, wenn wir den Menschen als Exzentriker ansprechen, behandeln wir ihn als offene Frage, das heißt, wir legen ihn nicht fest auf *eine* seiner Möglichkeiten, das heißt, wir wahren und schützen ihn in seiner Unergründlichkeit. In dieser Schrift wird endgültig durchsichtig, was bereits aus der Schrift *Krisis der transzendentalen Wahrheit im Anfang* von 1918 klar hervorging: dass die grundlegende Kategorie einer kritischen Philosophie sich selbst einklammert, und dass sie als folglich kritische Philosophie zugleich beschreibend und wertsetzend sein muss und gar nicht anders gebaut sein kann. Exzentrizität trotz und wegen dieser Selbstrelativierung sehr ernsthaft zu Grunde zu legen, ist dann erstens nicht von einem begleitenden Augenzwinkern zu trennen, und ist zweitens Ausdruck einer entschiedenen Haltung. Auf Exzentrizität zu setzen, ist Ausdruck der Parteilichkeit für zu schützende offene Entwicklungsmöglichkeiten jedes und jeder Einzelnen. Diese Haltung ist der begründeten Überzeugung geschuldet, dass neutrale Positionen in Sachen Anthropologie nicht denkbar sind (von altgriechisch *anthropos* für Mensch und *logos* für Wort, Lehre: Lehre vom Menschen). *Macht und menschliche Natur* ist eine sehr leise und taktvoll daherkommende Kampfschrift gegen alle menschlichen Allmachtsfantasien, gegen die Möglichkeit der Herstellbarkeit des Glücks, gegen alle Eurozentrismen, gegen jeden Versuch, die Offenheit der Frage des Menschen abschließend zu schließen. Es habe sie gegeben, die Versuche, dem Menschen „buchmäßig" die Last seines Lebens zu nehmen – so etwas könne aber nur eine unselige Parteinahme für bestimmte Möglichkeiten des Menschseins dokumentieren. „Schon der Katholik zum Beispiel wird die Heideggersche Angabe des Sinnes von Existenz ablehnen müssen", so Plessner.

Lachen und Weinen

Die sicher einnehmendste Schrift Plessners ist *Lachen und Weinen* von 1941. Allein der Umstand, dass diese beiden Phänomene Gegenstand einer philosophischen

Abhandlung sind, muss geradezu Sympathie auslösen und für diesen Autor einnehmen. Dies gilt umso mehr wegen des Inhalts. Henri Bergson etwa kennt das Lachen nur als Auslachen, als soziale Strafe für individuelle Steifheiten oder für das, was dafür gehalten wird. Plessner dagegen präsentiert uns Lachen und Weinen als Paradebeispiele solcher Phänomene, bei denen wir nicht gänzlich Herr im eigenen Hause sind, die nicht restlos in unserer Verfügungsgewalt liegen. Wir *fallen* ins Lachen und ins Weinen – da geschieht etwas mit uns, und nicht allein wir sind es, die hier über den Dingen stehen und alles schon im Griff haben. Wer zum Komiker geht und schon vorher wüsste, worüber er gleich lachen wird, der fällt nicht mehr ins Lachen, sondern der findet seinen Gefallen an Kalauern. Wer aber ins Lachen oder ins Weinen fällt, der steht gleichsam neben sich. In solchen Phänomenen zeigt sich Exzentrizität als Exzentrizität – und deshalb ist dieses Thema keine individuelle Vorliebe oder gar Marotte Plessners, sondern zeigt exemplarisch die Verluste, die entstehen, wenn wir auf die grundlegende Kategorie der Exzentrizität verzichten. Bergsons Lachen bleibt einem im Halse stecken, weil er den (modernen) Menschen als mechanisch funktionierende Maschine porträtiert, die gelegentlich zu Exzessen neigt.

Doch *Lachen und Weinen* ist auch eine der vertracktesten Schriften Plessners. In seiner eigenen Entwicklung ist sie ein Rückfall hinter schon erreichte Klarheit. Es gibt in ihr Passagen, deren Wortlaut schlicht nicht das sagen, was sie sagen wollen. In diesen Passagen kann man nur mit äußerster Mühe die Lesart fernhalten, dass ein Exzentriker im Wesentlichen ein Schilfrohr oder gar ein Fähnchen im Winde sei. Beständig steht er dort vermeintlich vor der Aufgabe, einen Ausgleich hinzubekommen: Mal hat ein Exzentriker die Dinge im Griff, mal kommt es über ihn. Mal ist er Zentriker, mal zieht er den Joker, sich zu exzentrieren, je nach Situation und Laune. In solchen Passagen hat die dauernde Rede von Doppelaspekten verdrängt, dass Exzentrizität auch das Medium ist, in dem von solcherart Doppelaspekten überhaupt die Rede sein kann. Die Exzentriker der *Stufen* waren gerade nicht ein bisschen „zentrisch" und ein bisschen „Ex", sondern sie waren in all ihrem Tun durch und durch exzentrisch positioniert. Man sollte den Text also lesen, wenn man etwas über Lachen und Weinen erfahren will, nicht unbedingt dann, wenn man etwas über Exzentrizität lernen will.

Das Buch ist aber auch deshalb vertrackt, weil es beinahe schutzlos dazu auffordert, von Evolutionsbiologen und Tierverstehern in der Luft zerrissen zu

Abbildung: **Balancin para ninos Porcestres.** Gerard Mas, 2007; Polyurethanharz, bemalt, Sattel und Holz, 105x75x32,5 cm.
Gerard Mas wird vertreten durch die Galerie Robert Drees, Hannover: www.galerie-robert-drees.de

werden. „Lachen und Weinen sind Äußerungsformen, über die im Vollsinn der Worte nur der Mensch verfügt." Peng! Welchen Reim soll man sich darauf machen? Dr. Sommer – nicht der Sexualaufklärer der Jugendzeitschrift *Bravo*, sondern der andere, der Personenrechte für Menschenaffen fordert – wird gewiss schon ein Filmchen parat haben, in dem wir alle zusehen können, wie ein Affe lacht. Es macht die Sache nur noch schlimmer, dass Plessner sagt „im Vollsinne". Affen lachen also nur uneigentlich, nicht so vernünftig wie Menschen!?

So ist es nicht gemeint. Lachen und Weinen sind für Plessner Antworten in und auf Situationen, nicht aber Reaktionen (auf einen Kitzel zum Beispiel). Nur Exzentriker können *antworten*, denn nur Exzentriker werfen in ihrem Tun ein Blick auf dieses Tun. Zentriker können mehr oder weniger intelligent reagieren, aber nicht antworten, denn sie verhalten sich nicht in ihrem Verhalten zu ihrem Verhalten. Lachen und Weinen sind nun, wie gesagt, solche Antworten, die nicht mehr in der Verfügungsgewalt von exzentrisch positionierten Personen liegen. Aber Plessner beharrt darauf, dass es Antworten sind, dass es also Äußerungsformen sind, die noch in der Macht der Person liegen. Im Lachen und Weinen antworte, so Plessner, der verselbstständigte Leib anstelle der Person für die Person. Wer Exzentrizität zugrundelegt, der kann diese Unterscheidung zwischen Verfügungsgewalt und Macht der Person machen: Dann kann jemand in ein Verhalten fallen, was dann trotzdem seines ist. Nur wer Exzentrizität zugrundelegt, kann den Bedeutungsunterschied von gespieltem und ungespieltem Lachen kennen. Wer nicht bereit ist, zwischen Verfügungsgewalt und Macht zu unterscheiden, für den sind Lachen und Weinen theorienotwendig entweder bloße Reaktionen oder *hergestellte* Antworten. Dass man in ein Antwortverhalten fallen könnte, ist dann rein begrifflich ausgeschlossen.

Dies ist dann gleich noch so eine vertrackte Stelle. Diese Antwort Plessners, dass sich der Leib verselbstständigen könne, ruft sofort die Naturalisierer auf den Plan. Diese wollen nicht lesen, geschweige mitzitieren, dass bei Plessner ausdrücklich von Lachen und Weinen als Antworten, also von personalem Verhalten die Rede ist. Naturalisierer sehen im Lachen und Weinen statt der Macht einer Person die Naturausstattung eines Organismus am Werk, die nicht anstelle, sondern statt der Person Fahrt aufgenommen habe. Manche schaffen es sogar, sich dabei auf Plessner zu berufen.

Mitspielende Abständigkeit also allüberall bei Plessner; kein Kältestrom der Gleichgültigkeit, sondern eine Abständigkeit, die bei der Sache, die bei sich bleibt. Dass moderne Gesellschaften umgestellt haben von direkten, durch das Recht des Stärkeren regulierten Verhältnissen auf indirekte, prinzipiell vermittelte Verhältnisse zwischen Personen gleicher Rechte – dass Öffentlichkeit in modernen Gesellschaften ein Schutzraum ist –, dies angemessen zu begreifen, ist die ausnehmend besondere Leistung der Philosophie Plessners. Es sind oft seine Miniaturen, die jenen durchgehenden Grundsatz der Verbundenheit unverbundener Menschen geradezu anrührend zum Ausdruck bringen – die Texte zur Schauspielerei etwa oder auch die Warnung, mit dem Begriff der Unmenschlichkeit sparsam umzugehen. Wenn es also überhaupt zulässig ist, auch nur die Vermutung zuzulassen, Plessners Philosophie könnte sich womöglich in einem einzigen Text verdichten, dann würde nicht alles dagegen sprechen, *Das Lächeln* von 1950 als ein solches Kondensat anzusehen.

Man kann es nicht besser als Plessner selber sagen: Das Lächeln „wahrt Abstand im Ausdruck zum Ausdruck".

Abbildung: **Schematische Darstellung des menschlichen Gehirns** Der präfrontale Cortex ist die Region, in der Haltungen und innere Einstellungen verankert sind.

Volker Schürmann ist Professor für Philosophie, insbesondere Sportphilosophie an der Deutschen Sporthochschule Köln und Mitglied im wissenschaftlichen Beirat der Helmuth-Plessner-Gesellschaft.

Anmerkungen:

1. Vergleiche die Selbstdarstellung in Plessner, Helmuth: Gesammelte Schriften. Band 10. Suhrkamp, Frankfurt am Main 1985, Seite 302–304; Dietze, Carola: Nachgeholtes Leben. Helmuth Plessner 1892–1982. Wallstein, Göttingen 2006, Seite 23
2. Ausspruch eines Lehrers im Film *Die Feuerzangenbowle*, in dem Heinz Rühmann einen Schüler spielt.
3. Durch den DDR-Spielfilm *Die Legende von Paul und Paula* inspirierte genderkorrigierte, aber dadurch heterofixierte Anspielung auf eine Fußnote im Marxschen *Kapital*, die ihrerseits das „Im Anfang war das Wort" des Apostel Paulus beargwöhnt: „In gewisser Art geht's dem Menschen wie der Ware. Da er weder mit einem Spiegel auf die Welt kommt noch als Fichtescher Philosoph: Ich bin ich, bespiegelt sich der Mensch zuerst in einem andren Menschen. Erst durch die Beziehung auf den Menschen Paul als seinesgleichen bezieht sich der Mensch Peter auf sich selbst als Mensch. Damit gilt ihm aber der Paul mit Haut und Haaren, in seiner paulinischen Leiblichkeit, als Erscheinungsform des Genus Mensch."

Zur Vertiefung empfohlen:

– Fischer, Joachim: Philosophische Anthropologie. Eine Denkrichtung des 20. Jahrhunderts. Alber, Freiburg 2008
– Haucke, Kai: Das liberale Ethos der Würde. Eine systematisch orientierte Problemgeschichte zu Helmuth Plessners Begriff menschlicher Würde in den „Grenzen der Gemeinschaft". Königshausen & Neumann, Würzburg 2003
– Kamper, Dietmar: Geschichte und menschliche Natur. Die Tragweite gegenwärtiger Anthropologie-Kritik. Hanser, München 1973
– Krüger, Hans-Peter: Zwischen Lachen und Weinen. Band I: Das Spektrum menschlicher Phänomene. Akademie Verlag, Berlin 1999
– Krüger, Hans-Peter: Zwischen Lachen und Weinen. Band II: Der dritte Weg Philosophischer Anthropologie und die Geschlechterfrage. Akademie Verlag, Berlin 2001
– Krüger, Hans-Peter; Lindemann, Gesa (Hrsg.): Philosophische Anthropologie im 21. Jahrhundert. Akademie Verlag, Berlin 2006
– Plessner, Helmuth: Gesammelte Schriften. 10 Bände. Herausgegeben von Günther Dux u. a. Suhrkamp, Frankfurt am Main 1980–1985
– Schürmann, Volker: Souveränität als Lebensform. Plessners urbane Philosophie der Moderne. Fink, München 2014

Werner Theobald, Gerald Hüther

Eine Frage der Haltung!

Ethik zwischen Neurowissenschaften und Philosophie

Die Philosophie gilt als „Mutter der Wissenschaften". Aus den philosophischen Grundfragen nach der Natur, der Seele oder dem Geist haben sich im Laufe der letzten Jahrhunderte die sogenannten „Einzelwissenschaften" wie Physik, Biologie, Psychologie oder – ganz modern – die Kognitions- und Neurowissenschaften entwickelt.

Das Verhältnis zwischen den Naturwissenschaften und der Philosophie ist in der Regel von gegenseitiger Gleichgültigkeit geprägt: Als empirische Wissenschaften, das heißt als Wissenschaften, die sich auf messbare Tatsachen berufen, haben sich die Einzelwissenschaften von der Philosophie weitgehend emanzipiert und distanziert. Zu „philosophieren" beginnt man in den „Tatsachenwissenschaften" in der Regel nur dann, wenn im eigenen Fachgebiet (wieder) Grundfragen zur Disposition stehen. Der Einbruch der Quantenmechanik in die klassische Physik ist so ein Beispiel. Objektiv messbare Tatsachen ließen sich plötzlich nicht mehr mit den klassischen Erklärungsmustern deuten und verstehen, was Albert Einstein zu der unphysikalischen Feststellung „Gott würfelt nicht" veranlasste. Umgekehrt sind viele Philosophen der Auffassung, dass empirisches Wissen für philosophische Fragestellungen nicht unmittelbar relevant ist. Weite Teile der Philosophie haben solches Wissen lange Zeit geradezu ignoriert (Metzinger 2010, Seite 14).

Seit kürzerer Zeit findet jedoch ein Umbruch statt: Gerade die Kognitions- und Neurowissenschaften sind eine sehr interdisziplinäre Veranstaltung. Neben Medizin, Psychologie und Biologie sind auch Mathematik, Physik, Informatik und die „Philosophie des Geistes"

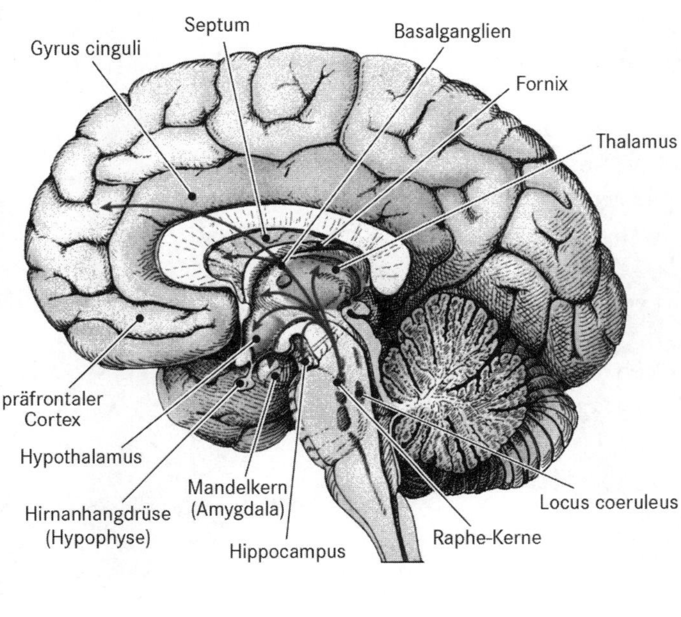

in den Erkenntnisprozess involviert (letztere vor allem dort, wo es um die begriffliche Klärung und/oder Präzisierung von Grundbegriffen wie etwa „Geist" oder „Bewusstsein" geht).

Wie fruchtbar – für beide Seiten – eine solche Zusammenarbeit sein kann, zeigt eine Auseinandersetzung mit dem Thema „Haltungen". Hintergrund ist die sogenannte „Diskrepanz zwischen Einstellung und Verhalten", die der philosophischen Ethik schon lange zu schaffen macht und zu deren Überwindung neuere Erkenntnisse der Neurobiologie beitragen können. Es geht in diesem Fall also um eine empirisch informierte Ethik.

Keine Ethiktheorie ist perfekt!

Zwischen Einstellung und Verhalten

Die Grundfrage der modernen Ethik lautet: Welche subjektiven Ansprüche oder Überzeugungen sind so geartet, dass eine Verpflichtung besteht, ihnen intersubjektive Anerkennung zukommen zu lassen (Düwell 1999)? Man kann Ethik aber auch als das „Geschäft rationaler Analyse und Kritik anhand von Kriterien" verstehen, welche „die Verallgemeinerbarkeit von normativen (hier: wertenden) Urteilen sichern sollen" (C. F. Gethmann). In beiden Herangehensweisen geht es um die Forderung der Begründbarkeit wertender Urteile, und diese Forderung soll im Geiste wissenschaftlicher Rationalität eingelöst werden: Sie soll zu intersubjektiv nachvollziehbaren, verallgemeinerbaren Urteilen führen, wobei Allgemeingültigkeit zweierlei bedeutet: Erstens, dass verpflichtende Normen für „alle Personen und alle Situationen eines bestimmten allgemeinen Typs" gelten, „nicht nur für irgendwelche bestimmte Individuen, bestimmte Situationen, bestimmte Regionen oder Zeiträume" (Birnbacher 1980, Seite 113). Und zweitens, dass sie *„im Prinzip* gegenüber jedermann rational gerechtfertigt und gegenüber jedem, der ihre Geltung bezweifelt, einsichtig begründet" werden können. Im Idealfall führen solche Überlegungen zu einem komplexen gedanklichen System mit mehreren Ebenen und Untergliederungen, von dem man sagen kann: „Wer jede Ebene mitsamt ihren Untergliederungen auf eine begründete Weise inhaltlich bestimmen und konsistent aufeinander beziehen kann, der verfügt über eine ethische Theorie." (Ott 2001, Seite 28)

Nun ist spätestens seit Arthur Schopenhauer bekannt, wie schwer es ist, Moral zu begründen.[1] Tatsächlich versucht man seit der Aufklärung konsistente, systematisch-rational gegliederte „Moralsysteme" – Ethiken eben – zu entwickeln, wobei man am Ende feststellen muss: „Keine Ethiktheorie ist perfekt." (Ott 2001, Seite 194) Und: Selbst wenn „alle Begründungsprobleme gelöst" wären – was sie nach diesem Befund ja nicht sind –, „blieben genügend Motivationsprobleme übrig" (Ott 2001, Seite 35). Man kann es auch ganz praktisch formulieren: Nur selten erweisen sich die im Zuge der Moralbegründungsversuche gegebenen Antworten als „derart zwingend, dass sie auch jene Menschen, die keine Moralphilosophinnen und -philosophen sind, im Konfliktfall zu moralischem Wohlverhalten veranlassen würden" (Pollmann 2014). Und (wie man wohl ergänzen muss): oft noch nicht einmal die jeweiligen Moralphilosophinnen und -philosophen selbst. Traurige Berühmtheit erlangte diesbezüglich Max Scheler, der Begründer einer Wertethik. Angesprochen auf die Widersprüche zwischen den in seinen Werken verkündeten ethischen Maßstäben und seiner kaum vorbildlich zu nennenden Lebensführung soll er geantwortet haben: „Von einem Wegweiser erwartet man schließlich auch nicht, dass er den angezeigten Weg geht."

Damit Argumente Handlungsänderungen bewirken, müssen sie nicht nur geistig, sondern auch emotional überzeugen.

Wozu aber soll eine Ethik, die nicht zu „taterzeugendem Wissen" (J. G. Fichte) führt, nützlich sein? Was soll ein akademisches Großunternehmen, das inzwischen laut Auskunft des *Web of Science* jährlich tausende von Publikationen hervorbringt, die selbst für Fachleute nicht mehr zu überblicken sind? Ethik *boomt* wie kaum ein anderes Fach, weil es sich einem gesellschaftlichen „Bedarf", einer „Nachfrage" nach Ethik gegenüber sieht und darauf mit dem Versprechen einer „Expertendisziplin" reagiert (Fischer 2010).

Wie man aus der empirischen Moralforschung weiß, ist das moralphilosophische Denken in Normen und Regeln, Prinzipien und Begründungsfiguren im Hinblick auf moralisches Handeln ineffizient, weil es nur kognitive Einstellungen zu generieren vermag, deren Bezug zum faktischen Verhalten verschwindend gering ist. In der Fülle alltäglich notwendiger Handlungen und der gebotenen Geschwindigkeit der Entscheidungsfindung ist es unmöglich, alle Handlungen jederzeit daraufhin zu überprüfen, auf welchen Normen, Regeln und Prinzipien diese jeweils beruhen. Darüber hinaus führt das Ethos distanziert-rationaler ethischer Reflexion zu einer „desengagierten Ethik" (Fischer 2012). Was das Verhalten bestimmt, sind entsprechend weniger abstrakte Normen, als vielmehr die *Haltungen* und inneren Einstellungen, die eine Person entwickelt hat. Diese sind nie nur rein rational, sondern immer ein unauflösliches Konglomerat aus Kognition *und* Emotion, das heißt ein Gemisch aus rationaler Überlegung und „irrationalem" Gefühl. Das macht sie so stabil – und: verhaltenswirksam. Erst da, wo wir (auch) „emotional engagiert" sind, werden wir aktiv, werden wir *selbst* aktiv. Es ist eine Sache, im *geschützten, distanzierten* Raum der Politik oder des philosophischen Seminars ethische Probleme zu *reflektieren* und *moralische Urteile* zu fällen und eine andere, als *moralisch Handelnder* in konkreten Situationen *selbst* gefragt zu sein.

Neurobiologisch gesehen sind Haltungen strukturelle Verankerungen von Erfahrungen in neuronalen Netzwerken des präfrontalen Cortex im Gehirn (siehe Erläuterungen), die aufgrund gleichzeitiger Aktivierung kognitiver und emotionaler Netzwerke entstehen. Sie lassen sich deshalb als sogenannte „Erfahrungsintegrale" über wiederholt gemachte, ähnliche Erfahrungen beschreiben. Im deutschen Sprachgebrauch werden diese Haltungen auch als feste innere Überzeugungen bezeichnet. Sie sind den betreffenden Personen nicht immer bewusst, bestimmen aber darüber, was von einer Person wie wahrgenommen und interpretiert wird und worauf auf welche Art und Weise von ihr reagiert wird oder nicht.

Der springende Punkt ist nun: Will man auf das Verhalten von Menschen Einfluss nehmen, dann muss man ihre Haltungen erreichen. Und das geht nur auf dieselbe Art und Weise, wie sie entstanden sind – durch *Erfahrungen* (in diesem Falle: durch neue, andere Erfahrungen). Es geht (in abgeschwächter Form) auch durch bestimmte Formen des Erzählens, die ja auch *beides*, Kognition und Emotion, ansprechen (Fischer 2010) und in der *Imagination* neue Erfahrungen ermöglichen (Keysers 2013). Es geht nicht durch rational-argumentative Begründungsstrategien. Diese aktivieren lediglich den kognitiven Anteil des für die Haltung verantwortlichen Netzwerks, während der davon nicht beeinflusste emotionale Anteil das betreffende Netzwerk in seiner gekoppelten Struktur gefangen hält. Ebensowenig geht es entsprechend umgekehrt allein durch die Aktivierung von Emotionen. Das sah schon Augustinus, einer der ersten „Argumentationstheoretiker", der darauf hinwies, dass Argumente ihre Adressaten auch „rühren" müssen, um Verhaltensänderungen zu bewirken (Theobald 2008).

Das von einer Person erworbene Wissen und Können wird in den assoziativen Bereichen der Hirnrinde ohne eine Kopplung an emotionale Netzwerke verankert. Es ist zeitlebens veränderbar, kann durch neues Wissen und neue Fähigkeiten erweitert, überformt und ergänzt, an andere Personen weitergegeben, unterrichtet und erlernt werden, auch dann, wenn es für diese nicht existenziell bedeutsam ist. Im Unterschied dazu zeichnen sich Erfahrungen dadurch aus, dass sie für die betreffende Person aus ihrer eigenen Perspektive, also subjektiv hoch bedeutsam sind. Erfahrungen gehen immer „unter die Haut", sie führen deshalb neben der Aktivierung kognitiver Netzwerke (was ist passiert?) immer auch zu einer Aktivierung emotionaler Netzwerke (wie ist es mir dabei ergangen?). Und weil diese emotionalen Netzwerke eng mit den für die Steuerung körperlicher Reaktionen zuständigen Netzwerken in den älteren Bereichen des Gehirns (Limbisches System und Hirnstamm – siehe Abbildung) verknüpft sind, kommt es dabei auch zu entsprechenden körperlichen Reaktionen. Das Herz rast, der Atem stockt, die Knie werden weich bei negativen Emotionen – es kribbelt im Bauch, alles wird warm und angenehm bei positiven Emotionen. Die entsprechende Erfahrung wird also „am eigenen Leib" spürbar. Auf diese Weise werden auch die aus diesen Erfahrungen herausgeformten inneren Überzeugungen und Haltungen nicht nur auf kognitiver, sondern gleichzeitig auf emotionaler und körperlicher Ebene verankert.

Bei der Mehrzahl dieser subjektiv gemachten Erfahrungen handelt es sich um Erfahrungen, die im Zusammenleben mit anderen Menschen gemacht werden. Die enge emotionale Bindung an subjektiv bedeutsame Bezugspersonen hat zur Folge, dass es vor allem bei Kindern und Jugendlichen auch zu einer Übertragung der jeweiligen Erfahrungen und der daraus entstandenen Haltungen und inneren Einstellungen dieser wichtigen Bezugspersonen kommen kann, obwohl diese nicht „am eigenen Leib" gemacht worden sind (zum Beispiel Kriegserfahrungen der Eltern, intergenerationelle Weitergabe von Traumata).

Abbildung:
Übersicht der drei Bereiche des Gehirns
Die drei Bereiche wurden stammesgeschichtlich auf den verschiedenen Entwicklungsstufen der Wirbeltiere herausgebildet.

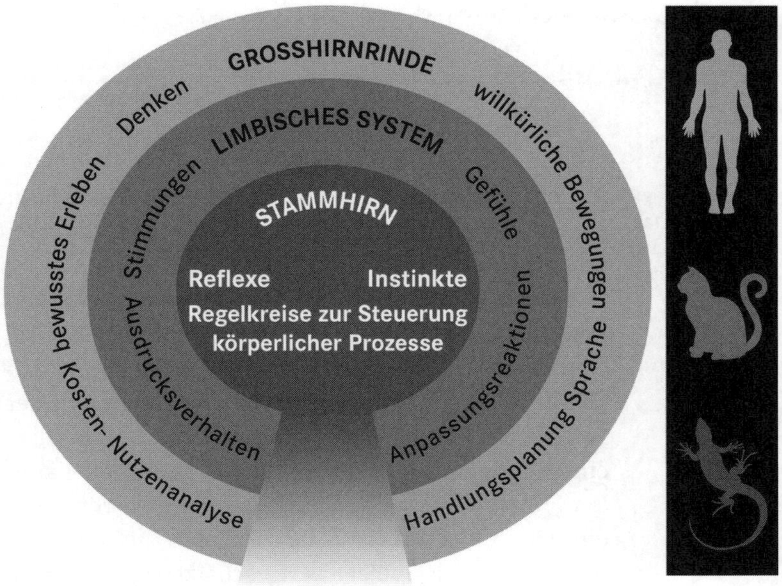

Dieser Umstand macht auch verständlich, weshalb nicht vor allem die kognitiv vermittelten moralischen Regeln und Vorstellungen der Elterngeneration an ihre jeweiligen Nachkommen weitergegeben und tief in den Netzwerkstrukturen ihrer Gehirne verankert werden, sondern hauptsächlich die in den Verhaltensweisen,

Neuronale Netzwerke
In ähnlicher Weise wie bei den Mitgliedern einer menschlichen Gemeinschaft kommt es auch zwischen den Nervenzellen (Neuronen) im Gehirn zur nutzungs- bzw. erfahrungsabhängigen Herausbildung spezifischer Beziehungsmuster (*experience-dependent plasticity*). Geknüpft werden diese Beziehungen über neuronale Fortsätze und deren spezialisierte Endbereiche (Synapsen). Die Kommunikation erfolgt über die Freisetzung unterschiedlicher Botenstoffe mit unterschiedlichen Wirkungen auf die nachfolgenden Neuronen (Transmitter). Solche neuronalen Interaktionsmuster entstehen in den verschiedenen Hirnbereichen in Abhängigkeit von den jeweiligen Nutzungsbedingungen. Sie werden als regionale neuronale Netzwerke bezeichnet.

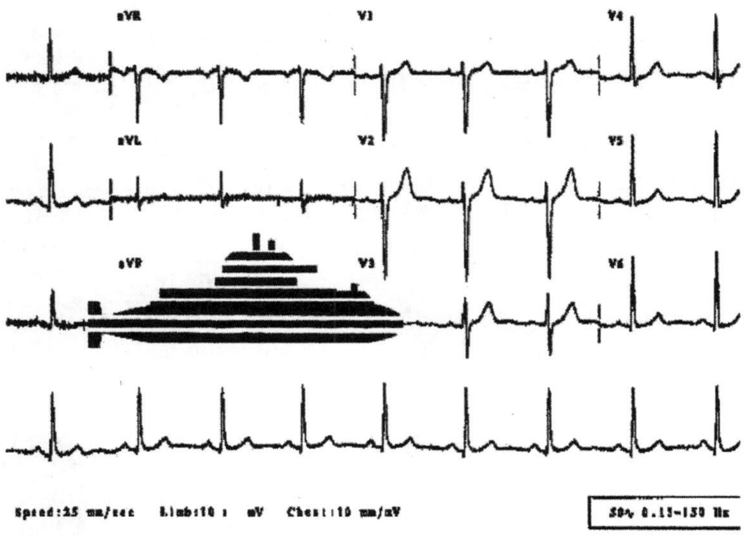

Abbildung:
Shopaholic (2)
Luciana Tamas,
2017; 21x28 cm

Äußerungen und Maßnahmen dieser Elterngeneration zum Ausdruck kommenden inneren Einstellungen und Haltungen.

Die wichtigsten Erfahrungen, die wir als Menschen machen und die dann zur Herausbildung entsprechender Haltungen führen, sind Erfahrungen im Zusammenleben mit anderen, zunächst innerhalb der Familie, im Freundeskreis, in Schulen und Bildungseinrichtungen, am Arbeitsplatz oder in der sogenannten Freizeit. Und in diesem Zusammenleben besteht die entscheidende Erfahrung darin, dass sich eine Person entweder als Subjekt wertgeschätzt und anerkannt erfährt oder sich als Objekt der Erwartungen, Bewertungen, Belehrungen etc. durch andere Personen erlebt: Entweder wird man von anderen Personen so angenommen und gemocht, wie man ist, oder man muss sich erst durch das Erbringen erwarteter Leistungen Anerkennung und eigene Bedeutsamkeit in den Augen dieser anderen Personen erringen. Aus diesen beiden, sehr unterschiedlichen Grunderfahrungen entstehen völlig unterschiedliche Haltungen, die dann die daraus abgeleiteten eigenen Vorstellungen und das konkrete Verhalten gegenüber sich selbst und anderen Personen bestimmen. Wer als Heranwachsender oder später im Leben die Erfahrung machen konnte, „um seiner selbst willen", also bedingungslos geliebt zu werden, verspürt keine Notwendigkeit, um Anerkennung und eigene Bedeutsamkeit zu kämpfen und sich anzustrengen, um die Erwartungen anderer zu erfüllen. Wer hingegen erfahren musste, dass er immer wieder zum Objekt der Erwartungen, Wünsche, Absichten, Unterweisungen oder Bewertungen anderer Personen gemacht wurde, entwickelt eine Haltung, aus der heraus er oder sie dazu neigt, entweder sich selbst zum Objekt (eigener Bewertungen, Wünsche, Optimierungsversuche etc.) zu machen oder andere als Objekte eigener Ziele und Absichten, Erwartungen und Bewertungen zu benutzen.

Diese beiden unterschiedlichen Perspektiven, die „Subjekt-" oder „Objektperspektive", sind ethisch höchst relevant, bestimmen sie doch, mit welcher Haltung man sich selbst und anderen begegnet: Wer sich als angenommen erfährt, lebt nicht nur für die Verwirklichung seiner eigenen Ideale, sondern empfindet auch ein Bedürfnis „zum Dienst an der Gemeinschaft", zur „Hingabe an das Leben" (Wolf Büntig). Wer sich selbst oder andere zum Objekt macht, instrumentalisiert sich und/oder andere und neigt zu all jenen (Würde-)Verletzungen, die moralisch Legion sind. Der springende Punkt ist auch hier: Will man auf dieses *Verhalten* Einfluss nehmen, dann muss man die dahinter stehenden Haltungen erreichen – und ändern. Dies erreicht man, wie auch neurowissenschaftliche Untersuchungen belegen, nicht durch rationale Begründungsstrategien, sondern nur durch Erfahrungen, das heißt neue, andere Erfahrungen (vom Anti-Gewalt-Training bis hin zur klassischen Psychotherapie). Noch besser wäre, wenn solche Haltungen gar nicht erst entstehen. Das Bedürfnis nach Anerkennung (im Sinne von angenommen sein) ist kein menschlicher Beweggrund unter anderen, sondern der Wahrheitsgrund aller anderen Bedürfnisse (Tzvetan Todorov). Man könnte auch sagen: Wenn Menschen sich anerkennen, ist (beziehungsweise wird) alles gut. Wenn nicht, nützt keine noch so gut begründete Moral.

Abbildung
rechte Seite:
Ohne Titel
Hans Beck,
Tuschezeichnung

Werner Theobald ist Professor für Ethik in den Lebenswissenschaften an der Christian-Albrechts-Universität zu Kiel. Dr. rer. nat Dr. med. habil. Gerald Hüther ist Neurobiologe. Er forscht vor allem über den Einfluss früher Erfahrungen auf die Hirnentwicklung, Auswirkungen von Angst und Stress sowie über die Bedeutung emotionaler Reaktionen.

Anmerkung:

1. „Moral predigen ist leicht, Moral begründen schwer" – ein auch und gerade von Begründungstheoretikern gerne, oft aber falsch zitiertes Bonmot Arthur Schopenhauers, dessen geänderte Versionen die „ganze Energie" jener „Sentenz" wieder zu „vernichten" im Stande ist (Schopenhauer 1991, Seite 632, Fußnote).

Literatur:

- Birnbacher, D.: Sind wir für die Natur verantwortlich? In: Birnbacher, D. (Hrsg.): Ökologie und Ethik. Stuttgart 1980
- Düwell, M.: Ästhetische Erfahrung und Moral. Freiburg/München 1999
- Fischer, J.: Sittlichkeit und Rationalität. Stuttgart 2010
- Fischer, J.: Verstehen statt Begründen. Stuttgart 2012
- Keysers, C.: Unser empathisches Gehirn. Warum wir verstehen, was andere fühlen. München 2013
- Metzinger, T.: Der Ego-Tunnel: Eine neue Philosophie des Selbst. Von der Hirnforschung zur Bewusstseinsethik. Berlin 2010
- Ott, K.: Moralbegründungen. Hamburg 2001
- Pollmann, A.: Was ist ein moralisches Problem? In: Information Philosophie 3/2014, Seite 15–25
- Schopenhauer, A.: Über die Grundlage der Moral. In: Arthur Schopenhauers Werke in fünf Bänden, Band III. Herausgegeben von Ludger Lütkehaus. Zürich 1991
- Theobald, W.: Wirtschaft und Umwelt – ein unlösbarer Konflikt? In: Kersting, W. (Hrsg.): Moral und Kapital. Paderborn 2008, Seite 247–260

Bücher · Bücher
Bücher · Bücher

Rudolf Steiner

Philosophische Schriften. Wahrheit und Wissenschaft. Die Philosophie der Freiheit

Reihe „Schriften. Kritische Ausgabe", Band 2.
frommann-holzboog, Stuttgart 2016.
413 Seiten, € 108,00

Für viele Leser/innen sind Steiners Schriften keine Texte, denen man sich mit historisch-kritischen Methoden nähert, sondern eher ein Vademecum (wörtlich: „Geh mit mir!"), das heißt ein unentbehrlicher Begleiter in allen Lebenslagen.

Das könnte bei den beiden in den *Philosophischen Schriften* edierten Büchern *Wahrheit und Wissenschaft* (WW) sowie *Die Philosophie der Freiheit* (PF) auch der Fall sein. Letztere bezeichnete Steiner selbst als „Übungs- und Schulungsbuch". Diese beiden Texte sind aber außerdem die im engeren Sinne philosophischen Arbeiten Steiners, die für die akademische Philosophie von Interesse sein dürften und nach einer historisch-kritischen Edition verlangen. Bei WW handelt es sich um die unter einem neuen Titel erschienene und um eine Vorrede sowie ein Schlusskapitel erweiterte Fassung der Dissertation (*Die Grundfrage der Erkenntnistheorie, mit besonderer Rücksicht auf Fichte's Wissenschaftslehre*), mit der Steiner 1891 in Rostock von Heinrich von Stein promoviert wurde. Die PF ist die im Untertitel von WW (*Vorspiel einer „Philosophie der Freiheit"*) versprochene, nun selbstbewusst mit bestimmtem Artikel auftretende Arbeit. Textgrundlage der Edition sind die Ausgaben letzter Hand. Über den kritischen Apparat sind die Texte der früheren Fassungen rekonstruierbar. Entgegen den üblichen Gepflogenheiten verweist die Sigle im Apparat auf die Ausgabe, „in der die Änderung vorgenommen wurde", das Wort hinter der Sigle gibt dagegen den ursprünglichen Text wieder. Der Zeilenzähler wird im Kommentarteil nicht genutzt, die Verweisstruktur bezieht sich auf die Seitenzahlen der Textgrundlagen und nicht auf die der Edition. Bei der Benutzung dieser Edition entstehen dadurch längere Suchzeiten als nötig, wenn man sich vom Kommentar her dem Text nähert. Wer dagegen die bereits im Handel befindlichen Texte besitzt, wird sich freuen, dass der Kommentar der Kritischen Ausgabe problemlos ohne das Aufsuchen einer Konkordanz genutzt werden kann.

Welche Bedeutung diese Texte für die akademische Diskussion haben könnten, deutet Eckart Förster in seinem zehnseitigen Vorwort an. Ausgehend von dem doppelten Befund, dass diese Texte entweder von der akademischen Philosophie „bisher weitgehend ignoriert" oder, wenn untersucht, meist „überwiegend negativ" bewertet wurden, bringt Förster Steiner als einen Autor in Stellung, der quer zu dem heute grassierenden Naturalismus steht. Hatte Steiner doch zurecht darauf hingewiesen, dass die Philosophie „nicht bereits Resultate einzelner Wissenschaften voraussetzen darf". Sein philosophischer Ansatz stehe und falle dabei „mit der Möglichkeit der Wesenserkenntnis (und diese mit der Möglichkeit des reinen Denkens)". Für die philosophische Rezeption gibt er dabei zu bedenken: „Ohne den bereitwilligen Versuch, ein solches sich selbst erzeugendes Denken im Sinne Steiners selbst auszubilden, wird sich über dessen Wirklichkeit nichts entscheiden lassen. Was uns *Wahrheit und Wissenschaft* und *Die Philosophie der Freiheit* heute philosophisch sagen können, wird auch von der Bereitschaft abhängen, über eine bloß historisch-kritische Analyse der darin gemachten Aussagen ... hinauszugehen."

Mit diesen provokativ an die Adresse der akademischen Philosophie gerichteten Sätzen übergibt Förster das Wort an Christian Clement, der in seiner fast 120 Seiten langen Einleitung die Philosophie Rudolf Steiners von allen Richtungen beleuchtet und dabei den Vorschlag zu einer „geistesgeschichtlichen Kontextualisierung" macht. Manche werden Clement vorwerfen, dass er mit seinen Ausführungen eher Diskussionen abschließen oder verhindern möchte, anstatt solche anzuregen. Die Kommentare und Verweise fallen mit 62 Seiten dagegen etwas knapp aus. Es werden „hauptsächlich direkte Zitate nachgewiesen". Das ist für die Leser zwar praktisch, aber nicht immer gewinnbringend, weil die wörtlich zitierten Stellen unschwer in den von Steiner angegebenen Ausgaben gefunden werden können. Hier hätte sich der Kommentar etwas weiter von den Spuren wegbewegen sollen, die Steiner selbst ausgelegt hat.

Für ein „Geh mit mir" ist diese Ausgabe aber am Ende vielleicht doch zu gewichtig. Da tun es auch die leichteren Taschenbücher oder das im Steiner Verlag erhältliche, mit Leerseiten durchschossene Exemplar der *Philosophie der Freiheit*. Für eine am Schreibtisch zu führende wissenschaftliche Auseinandersetzung mit Steiner könnte diese Edition aber zu einem neuen Vademecum werden, welches eine neue Epoche in der Auseinandersetzung mit dem philosophischen Werk Steiners einleiten und begleiten könnte. Denn bei aller Kritik: Wer sich in Zukunft mit der Philosophie Steiners ernsthaft auseinandersetzen will, wird an dieser Ausgabe nicht vorbeigehen können.

Thomas Bach

Karl Jaspers

Schriften zur Universitätsidee

Karl-Jaspers-Gesamtausgabe, Band 21.
Herausgegeben von Oliver Immel.
Schwabe Verlag, Basel 2015.
508 Seiten, € 108,00

Mit den *Schriften zur Universitätsidee* hat die Auslieferung der fünfzigbändigen Gesamtausgabe von Karl Jaspers begonnen; demnächst folgen die Hauptschriften zur *Existenzphilosophie* und zum *Philosophischen Glauben*. Anlass genug, an einen wichtigen Philosophen zu erinnern, und zugleich an dessen Auffassung von einer zeitgemäßen Universität.

Karl Jaspers' (1883–1969) Schriften sind zu Lebzeiten viel gelesen worden. Nicht nur die Hauptwerke des Heidelberger und Basler Philosophen haben hohe Auflagen erreicht, sondern ebenso seine Darstellung der *Großen Philosophen* oder seine Streitschrift *Wohin treibt die Bundesrepublik?* Nicht wegzudenken aus der Bildungsdiskussion ist auch Jaspers' *Idee der Universität*, mit der er sich erstmals 1923 zu Wort meldet. 1946 und 1961 legt er sie neu eingeleitet und stark überarbeitet vor, zur Wiedereröffnung der Universitäten „nach dem Kriege" und zum Höhepunkt des ersten bundesrepublikanischen Bildungsstreits.

Die Werkausgabe enthält alle drei Fassungen, ergänzt um weitere Aufsätze und Vorträge zum Thema, die umsichtig eingeleitet und solide kommentiert sind. Zu jeder Zeit ist die Schrift ein Plädoyer für die Freiheit in Forschung und Lehre, auch umwillen einer „freiheitlichen" und „friedlichen" Gesellschaft, die Jaspers bedroht sieht. Wie recht er damit behalten hat, steht außer Frage. Dennoch ist seine Universitätsidee – wie der Herausgeber des Bands anmerkt – der heutigen Diskussion kaum mehr als eine Fußnote wert.

Dabei ist sie bemerkenswert aktuell. Denn was Jaspers als Wissenschaft begreift, ist – im Großen und Ganzen – die empirische Forschung unserer Tage. Das war bei Erscheinen der Schrift keineswegs selbstverständlich; damals stritt man um eine „weltanschauliche" Universität. Nicht weniger erstaunlich ist, dass Jaspers keine Bedenken hat, dieser Universität einen Bildungswert zu bescheinigen, und in ihr den „freien Geist" wirksam zu sehen, für den Friedrich Schelling und Wilhelm von Humboldt Pate stehen. Jaspers traut sich sogar zu, diesen Geist bis hinein und hinunter in die einzelnen „Daseinsvoraussetzungen" der Institution zu verfolgen, ob es sich um das Verhältnis von Hochschule, Staat und Politik, den täglichen Vorlesungs- und Seminarbetrieb, die Anstellungsverhältnisse der Dozenten oder die Spannung zwischen akademischen und Verwaltungsaufgaben handelt. Dennoch hat sich die Universität nie so erneuert, wie es Jaspers – anfangs in einer „Kampfgemeinschaft" mit Martin Heidegger – vorschwebte.

Aktuelle Forschung und Bildung kann Jaspers mühelos verbinden, weil er Bildung als eine „existenzielle" Angelegenheit auffasst, die immer erst nach der Wissenschaft kommt: Nur der studierte Kopf, der das Gebiet der objektiven Erkenntnis durchmessen hat, gerät auch an Grenzen seines Wissens. Früher oder später steht er vor der Frage, was denn das „Umfassendere" ist, in dem er sich „schwebend" aufhält, und worin er nach „Wahrheit" sucht. In dieser „Grenz-Situation" ähnelt er dem „einsamen" Forscher des Neuhumanismus und des Idealismus. Indes: Der durfte noch davon ausgehen, dass er mit seiner Wissenschaft allgemeine menschliche Grundlagen einholt; dass sein Wissen Geselligkeit stiftet; dass es „Welt" hat. Diese Voraussetzung war bei Erscheinen der Schrift längst fraglich geworden. Dramatisch und tragisch hatte sich danach die Frage gestellt, was Bildung angesichts „technischer" Weltbeherrschung überhaupt ausrichtet. Und in den Fünfziger und Sechziger Jahren, nach der Spezialisierung und Differenzierung des Hochschulbetriebs, hatte man ausdrücklich eine neue Auffassung von „Wissenschaftlichkeit" gesucht, die zeigen konnte, wie die Vielfalt der Problemstellungen ein Gemeinsames enthielt, an dem teilzuhaben „bildend" war.

Auf dieser Suche wurde man am Ende bei anderen Denkern fündig, wie bei Helmut Schelsky oder dem jungen Jürgen Habermas. Zwar schrieb auch Jaspers seinem Ansatz ein kommunikatives und politisches Moment ein. Dennoch blieb er der Philosoph der akademischen „Existenzen", die – sozusagen – schwer vermittelbar waren. In Jaspers' Universität schlossen sie sich zu einer „Korporation" zusammen; die Masse der Lehrenden und Lernenden wurde dagegen ausgegliedert in große „Unterrichtsanstalten". Dass Jaspers die gesuchte Lösung damals insofern schuldig blieb, macht ihn heute aber interessant. Sein „liebender Kampf" um die Wahrheit ist auch eine nüchterne Angelegenheit: Jaspers glaubt, ohne „anthropologische" oder „konstruktive" Voraussetzungen einer geteilten Lebenswelt auszukommen. Für ihn kann die Wissenschaft auf gemeinsame Gegenstände und gemeinsame Werte verzichten. Jaspers steht darin Max Weber nahe. Dennoch gibt es für ihn eine „vernünftige" Möglichkeit, „Kategorien" und „Methoden" anzugeben, aus denen sich eine Existenz „erhellt". Die Lösung, die Jaspers andernorts entwickelt, besteht also im Entwurf einer neuartigen „Logik" für den Wissenschaftler. Sie ist keine formale Logik, wir wir sie uns heute vorstellen. Sie ist keine idealistische Logik, die sich der Übereinkunft von Mensch und Welt versichert, und an der sich Jaspers formal orientiert. Sie ist aber auch keine „Logik der Forschung", die gar nicht erst den Versuch macht zu begreifen, was Forscher von einer Sache überzeugt sein lässt – auch wenn es hundert Gründe gäbe, sie für aussichtslos oder falsch zu halten.

Diese Lösung hat ihre Vorläufer in Blaise Pascal und Sören Kierkegaard. Jaspers hat sich damit Spott und Häme eingehandelt; man hat es ein „Jasperle-Theater" (Karl Barth) genannt. Über die Polemik muss man jedoch hinaus, um die Aufgabe der Philosophen an Jaspers' Universität zu verstehen. Und obschon Jaspers das Programm nie ganz eingelöst hat, zeigt es sich doch in seinem Werk, in äußerst kundigen, aufmerksamen, farbenreichen Darstellungen zur Geistes- und Kulturgeschichte, und in bleibenden Begriffen wie dem der „Achsenzeit". Dabei könnte es sogar erhellend sein, den aktuellen Forschungsbetrieb mit der „bevorzugten Palette des Meisters" (Max Bense über Jaspers) zu malen.

In diesem Sinne ist der aufwändig ausgestatteten Gesamtausgabe – voraussichtlich 27 Bände zur Philosophie und Wissenschaft, 11 Bände aus dem Nachlass, 12 Bände zum Briefwechsel unter anderen mit Hannah Arendt, Ernst Robert Curtius, Martin Heidegger und Dolf Sternberger – gutes Gelingen zu wünschen, und freundliche Aufnahme.

Udo Grün

Gab Heller

Können Riesen überzeugt werden?

Humanistischer Verband Berlin-Brandenburg e. V., Berlin 2015
96 Seiten, € 9,80

Gab Hellers Band liefert philosophische Bildimpulse im besten Sinne des Wortes: Ihre Text-Bild-Kombinationen werfen Fragen auf, auf die es keine vorschnellen Antworten gibt und die somit zum weiteren Diskurs anregen.

In Gab Hellers Illustrationen-Band fließen die beruflichen Tätigkeiten der Berlinerin zu einer gelungenen Synthese zusammen: Die Sonderpädagogin unterrichtet Grundschulkinder im

Fach Lebenskunde; und zugleich ist sie vor dem Hintergrund eines Studiums an der Hochschule der Bildenden Künste Saar freiberuflich als Malerin, Illustratorin und Autorin tätig. Das Gelingen des Bands zeigt sich darin, dass er so etwas wie ein philosophisches Gesamtkunstwerk ist: Illustriert werden nämlich ausschließlich Fragen und damit ein urphilosophisches Projekt. Denn seit Sokrates kann Philosophie als die Kunst verstanden werden, Fragen zu stellen.

Viele Fragen, die Heller stellt, entsprechen in diesem Sinne den klassischen Fragen der Philosophiegeschichte: „Haben wir die freie Wahl?", „Bringe ich die Folgen mit meinem Tun in Verbindung?", „Was halten wir für wahr?", „Ist wahr, was sich durchsetzt?", „Sehen wir, was wir sehen?", „Bin ich anders als ich denke?", „Was können Menschen wissen?", „Gibt es eine Seele?" Derartige Fragen werden von Heller mit Zeichnungen in einen Zusammenhang gebracht, der – wie Jaap Schilt in seinem Vorwort schreibt – mitunter sehr kreativ, ja explosiv ist: „Manche ihrer Fragen widersprechen der Bildpointe oder spitzen sie gerade zu. Ebenso gibt es Bilder, die die Fragen wiederum infrage stellen."

Durch solche Spannungen zwischen Text und Bild ergibt sich die besondere Qualität von Hellers Band, der gut für Bildimpulse nicht nur im Lebenskundeunterricht der Grundschule, sondern auch in der kulturellen Erwachsenenbildung und im Ethik- oder Religionsunterricht weiterführender Schulen eingesetzt werden kann. Dabei schälen sich regelrechte Themenzyklen von sehr anregendem Charakter heraus. Dies gilt etwa für die Zeichnungen, die sich mit Metaphysik, Religion und der Gottesfrage beschäftigen: „Nehmen manche Höheres wahr?", „Gibt es ein Dahinter?", „Können wir übers Diesseits hinausgelangen?", „Kann man von Spuren auf den Urheber schließen?", „Sind wir gemacht?", „Wurde Gott erschaffen?", „Ist Glauben die Kehrseite von Angst?", „Woran glauben wir, wenn wir nicht glauben?" In der Text-Bild-Spannung bleibt in diesem Zusammenhang die Offenheit der Fragestellung stets gewahrt, so dass die Arbeiten niemals plakativ oder gar ideologisch wirken. Die Auseinandersetzung mit den „Bildfragen" Gab Hellers kann somit allen als eine unterhaltsame Tätigkeit empfohlen werden, die sowohl ihrer Skepsis gegenüber vorschnellen Antworten als auch ihrer Bereitschaft zur diskursiven Verständigung die Treue halten.

Martin Krieger

Truls Wyller

Was ist Zeit? Ein Essay

Reclam Verlag, Stuttgart 2016.
137 Seiten, € 14,95

Zeit ist das in deutscher Sprache am häufigsten benutzte Substantiv. Sollte da nicht ein breiter Konsens gegeben sein, welche Bedeutung dem Wort Zeit zugemessen wird?

Jeder hat eine mehr oder weniger präzise Vorstellung davon, dass Zeit mit dem Umlauf der Erde um die Sonne und dem Tag-Nacht-Rhythmus in Verbindung steht. Und nicht nur Zeitexperten haben sicherlich schon etwas über die Atomzeituhren in der Physikalisch-technischen Bundesanstalt in Braunschweig gehört. Doch mit der naturwissenschaftlichen Sichtweise kann das Phänomen Zeit nur unzureichend erfasst werden. Hierauf verweist mit guten Argumenten der norwegische Philosoph Truls Wyller. In seinem Essay stellt er einleitend die physikalische Welt derjenigen der „erlebte(n) Zeit" gegenüber, die „in der leblosen Materie kein Gegenstück findet". Die physikalische „Uhrenzeit" ist Wyller zufolge homogen, quantitativ, kontinuierlich, abstrakt und universal, die sogenannte Handlungs- und Ereigniszeit dagegen qualitativ, heterogen, diskret, konkret und lokal.

Neben historischen, naturwissenschaftlichen und psychologischen Reflexionen zur Zeit steht vor allem die philosophische Auseinandersetzung mit der Bedeutung der drei Zeitmodi Vergangenheit, Gegenwart und Zukunft im Mittelpunkt des Essays. Hierzu präsentiert der norwegische Zeitphilosoph in einer gut verständlichen Art anhand von Beispielen und Geschichten die Überlegungen des französischen Philosophen Henri Bergson sowie der deutschen Philosophen Edmund Husserl und Martin Heidegger zur Frage nach der Zeit. Allen gemeinsam sei die Überzeugung, dass in der Wissenschaft die Bedeutung dieser drei Zeitformen nicht ignoriert werden dürfe. Ansonsten würde genau das übersehen, was die Zeit zur Zeit mache. Bergson habe sich vor allem für die Einflussnahme der Vergangenheit auf die Gegenwart interessiert und hierfür den Begriff des Andauerns (französisch *durée*) entwickelt. Dabei sei die Vergangenheit nicht quantitativ, sondern qualitativ in der Gegenwart anwesend. Wyller verdeutlicht diese Überlegung Bergsons anschaulich am Beispiel eines andauernden Hundebellens: „Ursprünglich war das erste Bellen nicht störend, doch das wird es im Nachhinein, eben deshalb, weil es in die Durchdringung der Gegenwart durch die Vergangenheit einfließt."

Für Husserl durchsetzt das Zeitbewusstsein unser gesamtes Leben. „Mit seinem Ich-Bewusstsein", so fasst Wyller Husserls Überlegungen zusammen, „ist der Mensch die Quelle der Zeit."

Heidegger zufolge ist die Vergangenheit ein Stimmungsballast, mit dem wir in die Welt geworfen werden, so Wyller. Das Zukunftsbewusstsein des Menschen sei geprägt durch das Wissen der eigenen Sterblichkeit, das in der Angst zum Ausdruck komme. Gegen die bedrückende Aussage Heideggers vom „Sein zum Tode" erinnert Wyller an den bekannten Brief *Über die Kürze des Lebens* des römischen Stoikers Seneca. Diesem zufolge ist das Leben nicht zu kurz, vielmehr sei es lang genug für alle, die richtig leben und sich nicht unerfüllbaren Wünschen hingeben.

Der Autor behandelt auch knifflige Fragen wie die, ob die Erfinder der mechanischen Uhr die universale Zeit erfunden haben, sprich ob es Zeit ohne Menschen überhaupt geben kann. Zur Beantwortung stellt er konträre philosophische Ansätze vor, den sogenannten Zeitnihilismus (unter anderen anhand von Parmenides und John E. McTaggart) sowie den Zeitidealismus (unter anderen Plotin und Immanuel Kant).

Truls Wyller gelingt es überzeugend, sich aus vielfältigen Blickwinkeln dem Thema Zeit zu nähern. Dabei verknüpft er Alltagssituationen und fundamentale philosophische Zeitaspekte verständlich miteinander. Die Lektüre ist nicht nur für „Zeitneulinge" gewinnbringend.

Ludwig Heuwinkel

Stephan Kirste (Hrsg.)

Interdisziplinarität in den Rechtswissenschaften. Ein interdisziplinärer und internationaler Dialog

Matthias Kaufmann, Joachim Renzikowski (Hrsg.)

Freiheit als Rechtsbegriff

Reihe „Recht und Philosophie", Bände 1 und 2.
Duncker & Humblot, Berlin 2016.
437 und 352 Seiten, je € 89,90

Im Zuge der zunehmenden Ausdifferenzierung des Rechts, aber auch wissenschaftlicher Reflexionen über das Recht in Rechtswissenschaft und Philosophie, ist es mehr denn je vonnöten, die Verbindungen und ihre übergeordnete Einheit in den Blick zu bekommen.

Der „Dialog zwischen den Rechtswissenschaften und der Philosophie über das Recht" ist übergeordnetes Ziel der neuen Buchreihe *Recht und Philosophie*. Nichts ist konsequenter, als diese Reihe mit einem Sammelband zum Thema der Interdisziplinarität in den Rechtswissenschaften zu eröffnen. Dabei enthalten die Beiträge sowohl Reflexionen *über* interdisziplinäre Forschung, welcher Art diese sein muss, welche Teildisziplinen etwa gut harmonieren, als auch interdisziplinäre Forschung *in Anwendung*. Dieter Grimm und Stephan Kirste reflektieren über die Bedingungen interdisziplinärer Forschung aus Sicht der Rechtswissenschaften. Wenn rechtliche Normen bestehende Konflikte regeln sollen, diese zu regelnden Konflikte aber wiederum selbst durch bestehende soziale Verhältnisse bestimmt sind, so Grimm, kann der Zweck der Rechtsnorm bei Änderung der sozialen Verhältnisse nur noch erfüllt werden, wenn er in Hinblick auf die neuen Verhältnisse umgedeutet wird. Das setzt aber ein Wissen um die bestehenden sozialen Verhältnisse voraus, und genau dieses Wissen stellen eben die Sozialwissenschaften bereit und nicht die Rechtswissenschaft.

Philosophische, historische, politikwissenschaftliche und soziologische Betrachtungsweisen des Rechts werden im zweiten Teil des Bandes unternommen. Dietmar von der Pfordten schlägt für das Verhältnis von Philosophie und Recht vor, bei Gemeinsamkeiten zu beginnen, um dann über die Differenzen beider Disziplinen ein besseres Verständnis ihres Verhältnisses zueinander zu entwickeln. Die Philosophie zeichne sich gegenüber den Rechtswissenschaften insbesondere durch ihren stärkeren Allgemeinheitsanspruch und den Umfang ihrer Untersuchung aus. Umgekehrt sind daher die Verbindungen der Rechtswissenschaft zur Philosophie stärker, wenn die behandelten Themen wie etwa der Begriff der „Handlung" im Strafrecht oder die Idee der „Menschenwürde" in Artikel 1 des Grundgesetzes abstrakter und allgemeiner sind.

Norbert Paulo stellt im angewandten Teil einen interessanten Zusammenhang zwischen Rechtstheorie und Fragen der Bioethik her. Er zeigt überzeugend auf, dass mit rechtstheoretischen Mitteln der Normkonkretisierung der Blick dafür geschärft werden kann, dass die Spezifizierung einer Norm neutral gegenüber der Frage ist, welche Spezifizierung die beste ist, ebenso wie sie neutral gegenüber der gewählten allgemeinen Ethiktheorie ist.

Die Beiträge des zweiten Bandes der Reihe kreisen um die Frage nach der Freiheit: Wie lässt sich der Begriff der Freiheit als ein Rechtsbegriff verstehen? In welchem Verhältnis stehen Freiheit und Recht zueinander? Schränkt das Recht nicht gerade die Freiheit ein? Kann das Recht auch als Ermöglichungsbedingung der Freiheit verstanden werden?

Im ersten eher rechtswissenschaftlichen Block wird die Frage behandelt, inwiefern Rechtssysteme als Ermöglichungs- und Verwirklichungsbedingung von Freiheit verstanden werden können. Die Autoren des zweiten eher philosophischen Blocks beschäftigen sich mit generellen Fragen nach der moralischen Grundlage von subjektiven Freiheits-, insbesondere von Eigentumsrechten. Im dritten Block schließlich werden verschiedene historische Positionen zum Verhältnis von Freiheit und Recht abgehandelt.

Zur Frage nach der rechtlichen „Absicherung der Freiheit" rekonstruiert Joachim Hruschka Kants Theorie des Rechtsstaats und dessen Relevanz für die Freiheit. Dabei führt er Kants Unterscheidungen zwischen innerer und äußerer sowie die zwischen negativer und positiver Freiheit ein. Die negative Freiheit *von* lasse sich durch die positive Freiheit *zu* ergänzen. Beide Formen von Freiheit ließen sich wiederum auf die inneren, psychischen Zustände und Handlungsmotive von Akteuren beziehen oder auf die äußeren Umstände und das Handeln anderer. Die Pflicht, in einen Rechtsstaat einzutreten, erachtet er mit Kant als Ermöglichungsbedingung für die Durchsetzung subjektiver Rechte. Der Folgetext von Jan Joerden setzt an der Idee der kantischen Völkerrechtstheorie an und versucht diese für Überlegungen zur Europäischen Union fruchtbar zu machen. Der Teil zur formalrechtlichen Absicherung der Freiheit wird beschlossen mit einem Beitrag von Joachim Renzikowski zur Rolle der Gerichtsbarkeit für die Rechtlichkeit selbst. Dabei ist die Grundidee, dass Rechte ihren Namen nicht wert sind, wenn sie nicht prinzipiell auch durchgesetzt werden können. Für den Fall subjektiver Freiheitsrechte bestehe die Gefahr, dass sie durch den Staat eingeschränkt werden könnten. Daher setze umgekehrt ein Eingriff in grundlegende Freiheitsrechte des Einzelnen ein Gesetz voraus, das diesen Eingriff legitimiere. Renzikowski geht auch auf das aktuelle Problem des Umgangs mit dem Terrorismus ein, da mit Bezug auf diesen häufig Freiheitseingriffe legitimiert werden sollen, wie etwa die Einschränkung von Datenschutzrechten zum Zwecke der öffentlichen Sicherheit.

Standen im ersten Teil Bedingungen der Freiheitsverwirklichung im Mittelpunkt, geht es im zweiten insbesondere um subjektive Rechte und deren Grundlegung in Eigentum und Gleichheit. Arne Moritz untersucht in seinem Aufsatz das Verhältnis negativer zu positiven Freiheitskonzeptionen anhand des Ausdrucks „Soziale Freiheit", wie ihn John Stewart Mill und Axel Honneth verwendet haben und versucht einen Ansatz negativer Freiheit (nach Hillel Steiner) mit Einwänden Honneths zu versöhnen. Matthias Kaufmann argumentiert für ein Eigentumsrecht auf so viel Eigentum, dass es jedem Menschen ein menschenwürdiges Leben ermöglicht. Ein Menschenrecht darauf, was ein Mensch *de facto* gerade besitzt, gebe es nicht.

Die dritte und letzte Textgruppe handelt markante rechtsphilosophische Positionen ab. Dabei werden neben den spanischen Spätscholastikern, insbesondere Luis de Molina, unter anderen die Philosophen Baruch de Spinoza, Jean-Jacques Rousseau und Georg Wilhelm Friedrich Hegel abgehandelt. Diese Texte bieten einen schönen Überblick über die historische Entwicklung freiheitsrechtlicher Diskurse und können zudem als inhaltliche Anreicherung zu den systematischen Beiträgen in den ersten zwei Blöcken gelesen werden.

Während der erste Band der Reihe aufgrund seines inhaltlichen Zuschnitts auf Fragen der Interdisziplinarität primär für Leser aus dem wissenschaftlichen Betrieb von Interesse sein dürfte, kann der zweite Band an Fragen zum Recht und dessen Verhältnis zu Freiheitskonzeptionen interessierten Lesern empfohlen werden. Dabei sind die Beiträge beider Bände sehr gut lesbar. Die Beiträge im Anwendungsteil des ersten Bandes könnten durchaus auch für Juristen in der Praxis von Interesse sein, werden doch (wie etwa im Beitrag von Paulo) Fragen der Anwendung und damit der Konkretisierung von Rechtsnormen zum Gegenstand der Reflexion gemacht. Der erste Band stellt sicherlich für alle am interdisziplinären Arbeiten in Rechtswissenschaft und angrenzenden Disziplinen Interessierten eine wichtige Referenz dar, die zudem viele weitere Literaturhinweise in den einzelnen Beiträgen enthält. Der zweite Band ist ein schöner Überblick zu Fragen nach dem Verhältnis von Freiheit und Recht und auch als Einstieg in diese Fragen gut geeignet.

Thomas Meyer

Christof Rapp

Metaphysik. Eine Einführung

C. H. Beck, München 2016.
128 Seiten, € 8,95

Der Münchener Philosophieprofessor Christof Rapp legt eine Einführung in die Probleme und Positionen der Metaphysik vor, wie sie in den letzten Jahrzehnten in der modernen analytischen Philosophie entwickelt worden ist.

Vom Wiener Kreis einst totgesagt, ist Metaphysik in der Entwicklung der analytischen Philosophie zu neuem Leben erweckt worden. Die neue Metaphysik hat sich jedoch, wie der Autor im Einleitungskapitel erläutert, von den Ambitionen der alten Metaphysik und ihren Spekulationen über Gott, Welt und Unsterblichkeit sowie von allen Ausflügen ins Übersinnliche verabschiedet. Sie ist vielmehr eine rationale philosophische Disziplin, die nach den grundlegenden Strukturen der Wirklichkeit fragt und die Grundprinzipien der Welt in allgemeinen Begriffen (oder Kategorien) zu begreifen versucht. Im Unterschied zur alten Metaphysik stützt sie sich auf Sprachanalyse und empirische Wissenschaften. Da diese „analytische" Konzeption von Metaphysik auf die Klärung des allgemeinen Grundgerüsts der Welt abzielt, speziellere Fragen wie das Leib-Seele-Problem oder das Problem der Willensfreiheit jedoch der sogenannten Philosophie des Geistes überlassen werden, wäre Einführung in die „analytische Ontologie" ein passenderer Titel gewesen. Wird doch traditionell die Beschäftigung mit solchen Fragen der philosophischen Disziplin der Ontologie überantwortet.

Entsprechend sind der Grundbegriff des „Seienden" und die drei Bedeutungen des Wörtchens „ist" Thema des zweiten Kapitels. Vorgestellt werden ferner Willard Van Orman Quines Analyse „ontologischer Verpflichtungen" sowie die Debatte zwischen Realismus und Antirealismus um die Frage „was es gibt". Bei der Diskussion des ontologischen Status von Eigenschaften kommt es zu einer Neuauflage des alten Universalienproblems. Gefragt wird, ob es universale Eigenschaften gibt, die viele Dinge gemeinsam haben, oder ob Eigenschaften stets nur partikulär sind, also nur jeweils einem Ding zukommen. Die sprachliche Zugangsweise der analytischen Ontologie wird besonders deutlich, wenn Tatsachen, Sachverhalte und Satzinhalte (Propositionen) als Referenzobjekte oder Bedeutungen allgemeiner Ausdrücke und ganzer Sätze analysiert werden. An die traditionelle Sicht von Dingen oder Substanzen als Träger von Eigenschaften knüpft die analytische Debatte um materielle Einzeldinge an. Als Einzeldinge gelten zwar auch ausgedehnte Körper mit Masse, vor allem aber – um der Seinsweise von Elementarteilchen und anderen physikalischen Erscheinungsformen Rechnung zu tragen – auch raumzeitlich lokalisierbare physikalische Ereignisse. Diskutiert wird in diesem Kontext auch, ob Einzeldinge als selbstständig existierende Substanzen gedacht werden können. Da alltägliche Einzeldinge gewöhnlich Teile haben, wird ferner untersucht, wie sich die Identität eines Dings, zum Beispiel eines Schiffs oder einer Statue, durch Austausch von Teilen verändert. Die Untersuchung des ontologischen Status von Ereignissen hat die alte Streitfrage neu entfacht, ob das elementar Wirkliche aus materiellen Einzeldingen (oder Substanzen) oder aus bloßen Prozessen ohne materielle Träger besteht. Schließlich ist auch die durch David Hume diskreditierte Sicht von Kausalität als Kraft (oder dispositionale Eigenschaft) wieder hoffähig geworden.

Der Autor gibt einen guten Überblick über die Diskussionen und Positionen der analytischen Ontologie. Mithilfe von anschaulichen Beispielen und historischen Exkursen gelingt es ihm, die nicht immer einfachen, bisweilen spitzfindigen Diskussionen und Positionen durchweg klar darzustellen, ohne zu den Streitfragen selbst Stellung zu beziehen. Lediglich in dem abschließenden Kapitel finden sich einige persönliche Beurteilungen über Bedeutung und Tendenzen der dargestellten Diskussionen. Auch wenn einige Fachtermini und Rückgriffe auf moderne Logik und Semantik wohl noch genauere Erläuterungen verdient hätten, ist das Buch als Einführung in die analytische Ontologie sehr empfehlenswert.

Martin Morgenstern

Karl R. Popper

Freiheit und intellektuelle Verantwortung. Politische Vorträge und Aufsätze aus sechs Jahrzehnten

Gesammelte Werke in deutscher Sprache, Band 14. Herausgegeben von Hans-Joachim Niemann.
Mohr Siebeck, Tübingen 2016.
467 Seiten, € 104,00

Karl R. Poppers kritischer Rationalismus ist der vielleicht wichtigste Versuch, die Tradition der Aufklärung in der Moderne fortzusetzen. Dabei zielt sein Werk weit über das akademische Fachpublikum hinaus. Der 14. Band der Gesamtausgabe mit populären Vorträgen und Aufsätzen eignet sich in dieser Hinsicht hervorragend als Einführung in Poppers Denken.

Mit seiner *Logik der Forschung* (1935) hat Popper das Grundbuch moderner Wissenschaftstheorie geschrieben. Sein Konzept der „offenen Gesellschaft", seine klare, verständliche Sprache und vor allem die erkenntnisfördernde Rolle, die er der Kritik in allen Lebensbereichen zumisst, stellen sein Werk in eine Reihe mit den großen kritischen Entwürfen eines David Hume oder Immanuel Kant. Wie sein Vorbild Bertrand Russell hat er auch immer die Bescheidenheit der Philosophie angemahnt: Sie sei keine Agentur ewiger Wahrheiten, sondern lediglich ein Instrument zur Irrtumsverringerung.

Anders als in der englischsprachigen Welt, wo Popper ein unbestrittener Klassiker ist, hat es sein Werk in Deutschland immer schwer gehabt, sich gegen die Begriffspoeten in der Tradition Hegels und Heideggers durchzusetzen. Dem Verlag Mohr Siebeck ist es deshalb hoch anzurechnen, dass er

Popper über die Jahrzehnte hinweg immer die Stange gehalten hat. Seit 2001 erscheint dort eine Werkausgabe aller wichtigen Schriften und Aufsätze Poppers – einschließlich seiner intellektuellen Autobiografie *Ausgangspunkte* (Band 15) –, mit welcher der Verleger Georg Siebeck ein Versprechen einlöst, das er dem Ehepaar Popper noch selbst gegeben hatte. Es ist eine verlegerische Großtat geworden.

In der auf 15 Bänden angelegten Ausgabe wird jeder Band von einem anderen Herausgeber betreut und enthält ein ausführliches, auf die Entstehung der Texte eingehendes Nachwort. Für Popper-Kenner von besonderem Interesse ist dabei der zweite Band, der Poppers *Die beiden Grundprobleme der Erkenntnistheorie* enthält, die lange Zeit unveröffentlichte Vorläuferschrift der *Logik der Forschung*, in der Poppers neukantianisches Erbe deutlich wird, das heißt die Auffassung, dass Erkenntnis kein passiver, aufnehmender, sondern ein vom Erkenntnissubjekt gesteuerter, aktiver Prozess ist.

Ab den späten 30er-Jahren schrieb Popper auf Englisch. In der nun vorliegenden Werkausgabe sind die älteren deutschen Übersetzungen behutsam korrigiert – auch die nicht immer fehlerfreie Übersetzung von *Die offene Gesellschaft und ihre Feinde* (Band 5 und 6) durch Paul Feyerabend, der in den frühen 50er-Jahren noch zu Poppers Schülern gehörte. Leider hat man nicht die Gelegenheit genutzt, in Poppers sehr einflussreicher Schrift *Das Elend des Historizismus* (Band 4) den mit „Stückwerk-Technologie“ sehr missverständlich übersetzten Begriff des „piecemeal-engineering“ (Technik der schrittweisen Problemlösung) neu zu übersetzen.

Im Fall des 12. Bandes (*Wissen und das Leib-Seele-Problem*), in dem es unter anderem um Poppers sehr umstrittene These einer eigenständigen geistigen „Welt 3“ geht, überzeugen auch leider die Editionsprinzipien nicht. Dass man sich entschieden hat, aus dem gemeinsam mit dem Neurophysiologen John C. Eccles geschriebenen Buch *Das Ich und sein Gehirn* (1977) ausschließlich die von Popper verfassten Teile abzudrucken, ist nur schwer nachvollziehbar, da Poppers Thesen im Dialog mit Eccles entstanden und argumentativ entwickelt wurden.

Ein einziger Band der Werkausgabe liegt noch nicht vor: Band 11, der das Buch *Objektive Erkenntnis* von 1972 enthalten wird, in das Popper Elemente des Darwinismus aufnahm und das zu einem Anreger der evolutionären Erkenntnistheorie geworden ist.

Mit dem gerade erschienenen 14. von 15 geplanten Bänden steht die Popper-Werkausgabe nun kurz vor dem Abschluss. Dieser, *Freiheit und intellektuelle Verantwortung* betitelte und von Hans-Joachim Niemann herausgegebene Band, enthält Vorträge und Aufsätze Poppers von den 50er-Jahren bis zu seinem Tod 1994. Nicht nur sind die hier abgedruckten Texte auch für philosophisch nicht Vorgebildete äußerst verständlich. Man lernt hier auch einen Popper kennen, der sich zur einer breiten Palette geistesgeschichtlicher Themen äußert, sei es Wissenschaft, Kunst, Geschichte oder Demokratieverständnis.

Vielleicht sollte man die Lektüre mit „Wider die großen Worte“, einem ursprünglich nicht zur Veröffentlichung bestimmten autobiografisch orientierten Konzeptpapier beginnen, in dem Popper sein Verständnis als Intellektueller und Philosoph darlegt: *„für* kritische Argumente – *gegen* leere Worte und gegen die intellektuelle Unbescheidenheit und Anmaßung“ – ein Programm, das über dem gesamten Projekt des kritischen Rationalismus stehen könnte. Man entdeckt den Zivilisationstheoretiker Popper, der die Fruchtbarkeit eines „Zusammenpralls der Kulturen“ beschwört, oder den Demokratietheoretiker, für den die Kontrollfunktion demokratischer Institutionen wichtiger ist als die Herrschaft der öffentlichen Meinung. Fazit: Es gibt kaum einen Band innerhalb der Popper-Werkausgabe, der sich so gut als populäre Einführung in Poppers Denken eignen würde, wie dieser.

Insgesamt ist die vorliegende Popper-Werkausgabe eine der verdienstvollsten verlegerischen Unternehmungen der letzten Jahrzehnte. Es ist ihr zu wünschen, dass sie den aufklärerischen Impuls des kritischen Rationalismus sowohl in die Öffentlichkeit als auch in die verstaubten deutschen Hörsäle hineinträgt. Eine Taschenbuchausgabe würde dazu beitragen.

Robert Zimmer

Franz Josef Wetz

Exzesse. Wer tanzt, tötet nicht

Alibri, Aschaffenburg 2016.
261 Seiten, € 18,00

Für eine moderne Gesellschaft ist es von großer Wichtigkeit, über Moral und Werte zu diskutieren. Wer allerdings als Angehöriger der Gesinnungspolizei permanent als moralischer Zeigefinger der Gesellschaft operiert, verliert schnell seine Zuhörer. Franz Josef Wetz hat einen anderen Weg gefunden, um über die Auswirkungen von Gewaltexzessen zu sprechen, und bietet eine ungewöhnliche Lösungsstrategie.

Die Menschheit hat sich in ihrer Entwicklungsgeschichte ein konstantes Merkmal bewahrt, nämlich die Bereitschaft zur Gewalt. Immer wieder kommt es zu gewalttätigen bis kriegerischen Auseinandersetzungen. Oftmals sind die Gründe dafür banal und leider geraten ständig Unbeteiligte in großer Zahl in Mitleidenschaft.

Gleichgültig wie hart die Strafen für aggressives Verhalten auch ausfallen, sie haben im Lauf der Geschichte doch keinen rechten Erfolg gezeitigt. Auch unbändige Ausschweifungen wie Drogenkonsum werden zwar sozial geächtet, unsere Gesellschaft droht mit Eindämmung, Belehrung, Bestrafung. Und doch brechen sich dunkle Begierden immer wieder Bahn durch die dünne Kruste der Zivilisation. Dabei sollten die Menschen, so Wetz, innere Ekstasen lieber als Feuerwerk feiern, statt sie zu verteufeln und so lange zu verdrängen und aufzustauen, bis sie in destruktiven Gewaltorgien explodieren.

Der Gedanke des Exzessiven ist in der Philosophie seit der Antike präsent. Die lange Tradition wird von Wetz zwar nur unvollständig aufgearbeitet, aber durchaus angedeutet. Wetz plädiert entschieden dafür, die inneren dionysischen Potenziale sozialverträglich und ohne schlechtes Gewissen oder Furcht vor Sanktionen auszuleben, weil dann Dritte gerade nicht in Mitleidenschaft gezogen würden. Etwas unklar bleibt allerdings, wie das für den einzelnen „sozialverträglich“, sprich ohne Verletzung anderer vonstatten gehen soll. Wer zum Beispiel einen Partner respektive eine Partnerin hat, der/die sich, wie Wetz empfiehlt, seinen/ihren dunklen Begierden und Leidenschaften ungehemmt hingibt und sich „ausgelassen ins pralle Leben stürzt“, fühlt sich, sofern seine Bedürfnisse anders gelagert sind, irgendwann verletzt, bloßgestellt und gedemütigt. Ob man den Rat des Autors, sich in jeder Beziehung offen, freimütig, diskret einzurichten, nun eher positiv als Utopie oder als Dystopie, das heißt als negative Zukunftsvorstellung deuten mag, muss entsprechend jeder für sich selbst entscheiden. Insofern kann dieses Buch gleichermaßen als Durchbruch zu gewaltfreier Freiheit wie auch als ein Plädoyer für die Rücksichtslosen und entsprechend Beziehungslosen dieser Welt sowie als Provokation gegen die *Political Correctness* gelesen werden.

Es ist gut, dass nicht nur komplizierte Themen wie das „Sein“ oder das „Unendliche“ im Zentrum der Philosophie eines Denkers stehen, sondern auch so profane, lebensnahe und handfeste Themen wie der Rausch oder das sexuelle Vergnügen. Die Thesen sind so angelegt, dass sie keinerlei logisches oder philosophiegeschichtliches Wissen voraussetzen; man muss kein begnadeter Intellektueller sein, um Zugang zum Anliegen des Autors zu finden. Franz Josef Wetz zeigt uns seinen Ausweg aus dem ganzen Schlamassel der dunklen Energien so naheliegend, dass man sich vor die Stirn klatschen möchte: Wir müssen nur unserem unbezwingbaren Verlangen nach sinnlichen Exzessen nachgeben und dieses Verlangen in sozialverträglichen Prozessen ausleben, das heißt ohne in Gewaltorgien auszuarten.

Wetz ist eine bemerkenswerte Verbeugung vor dem medialen Trend „Philosophie zum Anfassen" gelungen. Bevor Sie nun nach der Lektüre ganz im dionysischen Sinne seinsvergessen und bekifft im Schoße der Gespielin, dem Gespielen oder gleich mehreren von diesen versinken, denken Sie bitte stets daran: *Make love, not war!*

Monika Urbich

Catherine Newmark (Hrsg.)

Viel zu lernen du noch hast. Star Wars und die Philosophie

Rowohlt, Reinbek 2016.
256 Seiten, € 12,99

„Kaum etwas beflügelt die Phantasie so sehr wie ein ordentliches Weltraummärchen, kaum etwas regt so sehr zum Denken an", schreibt Catherine Newmark in der Einleitung des Sammelbands über das Filmepos *Star Wars* und die Philosophie. Letztere kommt darin allerdings zu kurz, auch wenn das Buch nicht nur für cineastische Enthusiasten ein abwechslungsreiches und anregendes Lesevergnügen bietet.

Ein bleibendes Verdienst der Science-Fiction ist es, den gedanklichen Möglichkeitsspielraum zu erweitern. Die Hollywood-Kino-Serie *Star Wars* (seit 1977), ein nahezu beispielloses Milliardengeschäft, spiegelt allerdings nur einen kleinen Teil der Themen und Spielräume der Science-Fiction – und sicherlich nicht die fortschrittlichsten. Doch ist sie schon als Massenphänomen für sich interessant, nicht nur zeithistorisch. Umgekehrt könnte sie „zeigen, wie viel Philosophie auch in der Populärkultur steckt". So formuliert es die Philosophin und Kulturjournalistin Catherine Newmark. Exemplarisch untersucht wird das in dem von ihr herausgegebenen Buch *Viel zu lernen du noch hast* (ein Zitat des Jedi-Meisters Yoda, sicherlich die kauzigste, sympathischste und philosophischste Figur).

Die 20 Beiträge (zwei von der Herausgeberin selbst), die zwischen vier und 20 Seiten lang sind, stammen überwiegend von Philosophen, Literatur- und Sozialwissenschaftlern; teilweise wurden sie aus dem Französischen oder Englischen übersetzt. Zu den bekannteren Autoren zählen der Philosoph Slavoj Žižek, der Astrophysiker Harald Lesch und der Theologe Linus Hauser.

Im Buch erfährt man einiges über die Motive des *Star Wars*-Schöpfers George Lucas sowie über die Anspielungen, Hintergründe und Wirkungsgeschichte der Filme. Es gibt erhellende Essays über Roboter als Komiker, zum Problem sprachlicher Übersetzungen (Aliens sind natürlich eine Herausforderung), zum Feminismus, Multikulturalismus, Kapitalismus und Klassenkampf.

Wissenschaft und Technik spielen nur eine Nebenrolle – wie in den Filmen selbst. Tatsächlich gilt: „Rationale Erklärungen der Welt, der Wissenschaft oder der Technik werden hier an keiner Stelle positiv betrachtet: Allein die ‚Force' gilt als seriös. Technik wird als Bastelei und Pfusch verstanden", schreibt Tristan Garcia und konstatiert völlig korrekt, *Star Wars* sei „keine Fiktion von einer wissenschaftlichen Welt. Der Film gibt den Glauben der Pioniere des goldenen Zeitalters der amerikanischen Science-Fiction auf, die wie Isaac Asimov oder Robert A. Heinlein auf Wissenschaft und Technik als emanzipatorische Möglichkeiten für die ganze Menschheit gehofft hatten."

Und so widmet sich auch die Hälfte des Buchs dem „küchenphilosophisch-spirituellen Gemischtwarenladen" (Julian Baggini), der das *Star Wars*-Universum prägt – gerade weil es sich im Wesentlichen um gute oder böse Tyranneien handelt, um mittelalterliche Ständegesellschaften und zölibatäre Priesterorden (Jedis), eigentlich um einen Antimodernismus. Das gibt den Rahmen für eine klassische Heldenreise (Joseph Campbells Studien zur Mythologie waren vorbildlich hierfür) und die Frage, wie ein guter Mensch böse und eine Demokratie zur Diktatur wird.

Auch wenn immer wieder Philosophen genannt werden, geht es weniger um deren Ansichten, als vielmehr um Aspekte des Taoismus, Buddhismus, Panpsychismus und Manichäismus. Diese werden zwar nicht direkt in den Filmen genannt, sind jedoch in einer Schrumpfform allgegenwärtig hinsichtlich der „Macht" (Force) und der dieser ergebenen Jedi-Ritter. Der aus einer Methodisten-Familie stammende, sich als Buddhist verstehende Regisseur sieht sein großes Epos als „Versuch, all die Themen aufzugreifen, die für die Religion wichtig sind, und sie auf ein modernes und leichter zugängliches Konstrukt herunterzukochen". Wie dies funktioniert, zeigen einige der Autoren profund. Der historische Kontext – die Unsicherheiten und Zweifel der Moderne, die Schattenseiten der Technik und mutmaßlich blinden Flecken des Rationalismus – beförderte die Sehnsucht nach einer Ersatzspiritualität, und das ist immer noch der Fall.

Allerdings würde man dem Filmepos Unrecht tun, es nur als esoterisches Geschwurbel und Schnickschnackspektakel überwältigender Spezialeffekte zu interpretieren. In seiner erzählerischen Kraft steckt eben sehr viel Allzumenschliches – und gerade das macht *Star Wars* dann doch zu einem modernen Mythos, der eine angemessene Beachtung und Reflexion verdient.

Rüdiger Vaas

Pierre Bayle

Toleranz. Ein philosophischer Kommentar

Herausgegeben von
Eva Buddenberg und Rainer Forst.
Suhrkamp, Berlin 2016.
354 Seiten, € 20,00

Toleranz ist einer der Schlüsselwerte pluralistischer Gesellschaften. Dass verschiedene religiöse und kulturelle Gruppen das Recht haben, öffentlich nebeneinander aufzutreten, gehört zu den demokratischen Grundüberzeugungen. Doch auf welcher Grundlage lässt sich diese Toleranz einfordern und wo sind ihre Grenzen? Eine Frage, die im Zeitalter eines neuen religiösen Fundamentalismus und des Zusammenpralls von Kulturen eine brisante Aktualität hat. Mit Pierre Bayles Toleranzschrift wird ein Klassiker der Frühaufklärung und zugleich einer der philosophischen Väter der demokratischen Toleranzkultur wieder aufgelegt.

Ist Toleranz lediglich Ausdruck einer staatlichen Duldung oder nicht vielmehr, wie der Frankfurter Philosoph Rainer Forst dies nennt, eine „Tugend des öffentlichen Vernunftgebrauchs"? Letzteres entspricht der sogenannten „Respekt-Konzeption", einer „horizontalen", das heißt demokratischen Toleranzvorstellung, die beinhaltet, dass man unterschiedliche Überzeugungen auf der Grundlage eines gemeinsam anerkannten Normenfundaments toleriert. Die Grenzen der Toleranz liegen in dem, was auf der Basis von Freiheit und Gleichheit dem jeweils anderen zugemutet werden kann.

Dieses rational begründete und demokratische Toleranzgebot hat seine philosophischen Wurzeln in der Frühaufklärung, so in Baruch de Spinozas *Tractatus theologico-politicus* von 1670 oder in John Lockes *Brief über die Toleranz* von 1689. Vergessen wird dabei in der Regel „einer der größten Denker des 17. Jahrhunderts" (Forst): der Franzose Pierre Bayle (1647–1706), dessen *Commentaire philosophique* von 1686 für Forst nicht zu Unrecht als der „umfassendste Versuch" gilt, „Toleranz in Gewissensfragen allein durch das ‚natürliche Licht der Vernunft' zu begründen".

Seit einigen Jahren gibt es Versuche, Bayle in Deutschland wieder in Erinnerung zu rufen. So erschien 2003 und 2006 eine von Günter Gawlick und Lothar Kreimendahl im Meiner Verlag herausgegebene zweibändige Auswahlübersetzung des berühmten *Dictionnaire historique et critique* (1697), das weniger ein Lexikon im heutigen Sinne als vielmehr eine kritische Auseinandersetzung mit philosophischen Konzepten und Lehrmeinungen ist und sowohl Diderots *Enzyklopädie* als auch Voltaires *Philosophischem Lexikon* als Vorbild diente. Es war einer der philosophischen Bestseller der Aufklärung.

Bayle, der dem hugenottischen Milieu entstammte und für kurze Zeit zum Katholizismus konvertiert war, wurde selbst ein Opfer staatlicher Intoleranz. Als das Toleranzedikt von Nantes (1598) in den 1680er-Jahren zunehmend ausgehebelt wurde, flüchtete der zum Calvinismus rückkonvertierte Bayle ins niederländische Exil. Dort entstand jenes geistesgeschichtlich höchst bedeutsame Plädoyer für Toleranz, das unspektakulär als Kommentar zu Lukas 14, 23 auftritt: „Nötige sie hereinzukommen." Ein Satz, der unter anderem Augustinus als Rechtfertigung für die gewaltsame Bekehrung Andersgläubiger diente.

Bayles Stärke ist die analytische Kritik, mit der er Kapitel für Kapitel die wörtliche Interpretation dieser Stelle zurückweist und die gegnerischen Argumente demontiert. Er verbindet dabei erkenntnistheoretischen Skeptizismus mit einem Glauben an eine rationale Moralbegründung: Jeder glaubt zwar, im Besitz der religiösen Wahrheit zu sein. Doch das „Licht der Vernunft" vermag darüber keine letztgültige Entscheidung zu treffen und gebietet uns deshalb, jedem in gleicher Weise einen Raum für Gewissensentscheidungen zuzugestehen. Toleranz ist geboten, weil die Vernunft keinen Zwang rechtfertigen kann.

Die Neuübersetzung von Bayles *Commentaire philosophique* füllt nicht nur eine dringend zu schließende Lücke: Sie macht uns auch das aufklärerische Erbe unserer pluralistischen Demokratie bewusst.

Robert Zimmer

Kevin Liggieri (Hrsg.)

„Fröhliche Wissenschaft". Zur Genealogie des Lachens

Verlag Karl Alber, Freiburg 2015.
352 Seiten, € 39,00

Insgesamt vierzehn Autoren sehr verschiedener Art schreiben über Lachen, Humor, Witz und verwandte Gegenstände. Im ersten, historisch ausgerichteten Kapitel wird das Lachen in Antike, Mittelalter und im 18. Jahrhundert geschildert, im zweiten auf die philosophische Anthropologie eingegangen, das dritte endlich gilt der Gegenwart, ist nicht ganz frei von Kultur- und Zeitkritik und besonders durch die französische Philosophie inspiriert.

Der Sammelband besitzt sowohl die Stärken als auch die Schwächen derartiger Zusammenstellungen. Immer wieder finden sich große Lücken und manchmal auch Widersprüche. Zeigt etwa Alexander Jaklitsch, dass es eine ambivalente Haltung ist, die Kirche und Theologie dem Lachen gegenüber einnehmen, so gehen andere Autoren von der strikten Ablehnung des Lachens durch die Kirche als einer bloßen Selbstverständlichkeit aus: Den Aufsatz von Jaklitsch haben sie offensichtlich nicht gelesen.

Die Aufsätze des Altphilologen Peter Kuhlmann und des Theologen Jaklitsch sind etwas ausführlichere Lexikonartikel, in denen sachkundig die großen Linien nachgezeichnet werden: Für eine erste Orientierung sind sie bestens geeignet.

Die Beiträge des dritten Teils stellen eine Mischung aus Kulturkritik, Kultur- beziehungsweise Literaturgeschichte und Philosophie dar, so zum Beispiel, wenn Felix Hüttemann über den Dandy schreibt oder Peter Friedrich sich kritisch mit Elias Canettis „Lachtheorie" beschäftigt.

Philosophisch am interessantesten ist das zweite Kapitel. Insbesondere mit Helmuth Plessner und seinem Buch *Lachen und Weinen* (1934/1941) stehen hier die Einsichten eines großen Denkers zur Diskussion. Hans-Ulrich Lessing zeigt, in welcher Weise das Lachen mit der plessnerschen Grundbestimmung des Menschen zusammenhängt, der „exzentrischen Positionalität". In diesen Begriff fasst Plessner die Selbstreflexivität des Menschen, seine in dieser Welt einmalige Fähigkeit, auf sich selbst zurückzuschauen. Der Mensch ist also uneinig mit sich selbst, er findet in sich selbst einen Bruch. Auf diese Gebrochenheit weist ein Phänomen wie das Lachen, das von Plessner als ein Wesensmerkmal des Menschen gedeutet wird, in dem sich der Mensch als Ganzes (als Geist wie als Natur) zur Geltung bringt und kurzzeitig von seiner Natur überwältigt wird.

In dem darauf folgenden Beitrag zeigt Lenz Prütting, dass auch hochstehende Tiere noch keine Vorform des Lachens kennen, das Lachen also etwas spezifisch Menschliches ist. Unter dem wenig einladenden Titel *Fremdelphase. Zur Genealogie personaler Lachmündigkeit* trägt der Theaterwissenschaftler Überlegungen vor, die in den Umkreis seines dreibändigen Werks *Homo ridens* gehören. Prütting stellt das Lachen in einen Zusammenhang mit dem Sich-Aufrichten des Kleinkindes und dem Erkennen eines unbekannten Menschen als eines Fremden. Diese Entwicklungen korrespondieren in einer zunächst ganz oberflächlichen Art miteinander, indem sie gemeinsam auftreten. Wesentlich ist, dass Lächeln, Stehen (Stehversuche) und Fremdeln tatsächlich aus derselben Wurzel erwachsen, weil sich das Kind in ihnen allererst als eine Person begreift und seiner Umgebung entgegenstellt. Prütting beschreibt in einer dichten Argumentation die Entwicklung vom bloßen Mitlächeln zum eigenbestimmten Lächeln als „Urknall der Personalität", als die Krisis, in welcher der Säugling den ersten Schritt zu einer eigenen Persönlichkeit unternimmt. Auch das Lachen eines Erwachsenen wird von Prütting in der Tradition von Plessner und Hermann Schmitz begriffen, als Durchgang durch eine Krise. Nicht allein, dass Prütting sich wiederholt auf Schmitz beruft, auch seine Sprache, insbesondere die Beschreibung des Lachens, erinnert stark an diesen, zum Beispiel, wenn er beschreibt, wie wir, wenn wir genug gelacht haben, wieder zu uns selbst finden: „Die Bewegungen entgleiten einem nicht mehr ins Ruckhafte, in Hin-und-her-Bewegungen oder in Bewegungen-auf-der-Stelle, sondern werden wieder beherrscht, gezielt und fließend … Die Atmung, die er beim Lachen zu einer Grimasse mit starrem Blick, offenem Maul und gefletschten Zähnen verzerrt hatte, glättet sich wieder, der Blick kann wieder gezielt gerichtet werden und auf ausgewählten Objekten beliebig lange und beliebig intensiv ruhen."

Die meisten Beiträge lassen sich ohne größere Schwierigkeiten lesen, allein der letzte Beitrag von Anna-Sophie Jürgens bringt längere französischsprachige Zitate ohne deren Übersetzung, und Prüttings Aufsatz ist mit allerlei merkwürdigen Fremdwörtern gewürzt, die es unbedingt nachzuschlagen gilt. Gleichwohl lohnt allein schon dieser Beitrag die Anschaffung des Bands!

Stefan Diebitz

· ABONNEMENT · FÖRDER-ABO · GESCHENK-ABO ·

Das Jahresabonnement des *blauen reiters* (zwei Ausgaben) kostet € 27,90. Sie sparen € 5,90 gegenüber der Einzelbestellung.

Dank vieler Freunde des Denkens ist das Journal für Philosophie *der blaue reiter* eine der meistverkauften Philosophiezeitschriften deutscher Sprache. Gleichwohl ist *der blaue reiter* nach wie vor auf die ehrenamtliche Arbeit vieler philosophiebegeisterter Mitarbeiter angewiesen. Auch alle Autoren, Künstler, Redakteure und Herausgeber arbeiten ohne Honorar.

Förderabonnement: Mit einem Förderabonnement (€ 49,50 pro Jahr) tragen Sie dazu bei, dass *der blaue reiter* weiterhin erscheinen kann.

Geschenkabonnement: Teilen Sie Ihre Freude am Denken! Verschenken Sie ein befristetes oder unbefristetes Abonnement des Journals für Philosophie *der blaue reiter.* Gerne versenden wir auch einzelne Titel in Ihrem Auftrag an Ihre Freunde. Die genannten Preise verstehen sich zuzüglich Versandkostenpauschale.

Und so bekommen Sie Ihren *blauen reiter* direkt zu Ihnen nach Hause geschickt: Einfach den Bestellschein kopieren oder ausschneiden, ausfüllen und per Post oder Fax senden an:

der blaue reiter

der blaue reiter
Verlag für Philosophie
Siegfried Reusch e. K.
(vormals: omega verlag, Stuttgart)
Göttinger Chaussee 115
D-30459 Hannover
Tel.: 05 11 / 98 59 32 93 • Fax: 05 11 / 98 59 32 99

Bestellen können Sie alle lieferbaren Ausgaben des *blauen reiters* sowie die Bücher des Verlags auch über unsere Homepages:

www.derblauereiter.de
www.verlag-derblauereiter.de

der blaue reiter Patenschaften

Philosophie ist eine brotlose Kunst. Unterstützen können Sie das Journal für Philosophie *der blaue reiter* auch durch eine Patenschaft. Ab einem Druckkostenzuschuss von € 500,– wird Ihr Name (respektive der Name Ihrer Firma) als „Förderer dieser Ausgabe" in der entsprechenden Nummer aufgeführt. Nähere Auskünfte erhalten Sie beim Verlag.

Redaktion und Mitarbeiter gratulieren Prof. Klaus Giel zum 90. Geburtstag. Ohne ihn wäre das Journal für Philosophie *der blaue reiter* nicht entstanden.

Bibliografische Information der Deutschen Nationalbibliothek

Die Deutsche Nationalbibliothek verzeichnet diese Publikation in der Deutschen Nationalbibliografie; detaillierte bibliografische Daten sind im Internet über http://dnb.d-nb.de abrufbar.

Impressum

der blaue reiter – Journal für Philosophie
Ausgabe 40 (2/2016)

der blaue reiter Verlag für Philosophie
Siegfried Reusch e. K.
Göttinger Chaussee 115
30459 Hannover
Tel.: 05 11 / 98 59 32 93
Fax: 05 11 / 98 59 32 99
E-Mail: info@verlag-derblauereiter.de
Homepage: www.derblauereiter.de
Facebook: www.facebook.com/derblauereiter.VerlagfuerPhilosophie

Bankverbindung:
BW-Bank, BIC: SOLADEST600
IBAN: DE36 6005 0101 0001 2689 44

Herausgeber
Dr. phil. Dipl.-Chem. Siegfried Reusch, Prof. Dr. Dr. Otto-Peter Obermeier, Prof. Dr. Dr. h. c. Klaus Giel

Chefredakteur
Siegfried Reusch

Redaktion
Klaus Erlach, Manfred Matheis, Anna Pegam, Stefan Gammel, Rüdiger Vaas, Udo Grün, Jan Urbich, Thomas Bach, Jutta Heinz, Robert Zimmer, Elke Uhl, Ralf Becker

Freie Mitarbeiter
Sabine Toussaint, Thomas Gutknecht, Richard Seidel, Markus Rapp, Wolfgang Foldenauer, Otto Pannewitz, Friederike Meyer, Uta Kaune, Eva Gerhards, Elena Kuss, Anne Guth, Monika Urbich

Korrektorat
Werner Seltier

Künstler dieser Ausgabe
Gerard Mas, vertreten durch die Galerie Robert Drees, Hannover.

Gestaltung
s+p mediendesign GmbH, Stuttgart
www.schenkundpartner.de

Anzeigenleitung
Hartmut Olpp

Druck
Offizin Scheufele, Stuttgart

V. i. S. d. P.
Siegfried Reusch

ISSN: 0947-6563
ISBN: 978-3-933722-51-5

Bestellschein

der blaue reiter – Journal für Philosophie

der blaue reiter
der blaue reiter • Verlag für Philosophie
Siegfried Reusch e. K.
Göttinger Chaussee 115 • D-30459 Hannover
Tel.: 05 11 / 98 59 32 93 • Fax: 05 11 / 98 59 32 99
info@verlag-derblauereiter.de • www.derblauereiter.de

Nr.	Titel
❑ 6	Eros des Denkens
❑ 7	Mythos Staat
❑ 8	Sinn – Unsinn
❑ 9	Naturlos
❑ 10	Götter
❑ 11	Geld
❑ 12	Schön sein
❑ 13	Welt-Bilder
❑ 14	Glück
❑ 15	„Ich"
❑ 16	Sex
❑ 17	Das Böse
❑ 18	Erinnern
❑ 19	Was ist gerecht?
❑ 20	Gefühle
❑ 21	Wissen
❑ 22	Freiheit
❑ 23	Heimat
❑ 24	Echt sein
❑ 25	Wozu Philosophie?
❑ 26	Unser Körper
❑ 27	Metaphysik
❑ 28	Das gute Leben
❑ 29	In Bewegung
❑ 30	Philosophie & Wirtschaft
❑ 31	No Future! Philosophie des Augenblicks
❑	Sonderausgabe – Philosophie im Gespräch
❑	Sonderausgabe – Philosophie im Gespräch II
❑ 32	Freundschaft
❑ 33	Denken Frauen anders?
❑ 34	Was ist der Mensch?
❑ 35	Verborgene Wirklichkeiten
❑ 36	Luxus: 20 Jahre der blaue reiter
❑ 37	Was ist das Gute?
❑ 38	Wahnsinn, Rausch und Gefühle
❑ 39	Der Andere, der Fremde
❑ 40	Lachen

Einzelpreis bis Ausgabe 23: € 15,10 / ab Ausgabe 24: € 15,90 / ab Ausgabe 35: € 16,90

❑ Abonnement ab Ausgabe Nr. ________ zum Preis von € 27,90/Jahrgang
❑ Förderabonnement ab Ausgabe Nr. ________ zum Preis von € 49,50/Jahrgang
❑ Geschenkabonnement ab Ausgabe Nr. ________ zum Preis von € 27,90/Jahrgang
❑ Studi-Abonnement ab Ausgabe Nr. ________ zum Preis von € 24,90/Jahrgang

Buchprogramm (alle Bücher sind gebunden)

❑ Reschika, Richard: Nietzsches Bestiarium € 42,50
❑ Hörisch, Jochen: Vorletzte Fragen € 39,90
❑ Hörisch, Jochen: Der Takt der Neuzeit € 14,95
❑ Große, Jürgen: Die Philosophen € 22,90
❑ Große, Jürgen: Durch Tag und Nacht € 23,90
❑ Große, Jürgen: Die Arbeit des Geistes € 39,90
❑ Große, Jürgen: Der beglückte Mann € 34,90
❑ Gusetti, Alexandra: Kopfüber in die Natur € 34,90
❑ Diebitz, Stefan: Glanz und Elend der Philosophie € 27,90
❑ Diebitz, Stefan: Spiel und Widerspiel € 28,90
❑ Schneider, Peter: Theorie an der Bar € 14,90
❑ Staberoh, Angela; Drewermann, Eugen: Freitod € 19,95
❑ Fiebig, Klaus: Man ist immer beliebig. Gedichte € 34,90
❑ Huber, Toni: Bogotá € 24,90
❑ Koethen, Eva: Fotografische Räume € 19,50
❑ Zimmer, Robert: Leben als Versuch und Irrtum € 34,90

Hörbuchprogramm

❑ „Sie hätte singen sollen, diese Seele…". Mit Aufnahmen von Nietzsches Kompositionen € 24,90

Sekt für Freunde des Geistes

❑ Geschenkkarton mit 1 Flasche Sekt „Symposion" € 15,90
❑ Geschenkkarton mit 3 Flaschen Sekt „Symposion" € 43,90

Alle Preise zuzüglich Versandkostenpauschale. Diese Bestellung kann innerhalb von 14 Tagen schriftlich widerrufen werden bei: der blaue reiter Verlag für Philosophie Siegfried Reusch e. K., Göttinger Chaussee 115, 30459 Hannover. Gerichtsstand und Erfüllungsort ist der Sitz des Verlags. Stand: 9/2016. Der Abonnementspreis gilt nur für den aktuellen Jahrgang (jeweils zwei Ausgaben) bis zum Erscheinen der zweiten Ausgabe des Jahrgangs. Das Abonnement beginnt immer mit der ersten Ausgabe eines Jahrgangs (ungerade Nummer der fortlaufenden Zählung) und verlängert sich automatisch. Es ist kündbar bis sechs Wochen vor Jahresende für den folgenden Abonnementszeitraum.

Rechnungsadresse

Name, Vorname ____________________
Straße, Hausnr. ____________________
PLZ, Ort, Land ____________________
Telefon ____________________
E-Mail ____________________

Lieferadresse (bei Geschenkabonnement und Geschenkkarton)

Name, Vorname ____________________
Straße, Hausnr. ____________________
PLZ, Ort, Land ____________________
Telefon ____________________
E-Mail ____________________

Ich bitte um folgende Zahlungsweise ❑ gegen Rechnung ❑ per Lastschrift

Bank ____________________ IBAN ____________________ BIC ____________________

Unterschrift ____________________ Datum ____________________